LA PALABRA POÉTICA DE VICENTE ALEIXANDRE

Letras e ideas

Minor, 13

LETRAS E IDEAS

Dirige la colección
FRANCISCO RICO

Dario Puccini

LA PALABRA POÉTICA DE VICENTE ALEIXANDRE

EDITORIAL ARIEL
Barcelona - Caracas - México

Título original:
La parola poetica di Vicente Aleixandre

Traducción
de Elsa Ventosa

Edición al cuidado
de Alfred Sargatal

Cubierta: Josep Navas

1.ª edición: noviembre de 1979

Depósito legal: B. 34.222 - 1979
ISBN: 84 344 8340 8

Impreso en España

1979. – I. G. Seix y Barral Hnos., S. A.
Carretera de Cornellà, 134, Esplugues de Llobregat (Barcelona)

del ancho mar la más menuda arena

Fray Luis de León

INTRODUCCIÓN

La obra poética de Vicente Aleixandre —a partir de su repentina incursión en lo surreal,* pasando por su larga demora en las estaciones de lo cósmico y de lo primigenio, hasta llegar a las inquietas preguntas ontológicas de sus versos más recientes— se presenta, a primera vista, con una estructura y carácter muy peculiares y originales dentro de la llamada Generación del 27. Tan peculiares y originales como para provocar muy a menudo asombro y desconcierto en los lectores, y a veces incluso desconfianza y rechazo (por ejemplo, frente a la elocuencia y a la efusión de su verso "sinfónico").

De hecho, si intentamos asignar a la poesía de Aleixandre algunas definiciones corrientes —neoromanticismo, surrealismo, gongorismo, manierismo, etc.—, utilizadas también al referirse a sus compa-

* A lo largo de la obra utilizaré ese adjetivo alternándolo con "superreal" y "suprarreal" del mismo modo que usaré indistintamente su homólogo "surrealista" como sinónimo de "superrealista" y "suprarrealista", ya que las tres variantes se encuentran tanto en el propio Aleixandre como en sus críticos. [*N. del T.*]

ñeros de generación (Guillén, Salinas, Alonso, Diego, Lorca, Alberti, Cernuda, Prados, Larrea, etc.), nos damos cuenta en seguida de que se adaptan a ella de modos y medidas completamente distintos, quiérese decir, respecto a los demás, excesivos y extremados. Es una prueba rápida de que, con todas las perplejidades que me suscitan las definiciones generales, no obstante resulta iluminadora. *Neorromanticismo*: en la matriz romántica se pueden situar sin duda algunos poetas como Salinas, Lorca, Alberti, Cernuda, Prados, etc.; pero ninguno de ellos con la misma sumisión, con el mismo abandono, y, al mismo tiempo, con la misma abundancia que Aleixandre, ninguno con tantos "recuerdos", por ejemplo, de Shelley o también de Bécquer. *Surrealismo*: "Vicente Aleixandre —ha escrito Vittorio Bodini— es, con Juan Larrea, el único profesional del surrealismo, en el sentido de que, mientras para los demás poetas de la Generación del 27 el surrealismo fue una experiencia limitada al espacio de pocos años o a un solo libro, para ellos fue fundamento y condición de su mensaje poético". (Y aquí hay que precisar: el surrealismo de Aleixandre a menudo se desvía hacia el expresionismo: no sólo por la adopción de la *Langzeile*, del verso largo, sino también por un cierto gusto por subrayar y deformar, o por una cierta tendencia a lo abstracto paradigmático. Todo eso explica, por otra parte, la fortuna que la poesía de Aleixandre ha obtenido en Alemania.) *Gongorismo*: se han escrito numerosas páginas sobre el redescubrimiento de Góngora por parte de los escritores españoles del 27: pero si está arraigado el influjo del poeta cordobés en Lorca o en G. Diego, por ejemplo, en ninguno es tan abierto, descubierto y reconocible como en la urdimbre poética de Aleixandre. De ahí derivan en parte la validez y la plenitud de la última prueba aducida: la de la definición de *manierismo*. Dejemos que el lector juzgue y perciba qué parte de la obra de nuestro poeta está "al servicio del *delectare* pararretórico con los medios del asombro"; y resulta muy extraño que un teórico tan aferrado al manierismo contemporáneo como Gustav René Hocke no se haya dado cuenta de un poeta que responde al nombre de Vicente Aleixandre...

La historia de la Generación del 27 se puede inscribir en el binomio "tradición e innovación". Esto significa que, si toda la literatura de cualquier tiempo puede comentarse y estudiarse valiéndose de la dialéctica de tradición e innovación, para ese peculiar florecimiento de poetas esta dialéctica es indispensable, ineludible, obligatoria. Claro que, sin perder de vista el problema general, es lícito pisar el pedal de uno u otro término del binomio. Admito desde luego que a lo largo de mi ensayo he tenido mi pie (insisto en la metáfora) en el pedal de la innovación más que sobre el de la tradición. Pero no por eso no me he convencido de que un óptimo programa de trabajo crítico podría ser el de llevar a cabo sólo una minuciosa y escrupulosa investigación sobre la tupida red de influencias que se advierte tras y dentro de la obra de un Guillén, un Salinas, un Cernuda, etc., y de toda la Generación. Por ejemplo, una investigación especial merecería la actividad de redescubrimiento, estudio y divulgación de los clásicos realizada por los escritores españoles durante su exilio, a partir de 1939 (año de la funesta victoria de Franco): no sólo el que llevaron a cabo desde sus cátedras universitarias americanas Juan Ramón Jiménez, Pedro Salinas y Jorge Guillén, entre otros, sino también el que, seguramente menos vistoso y menos "docto", aunque no menos sensible, curioso o significativo, realizaron un Luis Cernuda y un Rafael Alberti, por citar sólo dos nombres. (Además, una serie de editoriales argentinas debe una lista preciosa de sugerencias y realizaciones a la obra de promoción y proposición de los escritores españoles del pasado llevada a cabo por Alberti y su mujer, María Teresa León.)

Con referencia a Aleixandre, no es difícil —repito— remontarnos a las fuentes de Garcilaso, de Fray Luis de León, de Góngora y de Quevedo. Es menos fácil dar cuenta de su fuerte originalidad en la estela de esos nombres esplendentes, o de otros posibles. También por esto —y por otros motivos que veremos— el examen de su obra puede considerarse como sintomático en el proceso de reflexión del trabajo de aquel grupo de poetas —Guillén, Salinas, Lorca, Alberti, etc.— que por costumbre crítica, especialmente española, se ha encerrado desde el principio en un juicio de contigüedad "generacional", de semejanza evolutiva y de fidelidad a la propia tradición cultural y literaria. Algo se ha intentado ya decir en esa línea de reflexión general y específica. Pero creo que se debe insistir todavía en la variedad de los destinos biográficos, en las diferencias evidentes de las intenciones creativas y en la ruptura parcial, pero pronunciada, con el pasado. En efecto, aun admitiendo, con Guillén, que "la ruptura con el pasado fue mucho mayor en las generaciones contemporáneas de otros países", y aceptando al límite que "a la herencia española no se renunció", dado que tal "herencia no coartó el espíritu original", no cabe duda de que —precisando a medida el discurso sobre las vanguardias de los años 20 y 30— ahora importa mucho más indagar las formas y las razones por las que aquellos poetas, utilizando palabras de Guillén, "resultan muy contemporáneos de sus contemporáneos en Europa, en América" (*Lenguaje y poesía*, Madrid, 1962). Con esto no se quiere prescindir, parcial o totalmente, de una consideración crítica que además se ha demostrado aguda y fecunda, sino al menos por una vez cambiar el procedimiento analítico acostumbrado de tal modo que se pueda recurrir a una rigurosa verificación partiendo de un punto de vista distinto y colocándose en una posición de investigación bastante nueva.

En el caso de Aleixandre en particular, sería arduo, además de injusto e incluso ingrato, no considerar la rica aunque bastante uniforme exégesis desarrollada en torno a su obra, y no tener en cuenta al máximo su mejor fruto: la atenta y completa monografía que Carlos Bousoño le ha dedicado al poeta. Bousoño —valiéndose de una metodología precisa y experimentada, derivada directamente de la escuela estilística de Dámaso Alonso y sostenida por él mismo tras una meditación teórica severa— no sólo ha tenido el mérito de dilucidar y aclarar, críticamente, numerosos aspectos, más o menos importantes, del mundo poético de Aleixandre, sino que además ha disfrutado del privilegio de seguir al escritor paso a paso y de recibir sus utilísimas indicaciones.

Al titular el presente estudio "palabra poética" de Vicente Aleixandre, no he querido eludir la dimensión biográfica y autobiográfica, y menos aún la dimensión histórica y diacrónica. "Palabra poética" es una expresión que equivale a *signo* y *mensaje*: a un signo y un mensaje que se explican y se modelan en el tiempo, que reciben linfa subterránea de una realidad —aun donde tiene apariencias difuminadas y remotas— que está en desarrollo continuo y agónico. Pero "palabra poética" significa además código de signos y de comunicaciones. Y si hay una poesía que ofrece caracteres de *código* —a veces hermético y secreto—, ésta es precisamente la de Aleixandre. Nunca se subrayará lo suficiente la gran autosuficiencia connotativa, expresiva y metafórica que presenta tal poesía, no sólo en lo que supone de elaboración imaginativa (el mundo es siempre imaginado y la imagen es con frecuencia hija de otra imagen), sino también y sobre todo en el sentido de su original capacidad de expansión y proliferación.

ABREVIATURAS

OC *Obras completas* de Vicente Aleixandre, Aguilar, Madrid, 1968. A esa edición me referiré siempre, excepto en el caso de *Poemas de la consumación* y *Diálogos del conocimiento*, no incluidos en ella por lógicos motivos de cronología. La sigla de cada libro a que me refiera irá, pues, precedida de *OC*, excepto en los casos de *PC* y *DC*.
AM *Ámbito*
PT *Pasión de la Tierra*
EL *Espadas como labios*
DA *La destrucción o el amor*
SP *Sombra del Paraíso*
MS *Mundo a solas*
NU *Nacimiento último*
HC *Historia del corazón*
MP *Mis poemas mejores*
VD *En un vasto dominio*
PI *Picasso*
RN *Retratos con nombre*
PV *Poemas varios*
EN *Los encuentros*
PC *Poemas de la consumación*
DC *Diálogos del conocimiento*

Capítulo 1

"PASIÓN DE LA TIERRA": PRIMERA INCURSIÓN EN LO SURREAL

Del fantaseo al sueño, del sueño al estado de alucinación, de la alucinación al delirio: tantos son los peldaños de la escalera que desciende a los "infiernos", cuantas las fases que separan la imaginación de lo irreal y lo irracional onírico de la absoluta entrega o adherencia a ellos. La aventura en los abismos del inconsciente, o se intenta vivirla voluntarísticamente, como para realizar una experiencia que permanecerá en el círculo del principio estético, o se intenta vivirla integralmente, hasta la autodestrucción y la nada, como para consumar una experiencia esotérica de carácter metafísico o existencial. ¿Se baja para volver a subir o se baja para permanecer? ¿Será un juego, un riesgo calculado, una convalecencia, una caída para volver a levantarse o una definitiva y trágica perdición? [1]

1. Véase, a propósito del problema crítico de la "agonía del arte" y del tema de la "resurrección" en la literatura contemporánea, el libro to-

Cuando, hacia 1928 y 1929, Aleixandre pasa su primera "saison en enfer", o, como él mismo dice elocuentemente, su "evasión hacia el fondo",[2] todavía no había sido tocado por el espíritu dionisíaco y agónico de sus años más intensos, sino solamente por una imprevista y auténtica necesidad de evasión (precisamente), de búsqueda y de ruptura. Ni su exordio poético, pocos años antes, había dejado, en modo alguno, presentir nada más. Todo lo contrario.

Es más, si se compara con el exordio precoz definido y brillante de un Lorca o un Alberti (que publican su primer libro a los veintitrés años), el de Aleixandre (que lo publica a los treinta) aparece como tardío, tímido y casi incierto.[3] Son varias, aunque leves,

davía vigente, a pesar de su planteamiento tendencioso, de Wladimir Weidlé, *Les abeilles d'Aristée; essai sur le destin actuel des lettres et des arts*, París, 1936², 1954.

2. Cf. nota 4.

3. Aunque su aparición, en el campo literario, sea relativamente tardía, creo que de todas formas hay que situar la obra inicial de Aleixandre, hasta ahora injustamente olvidada, en el pleno *revival* superrealista de la Generación del 27. Me parece, pues, completamente equivocada la opinión de J. Corrales Egea y P. Darmangeat, quienes, en su antología, válida en muchos aspectos, sitúan a Aleixandre entre los poetas de la postguerra española y explican tal elección con las siguientes palabras: "Si por la fecha de nacimiento este poeta sevillano pertenece a la generación de Lorca, por la de la publicación de sus obras más significativas, y sobre todo por su influencia, debemos situarlo en la generación que sigue inmediatamente a la guerra de España. Aureolado por el prestigio de un Premio Nacional de Literatura (otorgado en 1933 a su obra *La destrucción o el amor*), su nombradía se afirma en los años posteriores a aquel acontecimiento, durante los cuales llega a ejercer un influjo poderoso, casi un magisterio, sobre una parte de la generación joven" (J. Corrales Egea y P. Darmangeat, *Poesía española. Siglo XX*, Librería Española, París, 1966, p. 326).

las líneas que se entrecruzan en el límpido y frágil tejido de su primera obra, *Ámbito*, donde están reunidas poesías compuestas entre 1924 y 1927, pero donde no hay ninguna que pueda anunciar mínimamente su obra siguiente, de tipo evidentemente onírico y superrealista, en la que aparecen poemas en prosa escritos entre 1928 y 1929, y que sucesivamente toma el título de *La evasión hacia el fondo*, *Hombre de Tierra* y, finalmente, *Pasión de la Tierra*.[4] Como decíamos, pueden seguirse varias líneas en *Ámbito*: un descriptivismo modernista refinada y vagamente "sensuous" en algunos nocturnos pálidos y concisos; un intimismo bruñido, de tipo juanramoniano,[5] en ciertas remembranzas infantiles; y sólo algunos tintes más marcados en varios paisajes marinos: poco más que lejanos bocetos de sus futuros frescos cósmicos. "En *Ámbito*, a través de sus páginas —escribirá Aleixandre ya con conocimiento de causa—, creo que puja y es reconocible algo del mundo poético de su autor, visto el libro a la luz de lo escrito más tarde. Después de la mutación violenta que supuso el volumen siguiente, *Pasión de la*

4. A propósito de la sucesión de los títulos, Aleixandre remite tanto a la primera edición española de *PT* (Madrid, 1946) como a su antología *MP* (Madrid, 1956). Así, puede fecharse la sucesión: *La evasión hacia el fondo*, 1929; *Hombre de Tierra*, 1932; *Pasión de la Tierra*, 1934. Sobre el valor que debe atribuirse a todos los títulos, véase más adelante, pp. 33-34 del presente estudio. Por lo que se refiere al uso de las mayúsculas en los títulos de los libros de Aleixandre, se observan numerosas vacilaciones (a veces *Sombra del Paraíso*, otras *Sombra del paraíso*). Para seguir un único criterio, nos hemos atenido al uso más frecuente y reciente.

5. Nos recuerda la manera de Juan Ramón Jiménez en ciertos trazos de infancia como "Niñez" y "Retrato", respectivamente en las pp. 95 y 96 de *OC-AM*.

Tierra, en el que se iniciaba, al parecer, el despliegue de mi poesía, *Ámbito* durante mucho tiempo semejaba haber quedado aparte, marginal y como excluido del proceso de la evolución. Pero publicado bastantes años después *Sombra del Paraíso*, se vio, no sin sorpresa, que por alguna zona suya visible se enlazaba y emparentaba, en cierto modo, con la primera obra." [6]

Dejando para más adelante un comentario crítico, por lo demás irrelevante, sobre la recuperación *a posteriori* del primer libro, veamos cómo se configura y en qué consiste la "mutación violenta", o sea la brusca ruptura realizada por *Pasión de la Tierra.* En efecto, silenciada de repente la tenue musa intimista, rememorativa y descriptiva de *Ámbito*, con *Pasión* se inaugura una perspectiva radicalmente distinta en la que dominan los estados de ánimo oscuros e incoherentes, las breves alucinaciones y sobresaltos del sueño, las sombras extrañas y ambiguas de las cosas, la afirmación ansiosa y confusa del propio yo por parte del poeta, y la negación continua y obsesiva de los límites de lo real ("La consistencia del espíritu consiste sólo en olvidarse de los límites"),[7] de los que sin embargo no consigue del todo separarse. Aunque es casi imposible delimitar la materia fluida del libro con fórmulas gene-

6. En *OC-MP*, p. 1465.

7. *OC-PT*, p. 199. El término *límite*, a lo largo de casi 53 páginas, aparece 9 veces. Con una acepción parecida, encontramos el término *forma* unas 15 veces. Pero en la cuenta habría que incluir también otros términos limítrofes, como *limitación, término, frontera, borde, orilla, pared,* etc., que se repiten 4 o 5 veces cada uno. Por otra parte, en el prólogo de 1946, Aleixandre habla explícitamente de "lucha contra las formas o límites de las cosas" (*OC*, p. 1449).

ralizadoras, me parece que el análisis de los campos semánticos realza sobre todo los dos últimos temas señalados: el de los "límites" y el de la afirmación de sí mismo. Dos temas o núcleos a menudo complementarios, de los cuales arranca, eso sí, la sustanciosa historia poética de Aleixandre. Citemos dos largos pasajes reveladores. El primero pertenece al poema "La forma y no el infinito" (¡y el título es ya emblemático!):

> Soy la noche, pero me esperan esos brazos largos, sueño de grama en que germina la aurora: un rumor en sí misma. Soy la quietud sin talón, ese tendón precioso; no me cortéis; soy *la forma y no el infinito.* Esta *limitación* de la noche cuando habla, cuando aduce esperanzas o sonrisas de dientes, es una alegría. Acaso una pena. Una cabeza inclinada. Una sospecha de piel interina. Extendiendo nosotros nuestras manos, un dolor sin defensa, una aducida no resistencia a lo otro se encontraría con *términos.* De aquí a aquí. Más allá, nada. Más allá, sí, esto y aquello. Y, en medio, cerrando los ojos, aovillada, la verdad del instante, la preciosa certeza de la sombra que no tiene labios, de lo que va a decirse resbalando, expirando en espiras, deshaciéndose como un saludo incomprendido.
>
> Besos, labios, cadencias, soledades que aguardan, sienten, la última realidad transitoria. Un humo feliz serviría para dormir los recuerdos. No, no. Se sabe que el hielo no es piel, que la *frontera* de todo no cede ni hiere, que la seguridad es patente. Se sabe que el amor no es posible. Pulidamente se mira, se ve, se presencia. Adiós. La sombra resbala sobre su previa

elegancia, sobre su helada cortesía sin pena. Adiós. Adiós. Si existieran corazones, llorarían. Si la sangre tuviera ojos, las pestañas más lentas abanicarían la ida. Adiós. No flojea el horizonte, porque puede quedarse. Alardea la húmeda transición de sus rectas, de su constancia aplomada, de su traslación íntegra.[8]

Partiendo de una rápida autocontemplación ("Soy la noche", "Soy la quietud") y pasando a una constatación general ("Extendiendo nosotros nuestras manos..."), parece que el poeta alude a un destino objetivo ("se sabe", "se mira", "se ve", "se presencia"). La realidad espacial cognoscible (¡"una aducida no resistencia a lo otro se encontraría con términos"!) podría parecer aquí rígida y consistente ("No flojea el horizonte, porque puede quedarse"), como la realidad temporal en su fugacidad ("aovillada, la verdad del instante [...]"). La realidad espiritual o sentimental aquí resultaría improbable o inasible ("el amor no es posible", "Si existieran corazones", "Si la sangre tuviera ojos...").

En el segundo fragmento escogido, el procedimiento de la mirada poética es inverso: del "destino" objetivizado se pasa a la consideración subjetiva del destino y ser propios:

> Yo comprendo que el destino pasajero es echar pronto las yemas al aire, impacientar el titilar de las luces ante la esperanza del fruto redondo que ha de albergarse en el aire, para que éste le acaricie sus *fronteras*, solamente sus *límites*, sin que su hueso dulce

8. *OC-PT*, pp. 197-198. La cursiva es mía.

entreabra su propia capacidad de amor, blanco, lechoso, ignorante, y nos muestre sus suspicacias como una interrogación que creciese de alambre hasta rematar su elástica curva. ¿Dónde mi nitidez, mi fondo de verdad, mi bruñido surgir que gime casi en arpa al eólico sollozo de la carne; sin brazos, pero con su lata viva rematada en su signo, enroscada a sí misma como la pensativa quietud de la cobra que ha olvidado la fuerza de sus músculos? Yo tengo un brazo muy largo, precisamente redondo, que me llega hasta el cuello, que me da siete vueltas y surte luego ignorando de donde viene, recién nacido, presto a cazar pájaros incogibles. Yo tengo una pierna muy larga, que arranca del tronco llena de viveza, y que después de darle, como una cinta, siete vueltas a la tierra, se me entra por los ojos, destruyéndome todas las memorias, construyéndome una noche quieta en la que las sendas todas han convergido hasta el centro de mi ombligo. Yo soy un aspa de caminos que me lleva a mí mismo, hincándose en tierra como una flor que creciese hacia abajo, dejando el cielo venturoso en la nuca. Soy, sí, soy la esperanza de luz en mi ser, como el caballo que levanta con sus cascos el camino roto en fragmentos que ya no podrán volver a encontrarse. Si termino ocultando este beso último a la sombra plana que está aquí tendida, no me vais a creer. Dejadme entonces que a la luz de la roja candela crepitante yo recorra los *límites* con mis labios, repasando las solas *fronteras* a que puedo alargarme, los filos que no hieren de este hermoso cuerpo acostado de dos dimensiones.[9]

9. *OC-PT*, pp. 226-227. (Del poema "Del engaño y renuncia".) La cursiva es mía.

El hombre entrevé pues, en su misma fuerza vital, la posibilidad de superar los límites negados, pero a menudo inevitables, de lo real, la presencia gomosa y elástica, tal vez (o ciertamente) aparente, de las cosas. Tal vitalismo inconsciente e indeterminado es el resorte que mueve desde dentro casi todos los poemas en prosa de *Pasión de la Tierra*, pero sobre todo los que llevan el título de "Vida" ("Soy el columpio redivivo que matasteis anteayer. Soy lo que soy. Mi nombre escondido"),[10] "Víspera de mí" y "Ropa y serpiente".[11]

Tanto en "Víspera de mí" como en "Ropa y serpiente" aflora otro tema —tratado de vez en cuando en *Pasión de la Tierra*— que tendrá notables desarrollos en la poesía aleixandrina: el del "desnudo" entendido como símbolo de pureza, de elementalidad.[12] Léanse de corrido estos dos pasajes:

> No, no; afrontaré la limpieza del brillo, el tornasol y la estéril herida de los crepúsculos. No me aho-

10. Ibid., p. 178.

11. Respectivamente, en las pp. 191 y 195 de *OC-PT*. Pero véanse también (y algunos títulos son ya indicativos): "Ser de esperanza y lluvia", "La ira cuando no existe", "Ansiedad para el día", "El alma bajo el agua", "Hacia el azul", y "El amor padecido".

12. C. Bousoño trata este tema (*El desnudo. La naturaleza*) en un párrafo de su monografía (*La poesía de Vicente Aleixandre*, 1.ª ed., Madrid, 1956; 2.ª ed. de la que citamos aquí, 1962, pp. 43-47). El tema de la "desnudez" vuelve a encontrarse en *EL*: precisamente, en las composiciones "Poema de amor", "Acaba", y "Con todo respeto" (*OC-EL*, pp. 271-275 y 306); y en *DA*, en los poemas "Triunfo del amor" y "El desnudo" (*OC-DA*, pp. 385 y 429); se amplía además enormemente en *SP*, como demuestra Bousoño.

rraré ni una sola palabra. Sabré vestirme rindiendo tributo a la materia fingida. A la carnosa bóveda de la espera. A todo lo que amenace mi libertad sin historia. Desnudo irrumpiré en los azules caídos para parecer de nieve, o de cobre, o de río enturbiado sin lágrimas. Todo menos no nacer. Menos tener que sonreír ocultándome. Menos saber que las cejas existen como ramas de sueño bien alerta [...] Dejadme que nazca a la pura insumisa creación de mi nombre.[13]

Surtiré de mi cadáver alzando mis anillos, largo como todos los propósitos articulados, deslizándome sobre la historia mía abandonada, y todos los pájaros que salieron de mis deseos, todas las azules, rosas, blancas, tiernas palpitaciones que cantaban en los oídos, volverán a mis fauces y destellarán con líquido fulgor a través de mis miradas verdes. ¡Oh noche única! ¡Oh robusto cuerpo que te levantas como un látigo gigante y con tu agudo diente de perfidia hiendes la carne de la luna temprana![14]

Si en estos núcleos o centros irradiantes se encuentra probablemente lo que Claudel llamaba el "patron dinamique" de la obra, es decir, la línea mediante la cual "la obra inventa sus propias estructuras y al mismo tiempo las supera",[15] otras muchas son las articulaciones y las fibras por las que, en conjunto, permanece original y auténtica. La riqueza de imágenes her-

13. *OC-PT*, pp. 191-192.
14. Ibid., p. 196.
15. La frase es de Georges Poulet. La encuentro citada en p. XVI del volumen de Jean Rousset, *Forme et signification*, París, 1962.

méticas, de estilemas superreales,[16] de términos y frases tomadas (para negarlas o falsificarlas) del lenguaje científico o concretamente técnico y mecánico,[17] son las características semánticas y estructurales de *Pasión de la Tierra.* Cada una de ellas acude nebulosamente con una sola finalidad: expresar en forma irreal y fantástica la múltiple artificiosidad de la vida moderna en la que la imaginación del poeta-intérprete se encuentra comprometida, encerrada en un laberinto irracional de apariencias y mentiras ("Todo es mentira").[18] Un reflejo de humor negro o de kafkismo atenuado —que Aleixandre perderá por el camino— se puede notar en el poema "La muerte o antesala de consulta", en sus tres alegorías de los naipes: [19] "Fuga a caballo", "El

16. Agrupo en el término generalizador de "estilemas surreales" una serie de varias formas metafóricas, que llevan la huella característica de la invención superrealista. He aquí una limitada lista: "el latido del corazón de gamuza", "sueño de la cabellera", "aquella señora argumentaba con su sombrero", "las marcas de ropa estaban bordadas sobre la carne", "todos los señores sentados sobre sus inocencias", "las barbas de los demás crecían hacia el espanto", "carnosa bóveda de la espera", "la pleamar es un sueño horizontal bajo una luna de hierba", etc.

17. Incluyo también en este género de expresiones los nombres de metales, manufacturas, etc.: "carne en lingotes", "séptimo espacio intercostal", "dos epidermis", "ectoplasma", "cuentakilómetros de alquiler", "el sol de papel de plata", "microscopio", "mariposa de níquel", "lágrima de mercurio", "la esclerótica", "pez de lata", "panoplia", "jeroglífico", "narcóticos", "berbiquí", etc.

18. En "fuga a caballo" (*OC-PT*, p. 205).

19. Conviene recordar que los naipes, y especialmente los del tarot, fueron objetos utilizados por la imaginación surrealista, como lo demuestra la pintura de Marcel Duchamp. La simbología del tarot tiene además un antecedente en las *Chimères* de Nerval y un reflejo en *The Waste Land* de T. S. Eliot, sólo por recordar dos nombres no ajenos a las sugestiones literarias de Aleixandre.

solitario" y "Fulguración del as" (el as de bastos es sin duda un símbolo fálico: "aquí erguido estoy amenazando con mi as"; "por más que las mujeres lo besen, esos botones no echarán afirmaciones que se agiten en abanico"), y, como ya ha notado un crítico,[20] en "El mundo está bien hecho".

Este último poema es una alegoría del mundo y de la vida, vista como una fuga ansiosa de las cercas de un sueño de fantasmas y presencias burlonas ("risas de las paredes"), hacia una incógnita no clara y temible ("Corramos hacia el espanto"). Al final de la carrera está la muerte, "la gran serpiente larga que se asoma por el ojo divino" y que acoge las cosas inanimadas, los animales y los vegetales y sus convencionales palabras de amor con un guiño satánico: sólo ella, la muerte, la gran serpiente, puede decir que el mundo está bien hecho.

Pero la tónica de los poemas de *Pasión* hay que localizarla en otra parte; se ha reconocido, no casualmente, en *La valse* de Ravel.[21] Se puede analizar es-

20. El crítico es Ricardo Gullón, que, en el ensayo "Itinerario poético de V. A." (*Papeles de Son Armadans*, III, XI, n.º XXXII-III, 1958), escribe: "En *El mundo está bien hecho*, los seres, como en los relatos de Kafka, se apresuran para escapar al destino: contemplan la noche sobre el bosque, sienten el amor cercano y los peligros inmediatos. Quieren huir y no pueden; aún temen, aún confían. Les acucia la prisa y corren [...]" (p. 205). El título "El mundo está bien hecho" es exactamente igual a un verso de Jorge Guillén en el poema "Beato sillón", de 1924, que apareció en *Revista de Occidente* en mayo de 1925, verso que el propio Guillén cambiará, especificando: "el mundo *del hombre* está *mal* hecho", en una composición posterior ("Las cuatro calles"). [*N. del T.*]

21. Cf. R. Gullón, p. 201 del citado ensayo.

tructuralmente por el ritmo lento, amplio y abierto de la "música callada" ("Pero todos callaban", "Pero los hombres no cantaban", etc.), en contraposición con el escenario tranquilo y del color neutro de la nada. (Es sintomático en ese sentido precisamente el poema "Del color de la nada".)

Más allá de esa tónica, de ese "adagio expresivo", está la confusión circunscrita o el aparente desorden que se propaga por las páginas de *Pasión.* Pero no se diga que "el caos es todavía caos y la angustia del poeta realísima y dolorida",[22] ni que en el libro reina soberanamente el "caos agolpado".[23] No hay casi

22. Ibd., p. 200.

23. C. Bousoño, *op. cit.*, p. 223. Es verdad que el propio Aleixandre ha escrito, a propósito de *PT* (en el prólogo a la segunda edición): "Esta realidad exterior es la pura materia, el caos agolpado, la existente vida que no halla destino. Es la vida antes de toda ordenación la que aquí furiosamente combate o se desploma como una ola de turbia materia espesa, etc." (*OC.*, p. 1448). Pero, sobre todo, no hay que olvidar que cuando Aleixandre escribía eso (1946) se estaba en plena época de estancamiento literario y de conformismo ideológico, o sea en el momento de mayor expansión, en poesía, de la "tendenza all'evasione entro un arcadico magistero classicista", llamado también "garcilasismo" (cf. mi introducción al *Romancero della Resistenza Spagnola*, Bari, 1970³, pp. 40-42). Y, en segundo lugar, que en las palabras de Aleixandre, como (por otros motivos) en las palabras de Bousoño y de Gullón, aflora la preocupación o sólo la tendencia a querer circunscribir el valor y el alcance de aquel lejano libro, haciendo de él un caso aislado y excéntrico, una especie de *exploit* literario y experimental, como para poder plegarlo mejor al criterio blandamente evolucionista y conciliacionista (muy poco dialéctico) que late en la, por otra parte valiosa, exégesis de Bousoño. (Véanse sobre todo, a propósito de eso, la consideraciones sobre el desarrollo y sobre la "evolución" de la poesía aleixandrina en las pp. 218-221 de su libro.) En ese aspecto no estoy de acuerdo con el crítico español —como por otro lado se verá a lo largo de mi ensayo—

nada de tumultuoso ni caótico —en el sentido concreto de ambos términos—, casi nada de crudamente ilógico ni de desenfrenadamente arbitrario —como sucede en otras experimentaciones de vanguardia—; y, en el fondo, se nota en *Pasión* muy poca angustia íntima y dolorida, a no ser que se quiera confundir el caos desgarrado con el difícil, pero no oscuro, dictado de la obra y con la enmarañada, pero no imposible, interpretación de sus términos morfológicos.[24] Es verdad que "estos poemas se hallan constituidos por un conjunto de intuiciones muy vario; conjunto tendente a ordenarse y jerarquizarse en torno a los temas esenciales".[25] También es verdad que, a pesar de la señalada abundancia de imágenes y metáforas, el léxico base

---

porque no puedo vencer la impresión de que ha constreñido la poesía de Aleixandre dentro de una red un tanto estrecha de descripciones y motivaciones de las que son víctimas principales *PT* y *EL.* A partir de un cierto momento se ha producido, además, una ósmosis entre el lenguaje del crítico y el del poeta: y este fenómeno hay que tenerlo siempre en cuenta, dando siempre preferencia (lo cual parece obvio) a los textos poéticos.

24. Observaciones bastante sagaces sobre las características léxicas y lingüísticas de *PT* pueden encontrarse en el capítulo dedicado a Aleixandre en el denso y problemático libro de Paul Ilie, *The Surrealist Mode in Spanish Literature*, Ann Arbor, 1968. Entre otras cosas, P. Ilie escribe: "Aleixandre is concerned only with his own reality, which consists of the way he articulates his feelings with the raw material of the outer world. He turns the phenomenal world into a lexicon of self expression" (pp. 42-43). Y más adelante: "The poet's feeling has no real dimension, and the sensation of inner violence is confined to the linguistic realm" (p. 43). En fin, me parece que se puede aplicar a todo *PT* esta observación del crítico estadounidense: "certain poems can serve as glossaries of synonyms that help to deduce the meaning of other obscure poems" (p. 45).

25. R. Gullón, p. 198 del ensayo citado.

del libro no resulta tan amplio como su "materia" parecería requerir.[26] La literatura visionaria de Blake a Lautréamont, Rimbaud, etc., conoce muchos más abismos profundos y delirios verbales (véase como primera y superficial contraprueba la gran cantidad de metáforas tradicionales, es decir, el gran número de *como* comparativo, de *lo mismo que*, *del color de*, *en forma de*, etc., que pueblan el libro).[27] Una lectura sólo atenta a los datos connotativos revela efectivamente que, bajo un aparato de términos y referencias excéntricas, y bajo una red de presencias no comunes o no comúnmente evocadas, yace una tendencia clara a la disolución del yo poético en otro todavía impreciso (¿onírico?, ¿telúrico?, ¿adivinatorio?, tal vez ni el mismo poeta hubiera podido decirlo).

Con este fin, por mera experimentación crítica (y con un cierto arbitrio y aproximación), intentaré po-

26. Quizá la única zona realmente rica de especificaciones es la fauna. En el bestiario de *PT* encontramos: *pez, avispa, serpiente, gamuza, caballo, cebra, pitón, cordero, lobo, ruiseñor, hormiga, cobra, gaviota, grilllos, pájaro, paloma, erizo,* etc. Por lo demás, Aleixandre prefiere nombres genéricos a nombres específicos; y, en conjunto, la variedad de los nombres de objetos no es muy amplia. Ni hay tampoco, que yo sepa, neologismos de cualquier tipo o género.

27. Véanse los pasajes que cito. Pero hay también casos en que el *como* es frecuentísimo. Por ejemplo en este trozo: "En el fondo de ti misma los pensamientos yacen bajo las piedras, ocultos *como* vidrios de color ignorados, y yo siento sobre mi piel sus destellos *como* aparentes confesiones de un mañana vecino, del hallazgo precioso que me hará romper en sollozos muy fuertes, sobre la tierra abierta a mis culpas más claras. A tu hermosa agonía sin latido. Tu eres, bellísima, *como* el hermoso monte que se levanta de hierba superflua, escondiendo su rudimentario soporte. *Como* esas claras lagunas que mienten a los picos de los pájaros un licor [...]" (*OC-PT*, p. 225. La cursiva es mía).

ner entre corchetes algunos elementos efímeros de dos frases escogidas casualmente, de modo que pueda realzarse en lo que quede un Aleixandre que sólo aprenderemos a conocer más adelante:

> Si me muero, dejadme. No me cantéis. Enterradme envuelto [en la baraja que dejo,] en ese bello tesoro que sabrá pulsarme como una mano imponente. Sonaré como un perfume del fondo [, muy grave]. Me levantaré [hasta los oídos,] y [desde allí] hecho una pura vegetación me desmentiré a mí mismo [deshaciendo mi historia, mi trazado], hasta dar [en la boca entreabierta,] en el Sueño [que sorbe] sin límites [y que, como una careta de cartón, me tragara sin toserse].[28]

Y también:

> No me mientas una lágrima [de mercurio] que horade la tierra y se estanque, que no acierte a buscar la raíz y se contente con los labios, con esa dolorosa saliva que resbala y que me está quemando mis manos [con su historia, con su brillo de cara reinventada] para morir en el arroyo que ignoro [entre las ingles].[29]

Así como en esta frase, que puede considerarse un verso octosílabo y otro endecasílabo, en la que la parte en prosa está evidentemente en la parte explicativa:

28. *OC-PT*, 207 ("Fuga a caballo").
29. Ibid. p. 222 ("Hacia el amor sin destino").

Estaba tan alto el cielo / que no hubieran llegado los suspiros, [así es que optaron por amarse en silencio].[30]

En resumidas cuentas: en *Pasión de la Tierra* yo vislumbro solamente una primera, cálida y auténtica adhesión a los modos convulsos de la fantasía superrealista y tal vez más aún a los modos demiúrgicos del Creacionismo, y un vistoso reflejo de la lectura de Freud,[31] pero no veo —como se ha continuado diciendo hasta ahora— el punto máximo de la inmersión de Aleixandre en lo irreal. Y creo que tampoco aquí, en su "evasión hacia el fondo", el poeta se ha abandonado completamente al curso torrencial de los impulsos instintivos e irracionales, ya que nunca ha perdido de vista un cierto orden interior y dado que ha demostrado siempre una conciencia vigilante de sus propios medios y sobre todo de sus propios fines. No me faltará la ocasión de hacer referencia a ciertos rebrotes de *Pasión* en los libros sucesivos, pero de momento quiero subrayar que en estos poemas en prosa, de un hermetismo fluente, está contenido ya el magma visionario del Aleixandre posterior y está presente ya la línea, diría que incluso el esquema, de algunos de los más maduros "poemas en verso" de Aleixandre.[32]

30. Ibid. p. 223 ("Fábula que no duele").

31. Una referencia precisa al "creacionismo" de Huidobro puede leerse en una nota de Oreste Macrí (cf. más adelante, p. 42 y n. 47). Es el propio Aleixandre quien habla de Freud: "Hace tiempo que sé, aunque entonces no tuviera conciencia de ello, lo que este libro debe a la lectura de un psicólogo de vasta repercusión literaria [Freud], que yo acababa de realizar justamente por aquellos años". (*OC-MP*, p. 1466).

32. La riqueza de negaciones, la frecuencia de anáforas y la repeti-

Por otra parte, vista ya la obra en sus principales líneas interiores, volvamos al principio de nuestro estudio: volvamos a considerar la historia exterior del libro, el significado de su ruptura en el curso inicial de la poesía aleixandrina, y su ubicación en el panorama de la literatura española de la época. En cuanto a su historia exterior, he aquí lo que escribe Aleixandre: "Con el título primitivo de *La evasión hacia el fondo*, anunciaba su edición, aquel último año [1929], la casa CIAP. La ruidosa quiebra de esta editorial dejó la obra inédita por entonces. Luego escribí *Espadas como labios*, y a la primera coyuntura de edición, fue éste, el libro reciente, el que entregué. (En *Espadas como labios*, en la lista de obras del autor, figura *Pasión* como inédita, ya con su segundo título: *Hombre de Tierra*.) En 1934, *Pasión de la Tierra* cruzó en cuartillas el Atlántico, a petición de amigos inolvidables, y en bella edición limitada apareció en México en 1935".[33] Antes de 1935 algún poema en prosa de

---

ción de principios de verso a la mitad o al final del poema con *Pero* o *Pero no* son signos sintomáticos de futuros esquemas de poemas aleixandrinos. Y los principios de verso con *pero* revelan en Aleixandre, por un lado, la tendencia hacia un discurso musical en bloques, como sucederá en *SP* (cf. más adelante, p. 141) y, por otro, hacia una especie de giro narrativo como se dará en *HC* (cf. p. 216).

33. *OC-MP*, p. 1466. La editorial CIAP (Compañía Ibero-Americana de Publicaciones, Madrid-Barcelona-Buenos Aires) publicó antes de 1930 una colección de clásicos españoles y no españoles en edición popular (Bibliotecas Populares Cervantes), y en 1930 el volumen de A. Valbuena Prat, *La poesía española contemporánea*, que inauguraba, precisamente con el primer panorama orgánico de la nueva poesía, una colección titulada "Las Cien Obras Educadoras".

Pasión se publicó en revistas: algunos aparecieron en *Litoral* en la primavera de 1929 y uno, "El solitario", lo leemos en el segundo número (1933) de la revista *Los Cuatro Vientos*.[34] Sin embargo, un hecho parece irrefutable: Aleixandre, dejando pasar delante otros dos libros —*Espadas como labios* y *La destrucción o el amor*—,[35] mantuvo en la sombra su segunda obra y demostró hacia ella, en aquellos años, una excesiva y casi incomprensible reserva. Además, la misma incertidumbre en la elección del título prueba la inseguridad del autor respecto al significado que debía atribuir a aquellos poemas en prosa: y no es casual que de un título manifiestamente rimbaudiano o superrealista como *Evasión hacia el fondo*, se pase sucesivamente a títulos dirigidos a acentuar el sentido telúrico y romántico-pasional (*Hombre de Tierra, Pasión de la Tierra*): un sentido y un sabor en buena parte extraños y refractarios al texto, pero evidentemente adaptados y doblegados a la sucesiva experiencia poética del escritor. ¿Pero qué motivos tenía Aleixandre para mostrar tanta reserva? ¿Pensaba tal vez que el ambiente litera-

34. La revista *Los Cuatro Vientos* estaba dirigida por un comité compuesto por Dámaso Alonso, José Bergamín, Melchor Fernández Almagro, Federico García Lorca, Antonio Marichalar, Jorge Guillén, Pedro Salinas y Claudio de la Torre. Las primeras poesías de Aleixandre se publicaron, en cambio, en la *Revista de Occidente* (agosto 1926) y en *Verso y Prosa* (junio 1926).

35. *EL* se publicó en 1932 y *DA*, al que se le concedió el Premio Nacional de Literatura en 1933, apareció en 1935, al mismo tiempo que *PT*, pero prácticamente, para España, antes del volumen de los poemas en prosa. Además, *PT* se publicó "en cuidadosa edición limitada" ("Prólogo a la segunda edición de *Pasión de la Tierra*", *OC*, p. 1447).

rio español no se encontraba preparado para recibir aquella obra innovadora? [36] Ricardo Gullón, uno de los pocos críticos españoles que se han detenido con mirada atenta y adecuada en los poemas en prosa de *Pasión*, no sólo habla de "ruptura", sino incluso de "repudio". "El repudio de la lírica antecedente, y hasta de la coetánea, es terminante", ha escrito.[37] De hecho, Aleixandre —habiendo sido el primero o el más decidido en abrir su poesía a la irrupción del inconsciente y de lo surreal, y habiendo optado por "la más libre de las formas: la del poema en prosa"—,[38] pare-

36. Digo el ambiente literario, no el público en general. Y permítaseme que no acepte el motivo que de la no realizada o tardía publicación de *PT* ofrece el propio Aleixandre en el citado "Prólogo" de 1946: la difícil lectura del libro por parte de las mayorías. El motivo me parece engañoso o en cualquier caso dictado *a posteriori*, desde una preocupación muy distinta de la inicial. (¿No era quizás igualmente hermético y "minoritario" *EL*?) He aquí lo que escribe exactamente Aleixandre: "[..] Pero este impulso que agita aquí a un hombre, no en sus terminales refinamientos civiles, sino en zonas básicas en que lo telúrico le reconoce y en que los demás pueden reconocerle, se ha visto expresado y servido por una técnica y por un lenguaje que le hacen incomunicable, por hoy al menos, con una buena parte de esa masa general de los hombres, a la que está haciendo su llamamiento. Esto, que es un problema genérico en la más vigente y grande poesía moderna (más de medio siglo de poesía europea confinada en las 'minorías'), aquí palpita con signo doloroso, porque la elementalidad pocas veces como impulso ha sido más pura, más radical, en su origen, que en esta *Pasión* [...] Por eso este libro, *Pasión de la Tierra*, no ha sido, con extensión, editado antes. El más extremado y difícil de mis libros no puede hablar, por razones de forma, más que a limitados grupos de lectores [...]" (*OC*, pp. 1449-1450).

37. R. Gullón, ensayo citado, p. 204.

38. "En *Pasión de la Tierra* —escribe Aleixandre— la fuerza primaria y urgente (bajo el ojo vigilante de la conciencia artística, claro es) tomaba la más libre de las formas: la del poema en prosa" (Prólogo a la

cía querer romper con todo un sector, el más sólido e influyente, de la poesía española de la época (dominada por el magisterio ejemplar de Juan Ramón Jiménez e, indirectamente, por Antonio Machado) y traicionar la línea de "poesía pura" hacia la cual, aunque tímidamente, se había encaminado al principio. A pesar de ello, sobre este punto hay que entenderse con claridad. Aleixandre, en su repudio, o más bien en su rebelión frente a las formas de la más madura o más reciente ascendencia y afirmación "hispánica", no estaba solo ni aislado: ya desde la cercana perspectiva de 1932,[39] Dámaso Alonso había advertido, en el período 1929-32, un cambio de dirección ("un fenómeno curiosísimo", como él dice) en los poetas españoles, un cambio de carácter "neorromántico". "Muchos de estos mismos poetas —se lee en aquella remota página de Alonso— tachados de 'poco humanos' (Alberti, Aleixandre, Altolaguirre, Cernuda, García Lorca, Salinas, etc.), por los caminos más distintos y probablemente obedeciendo a una causa general (sin que por eso niegue la posibilidad de algunos influjos mutuos), vuelven los ojos a la profunda raíz de la inspiración poética, y no eluden el tema directamente

---

segunda edición de *DA*, en *OC*, p. 1443). Para valorar mejor el alcance de leve ruptura o más bien de desviación, implícita en la elección de esa "forma", véase la antología de G. Díaz-Plaja, *El poema en prosa en España*, Barcelona, 1956.

39. El primer artículo de Dámaso Alonso sobre Aleixandre (y concretamente sobre *EL*) data de octubre de 1932, y puede leerse ahora en *Poetas españoles contemporáneos*, Madrid, 1952, pp. 282-293. Los párrafos citados más adelante se encuentran en las pp. 283-284.

personal ni el tono apasionado; más aún: en algunos el tono de voz se eleva hasta el énfasis profético." Luego Alonso citaba los ejemplos de Alberti en *Sobre los ángeles*, de Aleixandre en *Espadas como labios*, de Altolaguirre en *Soledades juntas*, de Lorca en *Poeta en Nueva York*, y de Salinas en *La voz a ti debida*: obras todas ellas compuestas precisamente en aquel arco de años, junto a las cuales la crítica posterior ha colocado las experiencias paralelas o semejantes de Juan Larrea, Gerardo Diego, José Moreno Villa, Luis Cernuda (mencionado además por Alonso), y de Emilio Prados (por no citar la de Pablo Neruda, más americana que española), pero cambiando oportunamente el acento de presunta caracterización "hiperrealista" a una derivación surrealista más probable y convincente.[40] Mirándolo bien, el "fenómeno" evidenciado por Alonso no era "curiosísimo": tal vez podía parecer así desde un particular punto de vista español y según la huella de una lectura unilateral del famoso ensayo de Ortega y Gasset, de 1925, *La deshumanización del arte*, en el cual, dicho sea de paso, el concepto de "deshumano" referido al arte de vanguardia respondía en el fondo a una ecuación sociológica —aunque de sello aristocrático y de élite— y a una consideración positiva de lo que él llamaba el "arte joven".[41] La polémica an-

40. Me refiero sobre todo al básico estudio introductivo de la antología del difunto amigo Vittorio Bodini, *Poeti surrealisti spagnoli*, Turín. 1963.

41. Una correcta interpretación, y sobre todo un justo encuadramiento del famoso ensayo de Ortega en el panorama de la literatura de los años 1920-1930, puede leerse en el libro de Renato Poggioli, *Teoria*

tiorteguiana de Alonso que acompaña y puntea la página citada ("A la literatura nueva le ha sido achacada una falta absoluta de sentido humano [...] Así, en estos años últimos, se ha tildado de 'intelectual y poco humana' la nueva poesía [...] Estos poetas no eluden el tema directamente personal ni el tono apasionado [...] Nadie podrá negar ahora 'humanidad' a la poesía nueva [...]"), como cualquier otra crítica que confundiera el ensayo de Ortega, o tal vez su título, con un manifiesto o una poética, acababa por vaciar de significado la rebelión surrealista y la de toda el "ala izquierda" de la formación de vanguardia: ya que no veía que aquella rebelión —aunque salida de la misma matriz irracional y antitradicional— denunciaba con su viraje los peligros o sólo los apuros hacia donde un

---

dell'arte d'avanguardia, Bolonia, 1962 (cf. especialmente las pp. 59-64 y 197 y ss.). Véase también la clara exposición y el convincente comentario que sobre ese ensayo nos ofrece Salvatore Battaglia en *Mitografia del personaggio*, Milán, 1968 (cap. "L'arte disumanizzata", pp. 401 y siguiente), último fruto de otros breves y no tan breves estudios suyos sobre Ortega. Damos un ejemplo que está en relación con nuestras consideraciones. El siguiente pasaje significativo del ensayo orteguiano: "No faltan en ella [arte joven] sentimientos y pasiones, pero evidentemente estas pasiones y sentimientos pertenecen a una flora psíquica muy distinta de la que cubre los paisajes de nuestra vida primaria y humana. Son emociones secundarias que en nuestro artista interior provocan esos ultraobjetos. Son sentimientos específicamente estéticos" (J. Ortega y Gasset, *Obras completas*, Madrid, 1947, vol. III, p. 365), lo comenta S. Battaglia así: "E' facile opinare i movimenti letterari che concorrono a questa visione 'disumanizzata' dell'arte (da non confondersi con l'attributo 'disumana', che è altra cosa): il simbolismo, il cubismo, il dadaismo, il futurismo, il surrealismo, l'ermetismo, l'ultraismo, l'espressionismo, eccetera, fino all'attuale estetica dell'informale" (pp. 409-410 y nota correspondiente).

ejercicio meramente lúdico y ajeno del arte la hubieran conducido inevitablemente.[42]

Entonces, si Aleixandre no tenía motivo, en aquellos años, para sentirse solo y aislado en su convulsa exploración del profundo, ¿cuáles eran las razones de su reserva para con su primera obra surrealista? Para

42. Ortega, en *La deshumanización del arte* —hay que repetirlo—, se limitaba a una descripción del fenómeno enunciado en el título de su ensayo. "El poeta joven —escribía—, cuando poetiza, se propone simplemente ser poeta. Ya veremos cómo todo el arte nuevo, coincidiendo en esto con la nueva ciencia, con la nueva política, con la nueva vida, en fin, repugna ante todo la confusión de fronteras [...] Vida es una cosa, poesía es otra —piensan o, al menos, sienten. No las mezclemos. El poeta empieza donde el hombre acaba. El destino de éste es vivir su itinerario humano; la misión de aquél es inventar lo que no existe. De esta manera se justifica el oficio poético. El poeta aumenta el mundo añadiendo a lo real, que ya está ahí por sí mismo, un irreal continente" (Ortega, *op. cit.* p. 371; citado por Battaglia, *op. cit.*, p. 413). Con otras palabras, como puede verse por este fragmento, el discurso de Ortega está en la cumbre de la involución, o sea del "cumplimiento del arte por el arte", como luego breve y apodícticamente lo trazará Walter Benjamin, en la famosa apostilla final de *L'opera d'arte dell'epoca della sua riproducibilità tecnica*, que es de 1936 (trad. it., Turín, 1966, p. 48), donde el *fiat ars — pereat mundus* a propósito de la "guerra higiene del mundo" del futurismo fascista se define precisamente como el "cumplimiento del arte por el arte": "La humanidad, que en Homero era un espectáculo para los dioses del Olimpo, ahora lo es para sí misma. Su autoenajenación ha alcanzado un grado que le permite vivir su propia anulación como un gozo estético de primer orden. Ése es el sentido de la estetización de la política que persigue el fascismo". Pero, aunque apodíctica, y vista desde un punto histórico bien definido, la discriminante de W. Benjamin sigue vigente, y resiste incluso a las varias discusiones que sobre el arte de vanguardia se han sostenido más recientemente, desde los primeros ataques de Trotsky, Bujarin y Lunacharsky a los formalistas y su "escuela" (cf. Victor Erlich, *El formalismo ruso*, sobre todo los cap. VI y VII, Seix Barral, Barcelona, 1974).

comprenderlas hay que separarse de la perspectiva española, habrá que adoptar otra perspectiva. ¿Cuál? Nos lo sugiere el propio autor cuando escribe sobre *Pasión de la Tierra*: "Era un libro que había *querido nacer* americano y americano se quedaba".[43] Aun si pensaban prescindir del ejemplo francés y de la propuesta dinámica que, en sus fuentes, ofrecía el superrealismo, los poetas españoles podían contentarse con recurrir —como habían hecho con Ruben Darío en un pasado reciente— a las sugerencias de libertad creativa e inventiva que procedían de los poetas hispanoamericanos. Todavía está por escribir casi toda la historia de la influencia de la literatura hispanoamericana del siglo xx; y todavía están por descubrir casi todas las resonancias que obtuvieron en España los versos de Julio Herrera y Reissig, Vicente Huidobro, César Vallejo y Pablo Neruda.[44] Qué es lo que buscaban, por

43. Así escribe Aleixandre en el "Prólogo" a *PT* (*OC*, p. 1447. La cursiva es mía). Aunque Aleixandre se refiere a la simple publicación de la obra, en sus palabras cabe notar una intencionalidad más amplia. Recuérdese además la observación de Max Aub, en el libro *La poesía española contemporánea* (México, 1954, p. 158): "Hay en él [Aleixandre], generalmente, un desbordamiento de palabras que más parece de poeta americano que de español".

44. Casi toda la historia de tales influencias está por escribir. No la de las repercusiones de la poesía y de la poética de Huidobro, cuya huella se puede seguir en varios ensayos y libros de Guillermo de Torre, especialmente en su *Historia de las literaturas de vanguardia*, Madrid, 1965, y en el ensayo introductorio a la *Poesía y prosa* del chileno que escribió Antonio de Undurraga (Madrid, 1957), sino la de los demás. Sobre Herrera y Reissig, véase el ensayo de R. Cansinos Assens en *La evolución de la poesía* (Madrid, 1927) y la introducción de G. de Torre a las *Poesías completas* del poeta uruguayo (Buenos Aires, 1942). Herrera fue,

ejemplo, hacia 1927, en el "modernista" (entre comillas en el homenaje de Aleixandre) Herrera y Reissig, sus "principales entusiastas" Gerardo Diego y Rafael Alberti, tras la primera indicación del vigilante Dámaso Alonso,[45] nos lo recuerda el propio Alberti, en una página que le pasó inadvertida a Bodini, escrupuloso investigador de las fuentes del surrealismo español: "Y esto sin aludir —escribe Alberti— a lo que el poema de Herrera (*La torre de las esfinges*), sobre los del gran cordobés [Góngora], tiene de poesía del delirio, de precursora nebulosidad onírica, superrealista. Un superrealismo sometido al freno preciso, a la rienda corta, tirante, de una técnica clásica; un correr

---

posiblemente, uno de los vehículos a través de los que el simbolismo francés, ya mezclado con otras manifestaciones líricas, penetró fuertemente en España. Eso se deduce, por ejemplo, de dos estudios sobre los contactos de Herrera con la poesía francesa: uno de José Pedro Díaz, publicado en el n.º 162 de los *Anales de la Universidad* de Montevideo (1948) y otro de B. Gicovate en *Ensayos sobre poesía hispánica*, 1967, pp. 36-45. Sobre Neruda y Vallejo, véase más adelante, n. 48.

45. Cuenta R. Alberti, en "Imagen primera de la poesía de Julio Herrera y Reissig" (*Imagen primera de*..., Buenos Aires, 1945, pp. 125 y s.), que el primero que le habló del uruguayo fue precisamente D. Alonso, a propósito de un soneto de *Marinero en tierra*, de 1923-1924. No hay por qué extrañarse de que fuera precisamente D. Alonso uno de los primeros en descubrir o leer a Herrera, como también había sido precisamente Juan Ramón Jiménez quien señalara a Miguel Hernández a los "amigos de la poesía pura" (cf. mi libro *Miguel Hernández: vita e poesia*, Milán, 1966, p. 217): la historia literaria no siempre sigue líneas coherentes y uniformes. Sobre la fortuna de Herrera y Reissig en España, véanse también los poemas que, en 1936, le dedican V. Aleixandre ("La barandas", *Homenaje a J.H.R.; poeta "modernista"*, en *OC*, pp. 632-633) y M. Hernández ("Epitafio desmesurado a un poeta", *Obras completas*, Buenos Aires, 1960, pp. 256-257).

del sueño en libertad, pero a la vez sometido, espoleado y golpeado por unos pies y manos despiertos".[46] El nombre del chileno Huidobro, para Aleixandre y sus compañeros, ha sido en cambio justa y agudamente citado por Macrí: "Es denominador común expresivo el lenguaje metafórico 'hiperrealista', que alcanza una verdadera madurez e íntima persuasión poética diez años después de las primeras pruebas y formulaciones de la cosmopolita matriz parisiense de Apollinaire, Reverdy, Picasso, Huidobro. El mismo surrealismo de Breton nace de aquella gestación común, del mismo modo que el 'creacionismo' del chileno y el ultraísmo de Guillermo de Torre y Gerardo Diego. Pero Huidobro es el más lúcido y generoso maestro de los neorrománticos futuros: su palabra sigue siendo un punto de referencia [...] Su poética afirmó la obra de arte como nueva realidad cósmica, que el artista añade a la naturaleza; realidad dotada de una autonomía astral propia, de una propia atmósfera: aspiración a crear un poema objetivo, absoluto...".[47] Por lo que se refiere a Vallejo y a Neruda, poetas coetáneos, el contacto —ya advertido alguna vez— [48] es

46. R. Alberti, *op. cit.*, pp. 129-130.

47. Cf. Oreste Macrí, "V. Aleixandre, Poesie, presentazione e versione ritmica", *Quaderni Ibero-americani*, n.º 11 (diciembre 1951), pp. 105-106.

48. Sobre Neruda y Vallejo prefiero hablar de "contactos" con los poetas españoles y no de "influencia", ya que la cuestión es ardua y compleja, y no carente de ambigüedad. Sin embargo, habría que ver la programada y jamás llevada a cabo ponencia de Germán Bleiberg en el III Congreso de la Asociación de Hispanistas (México, 26-31 de agosto de 1968) sobre el tema "Pablo Neruda y su influencia en la poesía espa-

mucho más estrecho y casi inmediato porque ambos llegaban a España con un pequeño bagaje de obras ya con un cierto delirio verbal y arrolladas por pena cósmica: Vallejo con *Trilce* (de 1922, luego vuelto a publicar en España en 1930), y Neruda con las poesías de *Tentativa del hombre infinito* (1925), las prosas poéticas de *Anillos* (1926) y el manuscrito de la primera *Residencia en la tierra*.

Pero, aún más concretamente, es de la perspectiva americana de donde nos llega la respuesta precisa a la cuestión que estoy siguiendo: por qué *Pasión de la Tierra* permaneció inédito en España por tanto tiempo y por qué "había querido nacer americano y americano se quedaba". La respuesta se deduce de dos escritos, opuestos pero convergentes, de Pablo Neruda y de Jorge Luis Borges. A propósito de sus dos viajes, en 1927 y 1934, Neruda cuenta: "En la España de 1927 el concepto de la poesía era mecánico, exterior, influenciado por futuristas, ultraístas, etc., que tendían a hacer de ella una especie de juego de combinaciones acústicas y retóricas. De ese clima jactancioso, pero vano, se desprendió el libro de Ortega y Gasset, *La deshumanización del arte*, cuando precisamente la fuerza que iba a venir era de profunda humanidad en todos los órdenes de la vida. En 1934 sucede todo lo contrario: adviene el florecimiento de la República y

---

ñola". Que yo sepa, no ha sido publicada, pero es posible que se refiera no a la influencia sobre los poetas de la Generación del 27, sino a la ejercida sobre los poetas de las generaciones siguientes (M. Hernández, G. Celaya, etc.).

en ella, fresca de realidades y copiosa de elementos creadores, una generación de poetas que era la primera después del Siglo de Oro".[49] Neruda, hablando ya pasado el 1950, prefiere culpar de incomprensión hacia él al "ala derecha" —o rama seca— de la vanguardia española (de Guillermo de Torre a Giménez Caballero) e insistir en la equívoca interpretación del ensayo de Ortega, más que recordar su batalla contra la "poesía pura" y el ataque que le hace, en 1935, Juan Ramón Jiménez, en nombre de la línea clásica, rama siempre en reflorecimiento de la poesía española.[50] El vacío —o tal vez el nexo subterráneo entre tradicionalismo purista y vanguardismo lúdico— puede llenarse (o establecerse), por lo menos por contraste, con la guía de un "fragmento" crítico de Borges de 1933, que hasta ahora, que yo sepa, ha pasado desapercibido. Borges, procedente de la experiencia ultraísta, parece que aquí toma como punto de mira el "centro" conciliador e integralista (y perdóneseme el término todavía político), representado ante todo por el impecable comentarista de Góngora que ha sido y es Dámaso Alonso, y parece censurar la pretensión de hacer del poeta cordobés el eje de toda innovación de

49. Esa declaración de Pablo Neruda se encuentra en el volumen de A. Cardona Peña, *Pablo Neruda y otros ensayos*, México, 1955, pp. 30-32 (la cito también íntegramente en el volumen P. Neruda, *Poesie*, Florencia, 1962, pp. 677-678).

50. Acerca de la polémica de Neruda contra la "poesía pura", véase su artículo "Sobre una poesía sin pureza", publicado en el primer número de *Caballo Verde para la Poesía* (ahora en *Obras completas*, Buenos Aires, 1968³, p. 1040), y acerca de la relación de J. R. Jiménez, la nota de p. 678 de mi libro citado, Pablo Neruda, *Poesie*.

la poesía del siglo xx. Burlándose, con Eliot, del ingenuo historicismo de los que sostienen el progreso *ad infinitum* y la pura partenogénesis literaria que tiene seguidores contumaces en España, afirma: "El indefinido progreso hace de todo libro el borrador de un libro sucesivo: condición que si linda con lo profético, da en lo insensato y embrionario también. Los historiadores más alemanes pierden la paz ante esas dinastías de la variación, del plagio y del fraude; los franceses reducen la historia de la poesía a las generaciones de Poe, que engendró a Baudelaire, que engendró a Mallarmé, que engendró a Rimbaud, que engendró a Apollinaire, que engendró a Dadá, que engendró a Breton. España admite con fervor esa cosmogonía, siempre que Góngora sea el iniciador de la serie, el primer Adán". Y concluye: "Los contemporáneos ven en el libro una generosa efusión, los descendientes un mundito especial que consta sobre todo de límites. Por obra de Barbusse y de Lawrence, las camas turbulentas de la saga de los Rougeon-Macquart son de una reserva ya clásica. En cambio, Góngora, la 'extrema izquierda', en el proceso literario español, era esencialmente un artífice algo menos complejo que Pope, que en el proceso literario inglés hace de Boileau".[51]

51. El fragmento de J. L. Borges, como comentario a un pasaje crítico de T. S. Eliot (que es el célebre ensayo "Tradition and the Individual Talent", 1919, en *Selected Essays*, Londres, 1932), se publicó en el n.º 3, vol. I de la revista *Poesía* de Buenos Aires (julio 1933). Se titulaba "La eternidad y T. S. Eliot". Es curioso notar que la misma crítica al método de la pura partenogénesis literaria o "juego literario de cajas chinas" también se la dirige precisamente, a Eliot, Edmund Wilson en

La sugerencia que brota dialécticamente de estas lúcidas observaciones de Borges y de las discriminaciones de Neruda concuerda con el que pretende ser prefacio implícito del presente estudio: mirar siempre al proceso literario español con oportuna y comprensiva distancia. En tal contexto, considerado con lente divergente, el "caso" de Aleixandre se limita y se justifica por sí mismo, ampliamente. Y la conclusión sobre ese "caso" no es más que ésta: por un desarmado pero espontáneo y cierto noble espíritu de modestia y moderación, Aleixandre no se sentía en grado de presentarse en público, abiertamente, con su provocatorio libro de poemas en prosa, en el que había bien poco de gongorino en sentido exacto y bien poco de vanguardista en sentido "exterior y mecánico". Su elección era autónoma y original, reservada y seria: sobre ella ha merecido la pena detenerse minuciosamente, aunque haya sido brevemente, porque precisamente creo que tal elección aclara sus sucesivas decisiones de poética.

---

su *El castillo de Axel* (trad. it., Milán, 1965, p. 116; trad. cast., Madrid, 1977).

Capítulo 2

"ESPADAS COMO LABIOS": EN BUSCA DEL CENTRO

La originalidad del surrealismo sin abismos y sin delirios, en fina y alucinada suspensión, de *Pasión de la Tierra*, se ve reforzada y ampliamente reafirmada en *Espadas como labios*, uno de los libros más bellos de Aleixandre, que reúne composiciones escritas entre 1930 y 1931 y fue publicado en 1932.

Así como algunos fragmentos de *Pasión* recuerdan, tal vez por contagio directo, las vivisecciones surreales y las figuraciones oníricas del Buñuel y Dalí de *Chien andalou* (aquí, una sirena con el pecho cortado, y una rosa abstracta o un pétalo de carne que le cuelga del cuello; allí, un ejército de hormigas camino de la lengua y de las pupilas abiertas),[52] también en *Espadas* se

52. Los pasajes a los que aludo se hallan en los poemas "Vida" y "Ser de esperanza y lluvia" (*OC-PT*, p. 177 y p. 187): 1) "Me acuerdo que un día una sirena verde del color de la luna sacó su pecho herido, partido en dos como la boca, y me quiso besar sobre la sombra muerta, sobre las aguas quietas seguidoras. Le faltaba otro seno. No volaban abismos. No. Una rosa sentida, un pétalo de carne, colgaba de su cuello

van perfilando las mismas atmósferas inmóviles y astrales de la pintura metafísica, que precisamente en aquellos años y por un breve espacio de tiempo el surrealismo europeo se las apropiaba en parte:

> Una mano de acero sobre el césped,
> un corazón, un juguete olvidado,
> un resorte, una lima, un beso, un vidrio.
>
> Una flor de metal que así impasible
> chupa de tierra un silencio o memoria.[53]

---

y se ahogaba en el agua morada, mientras la frente arriba, ensombrecida de alas palpitantes, se cargaba de sueño, de muerte joven, de esperanza sin hierba, bajo el aire sin aire". 2) "Acaso todo un ejército de hormigas, camino de la lengua, no podrá impedir diez mil puntos dorados en las pupilas abiertas. Acaso la sequedad del corazón proviene de ese dulce pozo escondido donde mi mejilla de carne cayó con sus dos alas [...]". La verdad es que Michel Gauthier, en su óptimo ensayo "Vicente Aleixandre, Narcisse écartelé", *Les Langues Néo-Latines*, n.º 176 (marzo-abril 1966), ha encontrado elementos análogos incluso en *La destrucción o el amor.* Comentando los versos de la poesía "Noche sinfónica": "la brevísima escala de las manos al rodar, / qué gravedad la suya, cuando, partidas ya las muñecas, / dejan perderse su sangre como una nota tibia", escribe: "On peut penser au martyre de Sainte Eulalie, du *Romancero Gitano*, à propos de cette évocation cruelle. L'image est ici plus dure, moins elliptique, plus 'sadiquement' surréaliste que chez Lorca. Le *Chien andalou*, de Luis Buñuel et S. Dalí, avec son rasoir et ses fourmis (comment s'en défendre?) hante notre memoire: 'el camino de las hormigas por un cuerpo hermosísimo...' ('Sobre la misma tierra'), 'tibia saliva nueva que en los bordes / pide besos azules como moscas' ('Cuerpo de piedra')" (p. 104).

53. De "En el fondo del pozo", dos últimas estrofas, *OC-EL*, p. 265. Sobre la pintura metafísica, véase la documentadísima monografía de Massimo Carrà, Patrick Walberg y Ewald Rathke, *Metafisica*, Milán, 1968.

El contagio, quizá también en esta ocasión, pasa a través del Dalí del primer período (piénsese en su *Mujer tendida*, que, como en las visiones de Aleixandre, ocupa la geografía completa de una isla), pero en gran parte ahí se detiene, puesto que, volviendo al uso del verso (sobre todo del endecasílabo y del verso libre), el poeta pierde agitación, desorden, vaguedad, y se hace menos permeable al *esprit morbide* que aflora cada vez más en el pintor catalán. A lo sumo, alguna huella de ruptura y de ablandamiento (de la vena grotesca y macabra, hablaré más adelante) se puede vislumbrar en algunas poesías o tal vez en los siguientes versos de "Muñecas":

Un coro de muñecas
cantando con los codos,
midiendo dulcemente los extremos,
sentado sobre un niño;
boca, humedad lasciva, casi pólvora,
carne rota en pedazos como herrumbre.

Boca, boca de fango,
amor, flor detenida, viva, abierta,
boca, boca, nenúfar,
sangre amarilla o casta por los aires.

Muchachas, delantales,
carne, madera o líquen,
musgo frío del vientre sosegado
respirando ese beso ambiguo o verde.[54]

54. *OC*, p. 273. Los mismos tres sustantivos-clave —"sangre", "herrumbre" y "musgo"— y una análoga atmósfera de turbia impotencia se observa en el pasaje de "El crimen o imposible" de *PT* (*OC*, p. 208):

(Pero ya se sabe cuán amplia era la circulación de las influencias en aquella época. Cuadros que son "fotografías de lo irracional concreto" o bien ventanas a horizontes fijos, llenos de objetos tanto más comunes cuanto más ilógicos, se encuentran desde De Chirico a Magritte, Tanguy, Dalí, e incluso a veces en Picasso, y llegan hasta las tardías invenciones estrambóticas de Óscar Domínguez.[55] Esto tiene que ver con Aleixan-

---

"No correrá la sangre como está haciendo falta, no arrasará la realidad sedienta, que se deja llevar sabiendo de qué labios ya exangües manó aquel aluvión sanguinolento, aquel color, no de ira, que puso espantos de oro en las mejillas blancas de los hombres; que al cabo permitió que las lenguas se desliasen de los troncos de árboles, de aquella verde herrumbre que había alimentado el musgo de los pechos".

55. Artista extraordinariamente dotado y personaje a su modo pintoresco, Óscar Domínguez es una figura que se debe proponer a los historiadores (y cronistas) del surrealismo en España. Señalo, a quien quiera ahondar en el tema, estas noticias acerca de la propagación del surrealismo en España, tomadas del libro de M. Jean-A. Mezei, *Histoire de la peinture surréaliste*, París, 1959): *a*) Primera exposición surrealista de Domínguez en 1933 en Tenerife; *b*) Durante cuatro años se publicó en Canarias una revista de arte y literatura de tendencia surrealista titulada *Gaceta de Arte*, dirigida por Eduardo Westerdhal y con la colaboración de los poetas Domingo Pérez Minik, Domingo López Torres, Pedro García Cabrera y del ensayista Agustín Espinosa; *c*) En mayo de 1935 la revista organizó una exposición surrealista con obras de Arp, Bellmer, Brauner, De Chirico, Dalí, Ernst, Giacometti, Maurice Henry, Valentine Hugo, Marcel Jean, Dora Maar, Magritte, Miró, Méret, Oppenheim, Picasso, Man Ray, Styrsky y Tanguy. Fueron invitados a la exposición Breton y Péret, hubo conferencias y se proyectó la película *L'Âge d'Or*, de Buñuel y Dalí; *d*) Al estallar la guerra civil y con la invasión de las tropas de Franco, el grupo de la *Gaceta de Arte* se disolvió brutalmente: López Torres fue fusilado por los fascistas; García Cabrera y Óscar Domínguez consiguieron escapar, el primero a Cataluña, donde se enroló en el ejército republicano, y el segundo a Francia.

dre y sus probables sugestiones. Algo semejante parece que sucedía con García Lorca, cuyos dibujos —cabezas soñadoras, manos cortadas o parques ondulantes— proceden de las líneas sutiles de las acertadas fantasías de Miró o de los sueños áureos de la *Durmiente* de Tanguy, y se caracterizan pues como mediadores de la transcripción verbal de algunas de sus últimas publicaciones poéticas.)

Ese trasfondo pictórico, por otra parte, ya había sido advertido por Dámaso Alonso cuando escribía: "Los parecidos pictóricos resultan favorecidos por la tendencia a usar nombres que designan objetos concretos y de la vida diaria (esquivados antes por la tradición poética). A veces se podría hacer una representación plástica o pictórica de esas visiones. Es lo que, sobre poco más o menos, han hecho por su lado algunos de los pintores suprarrealistas".[56] Pero la "tendencia a usar nombres que designan objetos concretos, etc." en la poesía del Aleixandre de aquella época —como en la llamada pintura metafísica y en la poesía suprarrealista— es una precisa alusión al más allá de los objetos, a su irracional otredad, a su efectiva apariencia.

Una prueba evidente de esa alusión, al designar las cosas materiales (y a veces inmateriales), está en el uso desbordado de adjetivos demostrativos (*ese, este*), que alcanza su grado máximo precisamente en *Espadas*

56. D. Alonso, *op. cit.* (n. 39), p. 291. En realidad, D. Alonso se refiere en primer lugar al "parecido pictórico" no con los surrealistas, sino con El Bosco: y precisamente por lo que se refiere al "monstruo terrible" (o sea, el tiburón) de "El más bello amor" (véase más adelante, p. 67).

como labios. Léanse —y es sólo un ejemplo entre tantos— estos versos de "La palabra":

> *Esas* risas, *esos* otros cuchillos, *esa* delicadísima penumbra...
> Abre las puertas todas.
> Aquí al oído voy a decir.
> (Mi boca suelta humo.)
> Voy a decir.
> (Metales sin saliva.)
> Pero *estas* dulces bolas de cristal,
> *estas* cabecitas de niño que trituro,
> pero *esta* pena chica que me impregna
> hasta hacerme tan negro como un ala.
> Me arrastro sin sonido.
> Escúchame muy pronto.
> En *este* dulce hoyo no me duermo.
> Mi brazo, qué espesura.
> *Este* monte que aduzco en *esta* mano,
> *este* diente olvidado que tiene su último brillo
> bajo la piedra caliente,
> bajo el pecho que duerme.[57]

El fenómeno, decía, alcanza su grado máximo en *Espadas*, pero empieza ya en *Pasión de la Tierra* y continúa en *La destrucción o el amor.* Es más, en ese último libro hace su aparición otro elemento similar y contiguo, que ya observó Bousoño, siguiendo la huella de una aguda intuición de Hugo Friederich, quien lo ha-

57. *OC-EL*, p. 248. (La cursiva es mía.)

cía extensivo a toda la poesía moderna: [58] el empleo "anómalo" del artículo determinado en función "abstracta", "universal" y "autópica" (según Bousoño), o (según Friedrich) sólo en "función indeterminada".[59]

58. Hugo Friedrich, en *Die Struktur der moderner Lyrik* (trad. it., *La lirica moderna*, Milán, 1958, pp. 201-220, trad. cast., *Estructura de la lírica moderna*, Seix Barral, Barcelona, 1974), al tratar de "La función indeterminadora de los determinantes", es decir, del empleo del artículo determinado fuera de la "normal función comunicativa de la lengua", escribe que se trata de "una manifestación estilística muy corriente en la lírica moderna" y lo explica en estos términos: "Ocurre que la colocación de un determinante con simultánea indeterminación de lo expresado produce una tensión idiomática anormal y con ésta se encuentra el medio de imprimirle a lo que suena a familiar la no familiaridad. La lírica moderna, que por lo demás gusta de los contenidos incoherentes, introduce lo nuevo con sorprendente imprevisión. Al darle el determinante el brillo de lo conocido, surge la desorientación y hace que lo nuevo, aislado y sin procedencia, sea más enigmático".

59. C. Bousoño, *op. cit.*, en un párrafo del cap. XXIII, titulado "Anomalías en el uso del artículo determinado" (pp. 320-323), afirma que "La utilización del artículo determinado en aquellos casos imaginativos en los que la sintaxis normal hubiera usado el indeterminado" se debe al carácter utópico de la poesía de Aleixandre antes de *HC*: su abstraer de los objetos su propio *hic et nunc*. "Es evidente —escribe concretamente— que tal peculiaridad le sirve precisamente para poblar de universalidad el sustantivo afectado. Aleixandre dice: 'canto como *la* piedra', o 'muchas veces pensasteis en *el* bosque', como el lenguaje usual asegura que '*el* hombre es mortal'. El artículo determinado, en esos casos, convierte en abstracto el nombre correspondiente: utopiza la realidad, le otorga fuerza de representación universal, y esa universalización, en el caso de Aleixandre, puede muy bien hacernos entrar en un mundo donde lo que principalmente cuenta de las cosas es su participación en la naturaleza". No sé si lo que "principalmente cuenta" para Aleixandre es —en el sentido que en parte indica Bousoño— la potencialidad metafísica de las cosas y su personalización, su presencia preponderante al lado o en sustitución de la presencia humana. Yo diría que las dos tendencias coexisten, creando una tensión imaginativa que sólo se calma en *SP*, donde domina el momento metafísico.

Este segundo fenómeno se podría localizar sobre todo en *La destrucción* o en *Mundo a solas.*

Más aún. El sentido de alteridad se desdobla en dos aspectos, o más bien matices. El primero, más frecuente, cuando en la composición alude a un "tú" ("voy a hablarte muy bajo") o a una presencia sobrentendida o no precisada (quizá la naturaleza espectadora o el mundo circunstante), el poeta utiliza, correctamente, el demostrativo *ese*, ya que la "cosa" está cerca de aquel "tú" o de aquella presencia; el segundo, cuando está declarada la proximidad de la cosa al poeta-hablante (hablante incluso consigo mismo), entonces tendremos, correctamente, el *este*, como en algunos versos ya citados, en donde el "hablante" es un ser enterrado. Naturalmente, también se da el caso de usos anómalos, o muy difíciles de individualizar, de una u otra de las dos formas.[60] Es frecuente además el uso de *este* o *ese* seguidos de infinitivos sustantivos: "ese decir palabras sin sentido", "ese batir de espumas", "este aprender la dicha", etc. Y, finalmente, en algunos pasajes aparece directamente el adjetivo *otro*, que marca de modo sintomático la alusión (ya lo hemos visto en "esos otros cuchillos"):

60. Véanse los ocho primeros versos de la composición "Nacimiento último" (*OC-EL*, p. 257), o también la estrofa (del poema "Resaca", p. 268): "Quién sabe si *estas* dos manos, / dos montañas de pronto, / podrán acariciar la minúscula pulpa / o *ese* dientecillo que sólo puede tocarse con la yema" (donde, sin embargo, el paso de *esto* a *ese*, o del *allá* al *aquí*, está justificado por una especie de *zoom* cinematográfico que la mirada del poeta realiza entre lo infinitamente grande de las manos y lo infinitamente pequeño de la minúscula pulpa, etc.).

Allá en los montes otros,
cuerpo perdido, mares retirados;
allá en los montes otros,
donde una pena pequeña [...].[61]

En cuanto al fenómeno señalado por Bousoño en los dos libros siguientes, no me parece que en *Espadas* se puedan verificar usos anómalos del artículo determinado. Por el contrario hay gran abundancia de artículos indeterminados, pero como consecuencia espontánea del carácter enumerativo y declarativo del libro, donde prosigue la fusión de cosas heterogéneas y a menudo en contraste expresivo, ya notado en *Pasión*. (Pero no daría yo a ese carácter enumerativo el valor y el nombre spitzeriano de "enumeración caótica", ya que los objetos evocados en sucesión responden a un orden oculto [62] o a menudo funcionan como atributos de la imagen central.) Véase, como prueba de una serie de artículos indeterminados, la

61. *OC-EL*, p. 314. (Primeros versos del poema "Donde una gota de tristeza es pecado".)

62. "Un principio de orden" ve R. Gullón (ensayo citado, p. 206) en *EL*; y también C. Bousoño nota un cambio neto entre *PT* y *EL*: "No podemos esperar todavía [en *PT*] imágenes continuadas ni visiones de este tipo, porque la continuidad es, precisamente, resultado del tema concreto que todavía no existe allí. En cambio, *Espadas como labios* ofrece multitud de novedades: las imágenes superpuestas (algunas sustentándose sobre una irrealidad); las visiones continuadas (que se daban en *Ámbito*, pero que el caótico tumulto de *Pasión de la Tierra* impedía); el trueque de lugar entre los planos real y evocado, y la impregnación de uno de tales planos por el correspondiente paralelo, etc." (*op. cit.*, p. 223).

cita dada al principio (p. 49), o los versos siguientes de la poesía "Salón":

Un pájaro de papel
y una pluma encarnada,
y una furia de seda,
y una paloma blanca.

Todo un ramo de mirtos
o de sombras coloreadas,
un mármol con latidos
y un amor que se avanza.[63]

Todos estos modos alusivos o denominativos que puntean la materia de *Espadas* no son sino los datos más vistosos de su morfología y de su estructura, en las que se fundan y al mismo tiempo se revelan, en su pleno desarrollo surreal, la imaginería sumaria y la concepción del poeta. Evocando y llamando los objetos a una imposible realidad o a una superrealidad, parece, en el fondo, que los conjura continuamente. Es más, los nombra, alude y conjura precisamente porque se siente, o quiere sentirse, ajeno al mundo sensible, convencional, y a la lógica común que lo debiera explicar, es decir, circunscribir y aprisionar. Una vez más se trata de una voluntaria forma de abstracción, una especie de fuga, declarada con una insistencia que

63. Primeros versos de "Salón", *OC-EL*, p. 299. Para ésta y otras poesías de *EL* en las cuales se evocan, con elegante delicadeza, ciertas atmósferas *liberty*, creo que se pueden señalar afinidades con el Eliot de "Portrait of a Lady", por ejemplo (cf. T. S. Eliot, *Collected Poems. 1909-1962*, Londres, 1963).

se parece a un forzar, a una veleidad, a una presunción. "Yo no quiero la sangre ni su espejo", dice en un verso que se podría tomar como emblema de toda su obra.[64] Sin embargo, el mejor emblema de la obra, o sea del libro, sigue siendo, naturalmente, el título: *Espadas como labios*. En él yo no veo —como ve Bousoño— un típico ejemplo de ***transubstanciación***, es decir, de cambio entre plano real y plano evocado, que se debiera leer de este modo: "los labios son esencialmente espadas que adoptan, que fingen forma de labios".[65] Puede que tal cambio de planos se verifique

64. En el verso 10 del poema "Circuito" (*OC-EL*, p. 252).

65. Escribe Bousoño, *op. cit.*, p. 208: "Si normalmente la construcción es *A como B*, nuestro poeta, muchas veces, dirá *B como A*. O sea: en lugar de 'labios como espadas' (donde el plano real es 'labios'), 'espadas como labios', pero sabiendo que el plano real del nuevo complejo sigue siendo el mismo: 'labios'. Se obtendrá así una expresión enormemente intensa (procedente del concepto de amor como destrucción, beso como muerte), expresión cuyo pensamiento, muy condensado, es el siguiente: 'los labios son esencialmente espadas que adoptan, que fingen forma de labios'. La figura, es, pues, la de 'labios', pero la sustancia será la de 'espadas'. El trueque de planos habrá producido una transustanciación". Y Bousoño ofrece otros ejemplos —de otros versos de Aleixandre— bastante convincentes como soporte general de su tesis. Según mi parecer, repito, con su sintagma Aleixandre rechaza implícitamente la locución más vulgar y ruda, fruto de una lógica consuetudinaria y común (para la cual "las palabras son espadas" o "puñales" o "flechas", etc.) y crea una forma suya distinta, alógica y totalmente expresiva. Por otra parte, también el ejemplo que da E. Alarcos Llorach (cf. la nota de Bousoño en la p. 210 de su libro), "tenemos un imbécil como profesor de alemán", puede considerarse entre las formas pronominales "en calidad de" o "en lugar de" y no denota un cambio de planos (y eso también lo vio Bousoño). En fin, tras una lectura atenta de la poesía aleixandrina se obtiene la impresión neta de que los términos "labios" y "besos" son contiguos y poseen un fortísimo carácter evocativo y visionario.

en otras partes de la obra de Aleixandre, pero no en ésta. En ésta estamos ante una simple equivalencia o una pura forma de especificación. En ésta, las "espadas" (símbolo de objeto o manufactura elemental o completa en sí, capaz de herir o de traspasar) asumen la cualidad de "labios" (símbolo, bastante corriente en la poesía aleixandrina, que abarca un amplio campo semántico: de la acepción de "boca" a la de "palabra", "voz", "expresión", o a la de "beso"). Diciendo "espadas como labios", Aleixandre, por un lado, cambia —con gesto frecuente en los poetas de vanguardia, iconoclastas hacia todo lugar común— el dicho popular "tienes una lengua como una espada"; por otro, alude a una concepción del poetizar completamente vitalista y elemental: con la espada se entra en la lucha por la vida, que en cambio se convierte en ansia de luz y de amor (para el hombre en general) y de expresión, y a menudo de expresión afectuosa (para el poeta), es decir, *labios*, espadas como labios. Sólo así se explica la frase de Byron que el autor ha puesto en el frontispicio del libro: "What is a poet? What is he worth? What does he do? He is a babbler". En la que Aleixandre ve (equivocada o acertadamente, no importa aquí) un grito de desconfianza en la poesía y de confianza en la vida, casi una invitación a la acción,[66] y

66. En efecto, la explicación del modo como debemos entender las palabras de Byron se encuentra en un texto de Aleixandre de 1931: su prólogo al libro *Soledades juntas* de Manuel Altolaguirre (*OC*, pp. 1483 y s.). Refiriéndose a una disyuntiva con que a veces se designan dos grupos de poetas ("o maestros o inspirados"), Aleixandre escribe: "¿Y por qué no? *O maestros, o inspirados.* Cuando Valéry, más o menos explícita-

en la que "babbler" equivale a voz balbuciente, incoherente, informe, del ser ("ese decir palabras sin sentido"), ya que el poeta (como veremos mejor más adelante) es, en el concepto del neorromántico y creacionista Aleixandre, un puro y elemental mediador entre los objetos de la naturaleza y las palabras.[67] Y además ése es el significado oculto, sobre todo de la poesía

---

mente, presenta toda su obra en verso como poesía 'de encargo', da la medida de su perfecta *maestría.* Pero si Byron, a punto de abandonar su patria, se pregunta y se responde: '¿Qué es un poeta? ¿Qué merece? ¿Qué hace? Es un charlatán', ofrece de la manera más sintética y ruda su desdén de *inspirado* por el fracaso de mejor poeta, protesta contra ese bajo instinto de confundir al poeta con la poesía y reacciona contra esa casi obscena divinización de la palabra a que todo *maestro*, por el hecho de serlo, ha sucumbido ya previamente. Porque la poesía no, no es *cuestión de palabras*" (pp. 1484-1485). (Nótese que, aparte la frase de Byron, las mismas palabras las usa Aleixandre en su declaración de poética para la segunda edición de la antología de 1933 de Gerardo Diego –*OC*, pp. 1558-1559.) De todas formas, aunque las palabras de Byron se citen un poco impropiamente, es a su espada y a su acción a lo que Aleixandre alude en su título, casi un manifiesto de "poesía directa". Me parece arbitraria por lo tanto, y por esta vez, la deducción de D. Alonso (*op. cit.*, p. 285): que Aleixandre ha puesto la frase de Byron en el frontispicio de su libro "tal vez por el gusto de una *flirtation* con la peligrosa tontería del lector", lo cual es una postura completamente ajena a Aleixandre.

67. También a propósito de *babbler* y de la frase de Byron, véase el cap. V del presente libro. En el plano general habría que estudiar la relación que existe entre la palabra y el concepto de *babbler* (que tal vez etimológicamente deriva, por onomatopeya, del infantil *baba*; cf. el *Oxford English Dictionary*) y la expresión *Dada* acuñada por Tristan Tzara. (El mismo nombre de *dada*, que parece ser que designa una manía pueril, y que Tristan Tzara pretendió haber encontrado en un diccionario, lo definen los lexicógrafos Hatzfeld y Darmsteter como "onomatopeya infantil" (R. Poggioli, *op. cit.*, p. 52).

"Mi voz",[68] y, en cierto modo, también de la poesía "La palabra", que comienzan el libro. En la primera el poeta-protagonista se imagina su propio nacimiento como un inmediato escuchar la voz de la tierra o de la naturaleza (el "tú" designa la tierra o la naturaleza); de tal modo que, ya nacido, él siente que puede expresar su propia voz informe e insensata, según el ritmo de la otra, y más alta, voz:

He nacido una noche de verano
entre dos pausas. Háblame: te escucho.
. . . .
Entonces son posibles ya las luces, las caricias, la
  piel, el horizonte,
ese decir palabras sin sentido [...] [69]

En el segundo poema, el hombre se figura estar enterrado, imitando a su modo, desde la muerte, las voces del profundo latido de la naturaleza, mientras la naturaleza se esfuerza en pronunciar "los nombres con la lengua" imperfecta y confusa del poeta-hombre (y nótese que los vocablos que se emplean son "música", "voz", "beso", "nombres", "lengua", "decirte", "labios"):

68. No cabe duda de que el nacimiento de que trata Aleixandre es un nacer a la expresión verbal, a la poesía; y que ese nacimiento se ve como una elevación ("bajo un fulgor una esperanza, un ave") hacia la luz. Ahí el colorido afectuoso de "labios" (= besos) se lo sugiere la presencia de la palabra "caricias".

69. *OC-EL*, p. 247.

Esta música nace de tus senos.

. . . .

[...] sepas que mi madera es carne,
que mi voz no es la tuya
y que cuando solloces tu garganta
sepa distinguir todavía
mi beso de tu esfuerzo
por pronunciar los nombres con mi lengua.

Porque yo voy a decirte todavía,
porque tú pisas caracoles
que aguardaban oyendo mis dos labios.[70]

Pero apenas sale del círculo mágico de esa comunicación directa, intuitiva y abstracta, o sea metafísica, incluso la palabra, liberada de la difusa convencionalidad de lo real, se gasta, se deteriora, se corrompe, y acaba siendo "lana marchita", "arena machacada", "torpe vientre hinchado", es decir, entidad vacía, artificial, limitada, fea y efímera, como en la composición "Palabras":

Nave, papel o luto, borde o vientre,
palabra que se pierde como arena.[71]

En fin, el repudio del mundo circunscrito (¡qué cantidad de "bordes", "límites", "fronteras", "murallas", "paredes" aparecen en el libro!) y de la vida rutinaria y artificial (como en Neruda, simbolizada en

70. *OC-EL*, p. 249.
71. Ibid., p. 278. Las expresiones "lana marchita", "arena machacada", etc., pertenecen al mismo poema.

los vestidos o en oposición a la desnudez que es pureza),[72] se expresa y se articula en el Aleixandre de *Espadas como labios* sobre todo de dos maneras: por un lado, en la forma del sarcasmo y de la sátira, que va desde la deformación surreal hasta lo grotesco y macabro; por otro, bajo el aspecto de la exaltación de la vida elemental (que es también muerte-vida) y del vitalismo primigenio del cual se siente poseído. Tanto en el primer caso como en el segundo, el poeta profundiza motivos y sugestiones que ya había tratado, em-

72. En el estudio que hiciera Amado Alonso sobre los "símbolos insistentes" en la poesía de Neruda, se lee un trozo que parcialmente es válido también para Aleixandre: "Símbolos de lo elemental y puro son *las piedras, la tierra, la lana, el vino, el fuego, el trigo, el pan, el marfil, el cuero, las espadas*; y, en oposición, *los vestidos, los sastres, los notarios, los establecimientos* son símbolos y ejemplos del descarrío y falseamiento de la vida ciudadana" (*Poesía y estilo de Pablo Neruda*, Buenos Aires, 1951, p. 229). Además, los dos poetas coinciden en el uso del símbolo *peces*, que también para Aleixandre es válido por primigenio y elemental. Recuérdese, como ejemplo, el "Poema de amor" (*OC-EL*, pp. 271-272), en el que Aleixandre, tras aludir a los peces y a su viajar por el río o por el mar, los compara a los hombres, "viajadores del mundo": "hombres que van a América en busca de sus *vestidos*, / los que dejan en la playa su *desnudez* dolida, etc.". Otros ejemplos en ese sentido se pueden ver en "El frío" y en "Suicidio" (*OC-EL*, p. 294 y pp. 301-302). Son varias las poesías en que retorna el elogio de la desnudez como pureza: la más indicativa es "Acaba" (*OC-EL*, p. 275-276). Pero hay un pasaje de "Con todo respeto" (*OC-EL*, p. 307) donde la exaltación narcisista se configura como desafío a las convenciones y donde los términos contrapuestos son precisamente los vestidos y la desnudez: "Yo ignoro la ropa. ¿Y tú? / Yo vestido con trescientos vestidos o cáñamo, / envuelto en mis ropones más broncos, / conservo la dignidad de la aurora y alardeo de desnudeces". Pero el artificio invade incluso algunas cosas elementales, presentándolas ya falseadas a la imaginación: "una flor de metal", "un pájaro de papel", "cartón de luna", "peces de acero", etc.

brional o cabalmente, en *Pasión de la Tierra*; pero es en la segunda dirección como llega a las novedades más ricas del libro, preludio y presentimiento del panerotismo de *La destrucción o el amor*.

En la vena sarcástica-satírica hay que incluir algunos cuadros de costumbres y de ambientes, como "El vals" y "Salón"; sobre todo el primero, en donde la blanda atmósfera *liberty* se cambia de improviso en una danza macabra y espectral, con efectos que están más cerca del expresionismo de Benn (en arte, se asocia más con Grosz) que del mundo esperpéntico de Valle-Inclán;[73] o también ciertos juegos o gestos de un evidente gusto profanador y antifilisteo, como los que hay diseminados en la poesía "Cada cosa, cada cosa" ("Tampoco importa que un dulce zapato de cristal, besado por la Cenicienta, sirva diariamente

73. Si bien la lectura de Valle-Inclán puede haber tenido cierta influencia en el especial "expresionismo" aleixandrino. No erróneamente Paul Ilie (*op. cit.*) incluye el "esperpentismo" de Valle-Inclán entre los "modos" del surrealismo español y comienza su estudio sobre Aleixandre, después de haber examinado dos formas de grotesco presentes en A. Machado y en Solana, poniendo en relación la "psychic disturbance" de esas formas con la "emergence of surrealism from its Romantic background". Pero vale la pena citar textualmente un fragmento suyo: "In other words, in what way does this disturbed psychological state proceed from a previous Romantic disposition, and how does it develop into an even more disturbed 'surreality'? The poetry of Vicente Aleixandre provides the best opportunity for analyzing this problem since his early works are a mixture of both aesthetic modes. Although Aleixandre did not cultivate the grotesque, his distorsions follow the same spiritual pattern set by Machado. That is, the end result is a self alienated from nature, with implications that lead directly to a surrealistic atmosphere" (p. 40).

para acarrear cadáveres de sombra o ternura") o como la mofa final de "Con todo respeto":

Así por la mañana o por la tarde
cuando llegan las multitudes yo saludo con el gesto,
y no les muestro el talón porque eso es una grosería.
Antes bien, les sonrío, les tiendo la mano,
dejo escapar un pensamiento, una mariposa irisada,
mientras rubrico mi protesta convirtiéndome en estiércol.[74]

Esa mofa es toda su protesta. Bien poco, en el fondo, para un partidario, aunque descentrado, de la *révolution surréaliste*. Poco también frente a la rebelión individualista de un Lorca angustiado por la civilización mecanizada y herido por las crudas aristas de los rascacielos de Nueva York; y poco, naturalmente, respecto a la furia iconoclasta y a la palingenesia proletaria de Alberti. Pero es un hecho: por ese lado, la fuerza anticonformista de Aleixandre no encontraba desahogo, no podía recibir alimento, dada su soledad existencial y su ansia de absoluto.

Por el contrario, en la rica e imaginativa y casi desbordante vena vitalista se diría que confluye toda la experiencia abrasadora de su morada en lo profundo. En ella se concentra la indirecta y satisfecha contemplación de la propia aventura, su corroborador descu-

74. *OC-EL*, p. 307. Es más marcado y significativo el gesto profanador que puede observarse en un poema de la segunda *Residencia en la tierra* de Neruda: "Sin embargo, sería delicioso / asustar a un notario con un lirio cortado / o dar muerte a una monja con un golpe de oreja" (*Obras completas*, p. 184).

brimiento de la muerte como "no-límite" y como "nacimiento último" (en el poema con ese título),[75] su estoica y libre vivencia en los instantes extremos de la vida y de la muerte, la imaginación que se alimenta y se exalta en la imaginación, el reflejo blanco y abstracto de su inagotable protagonismo lírico. El *yo* ("yo soy", "yo quiero", "yo amo") se rompe ya en el "todo" o en lo inmenso deforme o uniforme:

> Como una nube silenciosa yo me elevaré de mí mismo.
> Escúchame. Soy la avispa imprevista.
> Soy esa elevación a lo alto
> que como un ojo herido
> se va a clavar en el azul indefenso.
> Soy esa previsión triste de no ignorar todas las venas,
> de saber cuando, cuando la sangre pasa por el corazón
> y cuando la sonrisa se entreabre estriada.
>
> Todos los aires azules...
> No.
> Todos los aguijones dulces que salen de las manos,
> todo ese afán de cerrar párpados, de echar oscuridad o sueño,

75. Me parece interesante recordar, a propósito de ese "Nacimiento último", que para Aleixandre es la muerte, las dos "fórmulas" de Eliot que inician y concluyen respectivamente el segundo movimiento de *Four Quartets*, "East Coker": "In my beginning is my end" y "In my end is my beginning"; así como los dos versos que comienzan la última parte, también en *Four Quartets*, del cuarto movimiento, "Little Gidding": "What we call the beginning is often the end / And to make an end is to make a beginning" (cf. T. S. Eliot, *op. cit.*, pp. 204 y 221).

de soplar un olvido sobre las frentes cargadas,
de convertirlo todo en un lienzo sin sonido,
me transforma en la pura brisa de la hora,
en ese rostro azul que no piensa,
en la sonrisa de la piedra,
en el agua que junta los brazos mudamente.
En ese instante último en que todo lo uniforme pronuncia la palabra:
ACABA.[76]

O también:

Soy, dicen, un jardín cultivado,
una masa de sueño no exprimido,
esa esperanza amada por lo próspero,
todo lo que se nombra y sonríe.[77]

A este punto no nos asombra que el poeta-protagonista pueda identificarse con la imagen mítica o metafísica del toro, donde se compendian ansia de lucha y de inmensidad:

[...] Aquí pronto; escapad, escapad; sólo quiero,
sólo quiero los bordes de la lucha.

76. *OC-EL*, p. 276. (Tres estrofas últimas del poema titulado "Acaba".)

77. *OC-EL*, p. 277. (Segunda estrofa de la poesía "Por último".) A veces el poeta exalta la vida en sí misma: "Oh, vida. / La luciérnaga muda, / ese medir la tierra paso a paso, / está lleno de conciencia, / de espiras, de anillos o de sueño / (es lo mismo), / está lleno de lo inmóvil para lo que está prohibido un corazón". ("Formas sobre el mar", estr. V, *OC-EL*, p. 317.)

Oh tú, toro hermosísimo, piel sorprendida,
ciega suavidad como un mar hacia adentro,
quietud, caricia, toro, toro de cien poderes,
frente a un bosque parado de espanto al borde [...] [78]

O tal vez en la feroz y cruenta sensualidad del tiburón —que recuerda un poco el *accouplement long, chaste et hideux* entre Maldoror y la hembra del tiburón, en el segundo de los *Chants* de Lautréamont—,[79] en cuyo ámbito parece que se realiza y se consuma "el más bello amor" (título de la última composición):

Así, sin acabarse mudo ese acoplamiento sangriento,
respirando sobre todo una tinta espesa [...]
. . . .
duérmete entre mis brazos como una nuez vencida,
como un mínimo ser que olvida sus cataclismos.

Tú eres un punto solo, una coma o pestaña;
eres el mayor monstruo del océano único,
eres esa montaña que navegando ocupa
el fondo de los mares como un corazón desbordante.

Te penetro callando mientras grito o desgarro,
mientras mis alaridos hacen música o sueño,
porque beso murallas, las que nunca tendrán ojos,
y beso esa yema fácil sensible como la pluma.[80]

78. *OC-EL*, p. 266. (Primera y segunda estrofa de la poesía "Toro".)

79. La afinidad ya la había notado R. Gullón, ensayo citado, p. 211.

80. *OC-EL*, p. 270. Y nótese la sorprendente coincidencia entre *accouplement* (Lautréamont) y *acoplamiento* (Aleixandre).

Un amor en los límites de lo absoluto elemental y de lo sublime: entre desgarramiento y ternura. Un amor o pasión —ahí esta el punto— en el que se prefigura por un momento sólo el amor como vida/muerte y destrucción que será el núcleo expresivo y conceptual del libro siguiente, *La destrucción o el amor*.

Parafraseando la célebre definición de Hans Sedlmayr —que ve en la *Verlust der Mitte*, en la "pérdida del centro", la característica central de todo el arte moderno—[81] podemos decir que en *Espadas* estamos todavía ante un tipo de poesía surrealista claramente desprovista de un "centro" o tal vez en busca de un "centro"; mientras que el fenómeno que caracteriza *La destrucción o el amor* es, como intentaré desmostrar, el descubrimiento de un "centro" irradiante: por lo menos en el sentido parcial por el cual, en el nuevo libro, Aleixandre consigue acotar una visión unitaria y orgánica, delimitada por un campo semántico bien definido.

81. Hans Sedlmayr, *Verlust der Mitte*, Salzburgo, 1948 (trad. it., *Perdita del centro. Le arti figurative del XIX e XX secolo come sintomo e simbolo d'un'epoca*, Turín, 1967).

Capítulo 3

"LA DESTRUCCIÓN O EL AMOR": EL ABSOLUTO CONVERTIDO EN MITOLOGÍA POÉTICA

Se pueden citar dos estrofas —que pertenecen respectivamente a un poema de *Espadas como labios* y a otro del libro siguiente, *La destrucción o el amor* (1932-33)— que parecen documentar, con significativo relieve, el paso de un estadio a otro: del estadio "inorgánico" (usando un término muy del gusto de Sedlmayr) al "orgánico".

Primer ejemplo (de "Poemas de amor", de *Espadas*):

> Peces, árboles, piedras, corazones, medallas,
> sobre vuestras *concéntricas* ondas, sí, detenidas,
> yo me muevo y, si giro, me busco, *oh centro,*
> *oh centro*,
> camino, viajadores del mundo, del futuro existente
> más allá de los mares, en mis pulsos que laten.[82]

82. *OC-EL*, p. 272 (última estrofa). La cursiva es mía.

Segundo ejemplo (de "Soy el destino", de *La destrucción*):

> Soy el destino que convoca a todos los que aman,
> mar único al que vendrán todos los radios amantes
> que buscan a su *centro*, rizados por el círculo
> que gira como la rosa rumorosa y total.[83]

En la primera estrofa, Aleixandre parece invocar un "centro" unificador y organizador ("oh centro, oh centro"), si bien reconoce en los numerosos seres un espontáneo movimiento concéntrico; en la segunda, en cambio, ya no hay signo ni de invocación ni de auspicio ni de profecía, ya que el poeta-protagonista se ha adjudicado la parte y el papel de "centro", capaz de atraer hacia sí a "todos los que aman" y "todos los radios amantes...".

El hecho es que toda *La destrucción* sale o más bien prorrumpe exactamente de aquel protagonismo y vitalismo lírico que en *Espadas* aparecía vagamente afirmado: o sea, de aquella zona subterránea (es preciso decirlo) de donde brotaba una especie de himno a la vida y a la muerte, con una inarticulada y turbulenta llamada al amor. Ahora la aventura en los estratos de lo profundo se ha acabado, pero no el impulso surreal y metafísico. Porque Aleixandre vuelve a la superficie como un buzo cubierto de algas: todavía sucio (valga la metáfora) de todos los residuos de la inolvidable, inagotable y embriagadora inmersión. Las informacio-

83. *OC-DA*, p. 396 (estr. IX). La cursiva es mía.

nes biográficas dadas por el mismo autor hablan de "un verdadero renacer de fuerzas y apetito vital" tras la larga y grave enfermedad.[84] Pero no es éste el tipo de datos que interesa. Lo que importa es conocer la causa espiritual de ese "renacer" y saber adónde conduce al poeta, ya que de ahí se puede obtener una respuesta a la pregunta que hicimos al principio: ¿Se baja a los abismos para volver a subir o se baja para permanecer? O más concretamente: ¿Se baja casi como para prepararse mejor a realizar el camino dantesco hacia la trascendencia, hacia Dios o hacia el "centro" creador, o sólo para consumar una experimentación integral, ontológica o cognoscitiva? Respuesta, esta vez casi conclusiva: el camino que emprende Aleixandre es ciertamente el segundo. En efecto, la experiencia abismal-ascensional del poeta no se parece ni al programa (ortodoxo) de resurrección dibujado por la fantasía autoliberadora de un Góngora:

> Con la muerte librarnos de la muerte,
> y el infierno vencer con el infierno; [85]

84. En *OC-MP* (p. 1469) se lee: "Salvo dos o tres poemas anteriores a la enfermedad larga que durante unos meses de 1932 me tuvo separado de toda actividad, la mayor parte de *La destrucción o el amor* se compuso en los finales de ese año y durante el curso de 1933, en un verdadero renacer de fuerzas y apetito vital. Sólo desde el soporte equilibrado y sereno que es el cuerpo sano, el cuerpo 'al que no se siente', concibo la creación, para mí al menos. En esto soy perfectamente antirromántico. Desde la fiebre no he podido nunca trazar una línea".

85. Luis de Góngora, *Obras completas*, Aguilar, Madrid, 1961, p. 498. Se trata de los dos últimos versos del soneto 324 ("A la memoria de la muerte y del infierno").

ni al "matrimonio" ansiado por el misticismo apocalíptico de Blake; [86] ni tampoco, en modo alguno, a la redención *from fire by fire* —incluso hacia lo divino— largamente meditada por Eliot.[87] La recuperación que Aleixandre emprende agónicamente consiste en una ansiosa carrera hacia el absoluto vital, amoroso, elemental, telúrico y sobrehumano; consiste en una perspectiva metafísica exaltante y turbadora a la que le está negada, descreída o excluida toda calificación divina.

Por otra parte, el imperio de la vida es demasiado invasor para que el cielo no resulte vacío e "inútil":

> Junio, fugaz, alegre primavera,
> árboles de lo vivo, peces, pájaros,
> niñas color azúcar devanando
> un agua que refleja un cielo inútil.[88]

Además, es demasiado perfecta "la oscura dicha de morir" [89] para que también el grito de protesta contra

86. Me refiero, como es fácil comprender, al *Marriage of Heaven and Hell*, de William Blake, un texto predilecto por los surrealistas, por André Gide y por los "jóvenes católicos" de "La jeune Parque".

87. Piénsese, por ejemplo, en las implicaciones que unen toda la tercera parte de *The Waste Land*, "The Fire Sermon"; o también en "Little Gidding", el último de los *Four Quartets*, donde la única esperanza carente de angustia es el quemarse en el espíritu: "Lies in the choice of pyre or pyre / To be redeemend from fire by fire" (cf. T. S. Eliot, *op. cit.*, pp. 70-74 y 221).

88. *OC-DA*, p. 344. (Se trata de la última estrofa de "Junio".)

89. La expresión "la oscura dicha de morir" se encuentra en la composición "Mar en la tierra", estr. VII, *OC-DA*, p. 400.

el cielo y el gesto blasfemo puedan dañar el tremendo absoluto de la muerte:

La muerte es una contracción de una pupila vidriada,
es esa imposibilidad de agitar unos brazos,
de alzar un grito hasta el cielo al que herir.

La muerte es el silencio entre el polvo, entre la memoria,
es agitar torvamente una lengua no de hombre [...].[90]

Y también demasiado conclusiva y absorbente la presencia del yo que compendia la vida/muerte del amor cósmico para que el "celeste ojo" pueda entenderla y para que el rumor de la vida pueda ser captado por un Dios, que además parece que no existe:

No quiero, no; renuncio a tragar ese polvo, esa tierra dolorosa, esa arena mordida,
esa seguridad de vivir con que la carne comulga
cuando comprende que el mundo y este cuerpo
ruedan como ese signo que el celeste ojo no entiende.

No quiero, no, clamar, alzar la lengua,
proyectarla como esa piedra que se estrella en la altura,
que quiebra los cristales de esos inmensos cielos
tras los que nadie escucha el rumor de la vida.[91]

90. *OC-DA*, pp. 399-400. (Los versos citados se hallan en la composición "Mar en la tierra', estr. V y VI.)

91. *OC-DA*, pp. 395-396. (Estr. IV y V de "Soy el destino".) Pero se podrían citar otros pasajes, sobre todo algunos del poema "La luz", por ejemplo, sus tres últimas estrofas.

Con esto, al unísono con las tendencias comunes de la vanguardia y al igual que sus compañeros de generación,[92] Aleixandre participa en el proceso de secularización que desde hace tiempo han emprendido las modernas filosofías de la existencia y la poesía y las artes. Quiero decir que una constante atea, o más bien laica, o mejor todavía neopagana —en el sentido que Rimbaud da al término—,[93] está en la base de su "rebelión" surreal y metafísica.

Es pagana y metafísica su concepción del amor, núcleo activo y propulsor del libro. "El amor expresado por Aleixandre —escribió Bousoño— es el amor-pasión y, más concretamente aún, la acción misma erótica en su trascendencia metafísica, que consiste en relacionar al amante con lo absoluto telúrico. Porque es el amor un acto de deslimitación que quebranta nuestros límites, absorbe nuestro yo y parece como que por un instante lo reincorpora a la naturaleza indivisible. El amor es entonces destrucción, sobrecogedor aniquilamiento de cada uno de los amantes que quieren ser el otro, enigma de una consumación en que la pareja

92. Escribe Jorge Guillén, *Lenguaje y poesía*, Madrid, 1962, p. 247: "Los grandes asuntos del hombre —amor, universo, destino, muerte— llenan las obras líricas y dramáticas de esta generación [del 27]. (Sólo un gran tema no abunda: el religioso)". Efectivamente, la tendencia más difundida, entre los poetas de la generación de García Lorca, es la laica.

93. "Livre païen ou livre nègre": es la famosa definición que Rimbaud da de sus *Illuminations*. Pero para las afinidades, ya señaladas, de Aleixandre con la vanguardia europea, creo que debe recordarse también, por su significación, el *Mystère Laïc* de Jean Cocteau, ilustrado por Giorgio De Chirico (1928).

busca unificarse rompiendo sus fronteras. 'Símbolo feroz y dulce de la muerte es el amor', por medio del cual puede sentirse 'la revelación, la luz cegadora, visita de lo absoluto' que es la naturaleza unitaria, nuncio de la desaparición de la personalidad. Sólo después del acto erótico se recobra la forma, perdida antes por ese misterioso contacto de vida y muerte. Entonces parece como si cada uno de los que se han amado naciese del otro, espuma y Venus a un tiempo mismo".[94]

A pesar de ello, la visión cósmica de Aleixandre —tal vez como todas las cosmologías— comprende más bien una mitología que una concepción del mundo o una filosofía.[95] Recuérdense las palabras de Valéry como comentario al *Eureka* de Poe: "Univers, donc, n'est qu'une expression mythologique". Y ya antes: "Comme la tragédie fait à l'histoire et à la psychologie, le genre cosmogonique touche aux religions, avec lesquelles il se confonde par endroits, et à la science,

94. C. Bousoño, *op. cit.*, pp. 63-64.

95. Tanto R. Gullón, en el ensayo citado, p. 225 ("y como, por fortuna, su mente no es filosófica, sino de conformación estrictamente lírica..."), como V. Bodini, en su citada introducción a *I poeti surrealisti spagnoli*, p. LXXXIV ("Per fortuna i poeti non son tenuti all'originalità delle idee filosofiche, o quanto meno non dipende dalla validità di queste la statura della loro poesia, e così la fisionomia di un Aleixandre, creatore di nuove immagini del mondo e d'un nuovo sistema stilistico, può uscire indenne anche da questo tardivo e rudimentale ritorno al mito dell'anticiviltà di Rousseau"), coinciden en considerar omisible la "filosofía" de Aleixandre. Sin embargo pienso que el problema no hay que plantearlo en esos términos, sino en los dialécticos de una relación entre subjetividad y objetividad, y en los, circunstanciales, de una relación bastante mediata entre conocimiento y arte en un determinado estadio del pensamiento operante.

dont il se distingue nécessairement par l'absence de vérifications".[96] De la mitología entendida en ese sentido, la visión general de Aleixandre tiene, en efecto, los caracteres primarios: un fondo de robusta y al mismo tiempo vaga religiosidad, un amplio uso de la simbología sacra y de la terminología ritual, un substrato seriamente literario e incluso libresco, y un color cientifista que se relaciona con el naturalismo presocrático.

Algunos de estos caracteres ya han sido señalados en la exégesis más atenta de la *poiesis* aleixandrina. Citemos sólo dos ejemplos. Carlos Bousoño —que titula un capítulo de su monografía "Unidad del mundo"— recuerda, por ejemplo, "los antiguos eléatas" a propósito de una frase del poeta: "El mundo todo es uno".[97] Pero hubiera podido recordar también el *panta rei* de Heráclito al margen de estos versos:

> Todo pasa.
> La realidad transcurre
> como un pájaro alegre.
> Me lleva entre sus alas
> como pluma ligera [...] [98]

96. Paul Valéry, "Au sujet d'Eureka", en *Variété*, París, 1924, pp. 128 y 135.

97. C. Bousoño, *op. cit.*, p. 62; pero véanse también las dos pp. anteriores. La frase de Aleixandre se encuentra en el poema "Quiero saber", *OC*, p. 358 (estr. III).

98. *OC-DA*, p. 328. (De "Después de la muerte", última estrofa. Pero léase el poema completo, concebido como un discurso acerca de la realidad.) Téngase en cuenta que, nacida en estricto contacto con los mitos, es más, como "racionalización de los mitos", la ciencia y la filosofía

o en estos otros:

todo lo que es un paño ante los ojos,
suavemente transcurre en medio de una música indefinible.[99]

Y hay que decir, además, que según Aleixandre algo que fluye como agua, más exactamente como río, es la mujer en cuanto que objeto de amor:

Cuerpo feliz que fluye entre mis manos [...] [100]

---

presocrática ha conocido una nueva fortuna en la filosofía moderna (a partir de Schopenhauer y Nietzsche), también en virtud de su relación inicial. Ya antes de C. Bousoño, y de otros, D. Alonso se había empeñado en desenredar los nudos de la complicada mitología aleixandrina, como puede observarse en la página dedicada a *DA*: "Transfusión o transformación, pero en formas simultáneas; proteica posibilidad múltiple de la Naturaleza omnípara. El mundo es fluido; las formas no son más que avatares, no ordenados en serie cronológica, sino coexistentes, de la gran fuerza engendradora. Pero a la entraña del amor no se llega sino por la muerte... Todo está en vías de transmutación y de amor. Las fuerzas de la Naturaleza son un puro e intercambiante acto erótico" (*op. cit.*, p. 296).

99. *OC-DA*, p. 372 (estr. II y III de "Plenitud").

100. Ibid., p. 331 ("Unidad en ella".) La relación mujer-agua se observa ampliamente en la poesía de Aleixandre. Aparece ya en *PT*: "las muchachas vestidas andan tendidas por el suelo imitando graciosamente al arroyo" ("Del color de la nada", *OC-PT*, p. 203) y "mientras miro el río en que te vas copiando" ("El silencio", *OC-PT*, p. 194). (Nótese el evidente recuerdo de los versos de Bécquer: "Si copia tu frente / del río cercano la pura corriente [...]".) Luego en *MS*: "Eres soberbia como el desnudo sin árboles, / [...] / y ardiente como el río que un volcán evapora" ("Humano ardor", *OC-MS*, p. 452); "Sí. Tú extendida no imitas un río detenido [...]" ("Filo del amor", *OC-MS*, p. 463); "Tú el río meditabundo o su nombre y espuma" ("El amor iracundo", *OC-MS*, p.

Cuando contemplo tu cuerpo extendido
como un río que nunca acaba de pasar [...] [101]

Tu generoso cuerpo, agua rugiente,
agua que cae como cascada joven [...] [102]

[...] has nacido y te veo amar como ese río,
como el agua feliz que desciende cantando.[103]

En un breve ensayo titulado *Vicente Aleixandre, Narcisse écartelé*, centrado en la incidencia del mito de Narciso en Aleixandre, o sea, en el protagonismo lírico que ya hemos señalado y documentado en *Espadas*, Marcel Gauthier [104] estudia *La destrucción o el amor* (y en particular la poesía "Soy el destino") en clave mitológica, es decir, como una reinterpretación de la mitología clásica o más bien —diría— como una especie de neomitología. Comentando un verso de la poesía citada (de la que volveremos a hablar),

Yo no quiero leer en los libros una verdad que poco a
poco sube como un agua,

---

475). En *SP*: "Las muchachas son ríos felices" ("Los poetas", *OC-SP*, p. 525); "De ti despierto, amada, de tus brazos me alzo / y veo como un río que en soledad se canta" ("Desterrado de tu cuerpo", *OC-SP*, p. 562); "tu desnudez se ofrece como un río escapando" ("Cuerpo de amor", *OC-SP*, p. 565); "Cuerpo o río que helado hacia la mar se escurre" ("Cuerpo sin amor", *OC-SP*, p. 568). Y en *NU*: "Tendida constas como un río parado" ("Acabó el amor", *OC-NU*, p. 618).

101. *OC-DA*, p. 354 (primeros versos de la poesía "A ti, viva").
102. Ibid., p. 363 ("A la muerta", estr. IV).
103. Ibid., p. 418 (últimos versos de "Nube feliz").
104. Se trata del ensayo ya citado en la nota 52.

Gauthier escribe: "Le refus de la culture livresque est d'autant plus pathétique chez Vicente Aleixandre, qu'il apparraît comme un arrachement d'une part essentielle de ce poète, qui multiplie et fait scintiller par ailleurs toutes les facettes de sa culture et les réminiscences des poètes qu'il admire le plus. La mythologie classique occupe, par exemple, une grande place dans le magasin d'images du poète. Mais cette mythologie n'est pas pur éclat baroque: *elle devient chez V. Aleixandre messagère des émotions, des sentiments, des inquiétudes*. Le mythe de Narcisse, comme déjà chez le poète intellectuel, hellénisant et méditerranéen P. Valéry, auquel on ne peut s'empêcher de comparer V. Aleixandre, traduit, ici encore, une quête de soi, un immense point d'interrogation lancé à l'univers, à l'absolu, à la mort et l'amour:

> Desde lejos escucho tu voz que resuena en este
> campo,
> confundida con el sonido de este agua clarísima que
> desde aquí contemplo [...]" [105]

Gauthier sin duda tiene razón cuando define como "parte esencial" de la poesía aleixandrina el elemento

105. Ibid., p. 86. (La cursiva es mía.) Los versos citados son del poema "Paisaje", *OC-DA*, p. 351. Una alusión al valor del "mito" en la poesía aleixandrina lo encontramos en D. Alonso, *op. cit.*, p. 297. (A propósito del amor humano, del que se deriva una "proyección cósmica", D. Alonso escribe: "He aquí, pues, el mito: las metamorfosis".) Otras alusiones se encuentran trambién en C. Bousoño, *op. cit.*, pp. 64 y 140, n.; y más ampliamente en el párrafo titulado "Expresiones o visiones apoyadas en mitos", en el cap. X, pp. 176-178.

libresco y cuando atribuye una función activa al bagaje mitológico patente en ella. Pero yo diría y digo todavía más: sin separar, es más, uniendo los dos elementos, pienso que es precisamente el filtro libresco el que provoca el difuso y general mitologismo de Aleixandre, en cuyo crisol entran, a menudo con el mismo valor, sea los resultados de su experiencia individual y de su búsqueda metafísica, sea el jugo del neoplatonismo renacentista y sus reflejos sobre el irracionalismo novecentista, sea las lejanas reminiscencias literarias (los nombres que cita Gauthier, a este propósito, son los de Fray Luis de León, San Juan de la Cruz, Lope, Góngora, Quevedo),[106] sea las sugestiones literarias cercanas y paralelas.

En el ámbito de estas influencias y sugestiones, y con la guía de la dilatada definición de lo mitológico, como hasta ahora hemos alegado, yo optaría por el término naturalismo o naturalismo de retorno más que por el tan manido, aunque obligatorio, de panteísmo,[107] y orientaría la investigación hacia las mo-

106. M. Gauthier, *op. cit.*, n. 1, pp. 97-98.

107. Sobre naturalismo, en justa relación con el neoplatonismo renacentista, trata O. Macrí en su introducción a la antología *Poesia spagnola del Novecento*, Parma, 1961², p. XLIII: "Il naturalismo mistico e simbolistico di un Blake e di uno Shelley, o il libero, effrenato, esilarante paesaggio del Doganiere, o la distesa biblica di qualche mare surrealisticamente emulsionato, rimangono l'antefatto, l'archeologia mitologica di un universo poetico in perenne formazione, ma già la speranza di un superamento di tale naturalismo (sia pure di una seconda o terza natura!) sta appunto nell'idea di una Natura di ascendenza neoplatonico-rinascimentale, liberata dal tetro e disarmonico omunculo faustiano della civiltà meccanica. Natura intravvista nella grazia primigenia e autentica del respiro, del nudo, del tenero, del ridente, dell'esultante sacrificio della

dernas interpretaciones y desarrollos de los mitos. Sin olvidar que el narcisismo, por ejemplo, habla también con la voz profética de Zaratustra o del yo "titánico-romántico" de Unamuno [108] y que —como ha observado Poggioli— la "tendencia divinizante" ha tenido, a partir de Whitman, numerosos adeptos "que obran

---

Forma all'Amore, dello stesso Illimite che ristora l'individuo col dolce naufragio nella specie, cioè, *delle categorie elementari della mente e del cuore dell'uomo poeta*". Por lo tanto, me parece incompleta la definición de "misticismo panteísta" que ofrece D. Alonso —*op. cit.*, p. 269 (que luego recoge C. Bousoño, *op. cit.*, pp. 66-67)—, si bien es verdad que el filtro libresco actúa en Aleixandre precisamente según los ejemplos de la tradición mística y ascética, sobre todo la española.

108. A propósito de la fortuna e influencia de Nietzsche en España véase el docto volumen de G. Sobejano, *Nietzsche en España*, Madrid, 1967. Sobejano explica, con abundancia de ejemplos, como el concepto del superhombre y el titanismo de Nietzsche han inspirado dialéctica y conflictivamente parte del pensamiento de Miguel de Unamuno (pp. 276-318). Por lo que se refiere a Aleixandre, creo que el mejor intermediario entre Nietzsche y su poesía ha sido precisamente Unamuno. A propósito de eso, véanse también las páginas que R. Paoli dedica al "*No* prometeico" de Unamuno en su introducción a *Poesie* del escritor vasco (Florencia, 1968, pp. LXIV-LXVIII). Pero se debiera insistir todavía acerca de la relación de Unamuno con Nietzsche, ya que Unamuno encuentra en Nietzsche frases como la siguiente: "Oh alma mía, te concedí el derecho de decir que no como lo dice la tormenta y de decir que sí como lo dice el cielo abierto: tu estás ahí quieta como la luz y pasas a través de tormentas que dicen no" (cito de *Il meglio di Nietzsche*, ed. a cuidado de L. Scalero, Milán, 1956, p. 519). Sin embargo, no se debe excluir una lectura directa de Nietzsche por parte de Aleixandre; en efecto, me parece significativo que algunos versos de uno de los nocturnos del primer libro de Aleixandre ("Siento en mi cuerpo, ceñido, / un tacto duro: la noche", *OC-AM*, p. 140), recuerden en gran medida la imagen nietzschiana de "Yo soy luz: ¡ay, quisiera ser noche! Pero ésa es mi soledad: yo circundado por la noche como un cinturón" (*op. cit.*, p. 369).

como si quisieran obedecer al mandamiento nietzschiano según el cual el hombre es algo que debe trascender".[109] Preferiría encuadrar el panteísmo aleixandrino en un horizonte más amplio que el que comporta el "panteísmo integralista" hispánico de Bousoño[110] (que, mirándolo bien, es otro aspecto del narcisismo, y además no tiene que ver con *La destrucción o el amor*), recordando esa indicación, o más bien ese programa de Poggioli: "En función de la doctrina de la deshumanización, habrá que [...] demostrar hasta qué punto cerebralismo y abstracción son en el fondo fenómenos de orden no muy distinto de otras tendencias que se muestran como contradictorias en relación con ellos: por ejemplo, de ese biologismo o de ese vitalismo que no son más que una extensión más allá de lo puramente humano, del gusto romántico por lo sentimental, de lo patético, o de lo pasional, y donde el culto de lo primordial en sentido naturístico y cósmico sustituye el interés por el primitivismo psicológico".[111]

Biologismo y vitalismo, según este "culto de lo primordial", modelan el panteísmo aleixandrino en formas de notable carácter emanatista y a menudo incluso hilozoísta, como resulta del uso frecuente e insistente de verbos como *brotar*, *nacer*, *emerger*, *proyectar*, *invadir*, *irradiar*, *inundar*, *irrumpir*, *empapar*, *fluir*, *confundir*, etc., y como se deduce sobre todo de los campos asociativos, donde se nota una continua atri-

109. R. Poggioli, *op. cit.*, p. 205.

110. C. Bousoño, *op. cit.*, pp. 67-73, párrafo titulado "Un panteísmo hispánico: panteísmo como integración".

111. *Op. cit.*, pp. 73-74.

bución de valores emotivos [112] y facultades de decisión a objetos llamados inanimados o un continuo intercambio de planos, real e irreal, concreto y abstracto, corporal y espiritual, etc. Demos dos ejemplos, escogidos entre tantos. El primero:

> [...] Arriba relámpagos diurnos
> cruzan un rostro bello, un cielo en que los ojos
> no son sombra, pestañas, rumorosos engaños,
> sino brisa de un aire que recorre mi cuerpo
> como un eco de juncos espigados cantando
> contra las aguas vivas, azuladas de besos.
>
> El puro corazón adorado, la verdad de la vida,
> la certeza presente de un amor irradiante,
> su luz sobre los ríos, su desnudo mojado,
> todo vive, pervive, sobrevive y asciende
> como un ascua luciente de deseo en los cielos.

112. Pienso que sería provechoso poner en relación con la teoría de los "campos asociativos" y de los "factores emotivos" (o "valores emotivos") de las palabras, tal como lo ha desarrollado y expuesto claramente S. Ullmann, *Semántica. Introducción a la ciencia del significado*, Aguilar, Madrid, 1976, todas las aclaradoras observaciones de C. Bousoño acerca de los planos, los contagios y las impregnaciones imaginativas (*op. cit.*, pp. 187-216) y lo que P. Ilie (*op. cit.*, p. 41) llama "the sentimental crack in the linguistic armour" de Aleixandre. Según Ilie (cf. nota 24) el fenómeno (que se explica como atribución de cualidades humanas a la naturaleza) se realiza a la altura de *PT* y de *EL*. Pero es interesante notar que incluso en una poesía de *AM* ("Cabeza en el recuerdo") hay ya expresiones como: "Hiere a la luz el mármol: piel helada", "cauce lento que se lleva ideas sumergidas, olvidadas", "Tu cuerpo al fondo tierra me parece", "luces en torso", "carne: horizonte", "brazos de cobre" (*OC-AM*, p. 121). Menos urgente, si bien relevante, me parece la investigación sobre las "asociaciones de ideas" (C. Bousoño, *op. cit.*, pp. 351-354); o más bien creo que esa investigación debe relacionarse estrechamente con la de las "asociaciones semánticas".

Es sólo ya el desnudo. Es la risa en los dientes.
Es la luz o su gema fulgurante: los labios.
Es el agua que besa unos pies adorados,
como un misterio oculto a la noche vencida.[113]

El segundo pertenece a una poesía cuyo título ("Que así invade") es ya sintomático:

¡Oh ven, ven siempre como el clamor de los peces,
como la batalla invisible de todas las escamas,
como la lucha tremenda de los verdes más hondos,
de los ojos que fulgen, de los ríos que irrumpen,
de los cuerpos que colman, que emergen del océano,
que tocan a los cielos o se derrumban mugientes
cuando de noche inundan las playas entregadas.[114]

También en el mismo giro de referencias literarias y mitopsicológicas hay que colocar el símbolo aleixandrino de "mujer-agua", antes apenas evocado por otro motivo. Este símbolo, en efecto, vive y se justifica enriqueciéndose en fuentes distintas pero no divergentes (Nietzsche, Freud, Valéry, Unamuno, etc.), en el símbolo más amplio y comprensivo "madre-agua" (o mar). Las fuentes cercanas son muchas y con numerosos ecos entre sí. Pero limitémonos a pocas citas. De Nietzsche, por ejemplo, recordemos este pasaje de *Así hablaba Zaratustra*: "Él quiso mamar de los pechos del mar, y bebiéndolo subirlo hacia sí, con toda su profundidad: entonces el deseo del mar se eleva hacia

113. *OC-DA*, p. 386.
114. Ibid., p. 410.

él con mil turgidos senos".[115] De Valéry se puede leer el siguiente trozo de *Inspirations méditerranéennes*: "Il me semble que je me retrouve et me reconnaisse quand je reviens à cette eau universelle [...]. Mais se jeter dans la masse et le mouvement, agir jusqu'aux extrêmes, et de la nuque aux orteils; se retourner dans cette pure et profonde substance; boire et souffler la divine amertume, c'est pour mon être le jeu comparable à l'amour, l'action où tout mon corps se fait tout signes et tout forces, comme une main s'ouvre et se ferme, parle et agit. Ici, tout le corps se donne, se reprend, se conçoit, se dépense, et veut épuiser ses possibles. Il *la* brasse, il *la* veut saisir, étreindre, il devient fou de vie et de sa libre mobilité, il l'aime, il *la* possède, il engendre avec *elle* mille étranges idées. Par *elle*, je suis l'homme que je veux être".[116] Ante formulaciones de ese tipo resulta espontáneo preguntarse, y ya lo ha hecho Enzo Paci: "¿Cómo podría un lector de Jung leerlas y no pensar que para Valéry el mar es el símbolo psicológico de la madre y de la mujer?".[117] (El trozo, por otra parte, encuentra correspondencia aun en el Aleixandre posterior de *Historia del corazón*, en el "reencontrarse" y "reconocerse" en el agua.) Y para acabar con las citas, véanse los siguientes versos de Unamuno, pertenecientes a una composición del *Cancionero*, escrito a la muerte de la esposa:

> En su regazo
> de madre virginal

115. Cito de la antología *Il meglio di Nietzsche*, p. 395.
116. P. Valéry, *Variété III*, París, 1936⁸, pp. 254-255.
117. E. Paci, *Esistenza ed immagine*, Milán, 1947, p. 166.

recogí con mi abrazo
las aguas del divino manantial
que pues no tuvo origen
no tendrá fin; aguas que rigen
nuestro santo contento,
la entrañada costumbre
que guarda eternidad en el momento.[118]

Considérese ahora a Aleixandre. Un "agua madre", según una visión tan amplia como tradicional, está en la base del poema "Hija de la mar" (y *mar* en femenino):

Vive, vive como el mismo rumor de que has nacido;
escucha el son de tu madre imperiosa;
sé tú espuma que queda después de aquel amor,
después de que, agua o madre, la orilla se retira.[119]

Pero para Aleixandre el origen del símbolo se halla en la composición "Madre, madre" de *Espadas como labios*, que se supone escrita en un momento de nostalgia por la madre lejana y que está toda ella construida sobre referencias marinas. De ella entresaco algunos versos:

[...] —Madre, ¿me escuchas?: eres un dulce *espejo*
donde una gaviota siente calor o pluma.

118. M. de Unamuno, *Cancionero*, ed. y prólogo de F. de Onís, Buenos Aires, 1953, p. 445. Véase también la traducción italiana del volumen *Poesie* de R. Paoli (*op. cit.*, p. 343).
119. *OC-DA*, p. 419.

Madre, madre, te llamo;
espejo mío silente,
dulce sonrisa abierta como un *vidrio* cortado.[120]

En ellos es evidente el nexo *princeps* "madre-mar" que se articula en los términos relacionados y secundarios *espejo* y *vidrio* (*cristal*), que luego siguen siendo constantes y casi autónomos en varias poesías marinas de *La destrucción*, como se puede ver en los siguientes ejemplos:

Este beso en tus labios como una lenta espina,
como un mar que voló hecho un *espejo* [...] [121]
("Unidad en ella")

El mar bate solo como un *espejo*,
como una ilusión de aire,
ese *cristal* vertical donde la sequedad del desierto
finge un agua o un rumor de espadas persiguiéndose.[122]
("El mar ligero")

Mar, oculta pared,
pez mecido entre un aire o suspiro,
en ese agua surtida de una mirada
que cuelga entre los árboles, oh pez plata, oh espejo.[123]
("Junio")

120. *OC-EL*, p. 285 (la cursiva es mía). Por lo que se refiere a la relación madre-mar, cf. también las tres estrofas últimas del poema "No basta", del libro *SP* (*OC*, pp. 597-598).

121. *OC-DA*, p. 332. La cursiva es mía.

122. Ibid., p. 333.

123. Ibid., p. 343.

Allá donde el mar no golpea,
donde la tristeza sacude su melena de *vidrio*,
donde el aliento suavemente espirado
no es una mariposa de metal, sino un aire.[124]

("Ven, ven tú")

No son más que algunos ejemplos de los más evidentes. Y como en *La destrucción* son numerosas las recurrencias del grupo "mujer-agua", se puede pensar que bajo el nexo "mar-espejo" continúa operando el nexo inicial "madre-mar". La investigación habría que ampliarla al verbo *reflejar* (muy frecuente) y referirla a todos los ambientes inmóviles y tranquilos en los que la fantasía del poeta encuentra la imagen mediata o remota del seno materno. Por otra parte, Bousoño, en su monografía, ha demostrado muy bien la importancia que tienen en Aleixandre las "imágenes visionarias continuadas" y las "emisiones por parte de la visión de nuevas figuraciones imaginativas" y las ramificaciones (él habla de "arborización") de las imágenes, de las visiones y de los símbolos,[125] de tal modo que nuestro caso se encuentra perfectamente en la compleja red imaginativa del poeta.

Por lo que se refiere al verso, citado por Gauthier, de "Soy el destino":

Yo no quiero leer en los libros una verdad que poco a
poco sube como agua,

124. Ibid., p. 347.

125. Cf. en C. Bousoño, *op. cit.*, todo el capítulo sobre "La imagen", pp. 115-226.

que más tarde se reflejará en un verso del libro *Sombra del Paraíso*,

> Sí, poeta; arroja este libro que pretende encerrar en sus páginas un destello de sol,[126]

no es difícil reconocer en él un eco puntual de una frase célebre de Whitman ("Éste no es un libro, sino un hombre"), que luego llegó a ser un topos frecuente entre sus seguidores y, como ya ha sido notado,[127] un arquetipo de la poesía unamuniana. De modo que, en el caso en cuestión, el "rechazo de lo libresco" —en "Soy el destino"— de que habla Gauthier se reduce a una concesión axiológica al mencionado naturalismo o panteísmo.

Por otra parte, la fantasía poética de Aleixandre es tan poco "tumultuosa", y por consiguiente libresca, que asume, en algunos momentos, formas partenogenéticas. Esto sucede, por ejemplo, en dos poemas de *La destrucción*, "Vida" y "La dicha", que parecen nacer (dado que la copia se atiene a los primeros versos) de dos frases contenidas en composiciones precedentes: una de *Pasión* y otra de *Espadas*. El fenómeno tiene cierto interés, como puede verse en las siguientes citas:

126. *OC-SP*, p. 484. Véase más adelante el capítulo V, "Modalidades y desarrollos de la poética aleixandrina".

127. Cf. R. Paoli, la introducción a *Poesie* de Unamuno, pp. XI-XXIV, y sobre todo p. XIX.

a) Sobre tu pecho unas letras de sangre fresca
dicen que el tiempo de los besos no ha llegado.
("Sobre tu pecho unas letras", de *Pasión*)

Un pájaro de papel en el pecho
dice que el tiempo de los besos no ha llegado.
("Vida", de *La destrucción*)

b) [...] escapad, escapad; sólo quiero,
sólo quiero los bordes de la lucha.
("Toro", de *Espadas*)

No. ¡Basta!
Basta siempre.
Escapad, escapad; sólo quiero,
sólo quiero tu muerte cotidiana.
("La dicha", de *La destrucción*) [128]

Pero, una vez constatado ese aire libresco en la inspiración aleixandrina, las copias en sí no atraen tanto el interés como el *modo* de esas copias, la forma que las preside y sus relativas variantes. Veámoslo más concretamente. En el primer caso *a*) el poeta, para dar metafóricamente la figura convencional de *corazón*, la reifica y, en cierto sentido, la "mecaniza" en la imagen de las *letras*, no escritas con *tinta fresca* (sintagma tradicional relacionado con *letras*), sino con *sangre fresca*. La misma figura suscita, en la fase siguiente, *pájaro de papel* (el que llevan las señoras en sus cursis sombreros en el poema "Salón" de *Espadas*). *Pájaro de papel* es también una metáfora reificada y "mecanizada" (o

128. Los respectivos pasajes se hallan en *OC-PT*, p. 212; *OC-DA*, p. 345; *OC-EL*, p. 226; y *OC-DA*, p. 383.

sea, de matriz surrealista) de "corazón", pero esta vez dirigida a otra zona imaginativa y semántica: la del *latido*, porque estamos acostumbrados a comparar el corazón que late con un pájaro enjaulado. Al mismo campo semántico —dicho sea de paso— pertenecen los siguientes versos:

> Duele la avispa fraudulenta
> que a veces bajo la tetilla izquierda
> imita un corazón o un latido,
> amarilla como el azufre no tocado [...].[129]

En donde la reificación da lugar a una especie de metáfora al revés (no corazón como avispa, sino avispa como corazón), o sea, a una especie de irónica hipérbole imaginativa). El segundo caso *b*) es más lineal: a *bordes de la lucha* corresponde *muerte cotidiana*, forma explícita y consecutiva (o inmanente) del sintagma primario, visto que la muerte parece afirmada continuamente en los límites inevitables de la lucha (del toro).

La reificación (o cosificación) y, en menor grado, la explicitación de los estados latentes, son, en efecto, los primeros aspectos de la estructura portadora y creativa de *La destrucción*, de la forma dinámica de la obra: entidad indisoluble del movimiento de los contenidos y —como hasta ahora se ha intentado demostar— de la concepción del mundo del poeta. (De esa indisolubilidad es consciente Macrí cuando critica "la fallida fusión de gramática y filosofía en el método

129. *OC-DA*, "Humana voz", p. 367.

neoestilístico de Bousoño".)[130] Muy cerca del blanco, en ese sentido, ha dado Dámaso Alonso cuando ha escrito, respecto a *La destrucción*: "Pero aquí la metáfora se puede decir que no es un juego literario ni una fiesta de la imaginación; ya no tiene como fin realzar la calidad bella de un objeto [...] sino que es una enumeración de verdades quasi-teológicas. La metáfora tiene, pues, en la concepción del mundo de este poeta, una realidad objetiva: las formas más dispares de la realidad están vincularmente entrelazadas o co-fundidas".[131] (Pero Dámaso Alonso no ha llevado a las últimas consecuencias su acertada intuición, porque ha tratado aparte la llamada "forma" de la obra, del peculiar "énfasis retórico" que la invade, de su "parnasianismo" de fondo, etc.) Los elementos de la naturaleza única y del "mundo único" tienen carácter de realidad objetiva en su personalidad superior, es más, en su absoluta individualidad; y carácter de realidad objetiva posee, como ente que consigue confundirse con la naturaleza e interpretarla, el protagonista-poeta. El protagonista-poeta, no el poeta en cuanto que poeta, no el poeta *tout court*:

Pero no será, no, el poeta quien diga
los móviles ocultos, indescifrable signo
de un cielo líquido de ardiente fuego que anegara las almas,
si las almas supieran su destino en la tierra.[132]

130. O. Macrí, en la citada introducción a *Poesia spagnola del Novecento*, p. XLII.
131. D. Alonso, *op. cit.*, p. 296.
132. *OC-DA*, p. 385.

Dadas nuestras premisas la indicación de Dámaso Alonso nos remite no a un "misticismo panteísta", como el que ha afirmado —si bien el filtro libresco actúa exactamente en los prototipos de la mística y de la ascética, especialmente españolas—, sino a las formas hilozoístas del panteísmo aleixandrino: energía propulsiva de su vigorosísima vena visionaria, imaginativa y metafórica. Si algunos modos (del tipo del unamuniano "me duele España") todavía pueden recordar el integralismo hispánico, ilustrado por Bousoño, como "me duelen el sollozo o la tierra", [133] aunque el punto de vista sea el (narcisista) del protagonista-poeta, sin duda es de naturaleza hilozoísta, por ejemplo, el *duele* en forma anafórica de la poesía "Humana voz":

Duele la cicatriz de la luz,
duele en el suelo la misma sombra de los dientes,
duele todo,
hasta el zapato triste que se lo llevó el río.

Duelen las plumas del gallo [...].[134]

Sin embargo, aún más expresivo que *doler*, y fuente de una serie metafórica completamente inédita, es, en el mismo sentido, el verbo *pedir* atribuido a las cosas y a los elementos de la naturaleza (el fenómeno surge, vis-

133. Con esas palabras termina la poesía "Plenitud" (*OC-DA*, p. 373). El verso le pasó inadvertido a C. Bousoño, aunque alega numerosos ejemplos de supuesto "integralismo hispánico" en Aleixandre.
134. *OC-DA*, p. 367.

toso, en *Espadas como labios* y comprende el verbo *buscar*).[135]

[...] como una luna que me pide mis rayos.[136]

[...] con esa alegre generosidad del lucero
que ni siquiera pide un mar en que doblarse.[137]

[...] ese pecho enfebrecido y ávido
que sólo pide el brillo de la luz.[138]

Tibia saliva nueva que en los bordes
pide besos azules como moscas.[139]

La luz que amontona su cuerpo como ansia que con nada se aplaca,
como el corazón combatiente que en el mismo filo aún ataca,
que pide no ser ya él ni su reflejo, sino el río feliz [...].[140]

Y puesto que las cosas y los elementos de la naturaleza son —como se ve y como notábamos antes— portado-

135. "Buscan esa frente, esos ojos, ese sueño" (en "Nacimiento último", *OC-EL*, p. 258); "yo me muevo y, si giro, me busco, oh centro, oh centro" ("Poema de amor", *OC-EL*, p. 272); "corazón estriado / bajo campanas muertas pide altura" ("Son campanas", *OC-EL*, p. 291); mejilla son que pide ser pisada" (id.); el *pido*, también por esta vez anafórico, en las últimas estrofas de "Libertad" (*OC-EL*, p. 304); "No pido espinas ni firmeza" y "no busco cielos ni turquesas" (en "Playa ignorante", *OC-EL*, p. 305); etc.
136. *OC-DA*, p. 340 (último verso de "Ven siempre, ven").
137. Ibid., p. 354 ("A ti, viva").
138. Ibid., p. 355 ("A ti, viva").
139. Ibid., p. 414 ("Cuerpo de piedra").
140. Ibid., p. 426 ("Total amor").

res de valores emotivos y de facultades decisorias, es lógico que el protagonista-poeta intente ansiosamente y a todo coste parecerse a ellos, e incluso anularse en ellos. Y es lógico también que su ansia se coloree con una semejante imaginería de absolutos, principalmente puntuada por los verbos *ser* y *querer* (las formas *soy* y *no soy*, *quiero* y *no quiero* son bastante frecuentes en *La destrucción*, y se disponen a menudo en series continuas, de modo que trazan numerosas y significativas metáforas). La analogía entre las dos formas, *soy* y *quiero*, está marcada por el sabor veleidoso, voluntarístico, nietzscheano ("humano, demasiado humano", es la fórmula que, hasta ahora, se asigna a Aleixandre) del primer término:

> Calla, calla. No soy el mar, no soy el cielo,
> ni tampoco soy el mundo en que tú vives.
> Soy el calor que sin nombre avanza sobre las piedras
> frías [...].[141]

Y prosigue: "Soy el sol que bajo tierra [...]"; "Soy esa amenaza a los cielos [...]"; "Soy el brillo de los peces [...]"; etc. O también, implicando su predilecto pero limitado bestiario, en un conjunto que, en versión dionisíaca, recuerda a Rousseau el Aduanero:

> Soy el caballo que enciende su crin contra el pelado
> viento,
> la gacela que teme al río indiferente,

141. Esa estrofa y las frases siguientes se hallan en la poesía "Mina" (*OC-DA*, p. 337).

el avasallador tigre que despuebla la selva,
el diminuto escarabajo que también brilla en el día.[142]

Claro que el ansia de co-fusión y de anulación (aun en la muerte-amor) se articula y se compone aún más en libre metaforismo en la forma del *quiero* (o del *no quiero*), que puede ser un *quiero morir*:

Quiero amor o la muerte, quiero morir del todo,
quiero ser tú, tu sangre, esa lava rugiente
que regando encerrada bellos miembros extremos
siente así los hermosos límites de la vida.[143]

Quiero morir de día, cuando la luna blanca,
blanca como ese velo que oculta sólo un aire,
boga sin apoyarse, sin rayos, como lámina,
como una dulce rueda que no puede quejarse,
aniñada y castísima ante un sol clamoroso.[144]

¡Ah, pronto, pronto; quiero morir frente a ti, mar,
frente a ti, mar vertical cuyas espumas tocan los cielos,
a ti cuyos celestes peces entre nubes
son como pájaros olvidados del hondo![145]

O puede ser un *quiero vivir* (*saber*, *pisar*, etc.):

142. Penúltima estrofa de "Soy el destino" (*OC-DA*, p. 396). Siguiendo el hilo de las analogías pictóricas no se puede evitar el comparar el verso "Soy el caballo que enciende su crin contra el pelado viento" con la célebre *Jirafa en llamas* de Salvador Dalí.

143. *OC-DA*, p. 331 ("Unidad en ella").

144. Ibid., p. 406 ("Sólo morir de día").

145. Ibid., p. 433 ("La muerte").

Quiero vivir, vivir como la hierba dura,
como el cierzo o la nieve, como el carbón vigilante,
como el futuro de un niño que todavía no nace,
como el contacto de los amantes cuando la luna los
ignora.[146]

Quiero saber si la noche ve abajo
cuerpos blancos de tela echados sobre tierra,
rocas falsas, cartones, hilos, piel, agua quieta,
pájaros como láminas aplicadas al suelo,
o rumores de hierro, bosque virgen al hombre.

Quiero saber altura, mar vago o infinito;
si el mar es esa oculta duda que me embriaga
cuando el viento traspone crespones trasparentes,
sombra, pesos, marfiles, tormentas alargadas,
lo morado cautivo que más allá invisible
se debate, o jauría de dulces acechanzas.[147]

Quiero tu nombre aquí,
quiero pisar unas pestañas falsas,
delicadas lombrices, rayos negros,
esa tierra mojada, esas lágrimas feas.[148]

Ese ser o querer ser algo ajeno, ese compenetrarse con las cosas, ese disolverse en el amor-muerte y ese abandono en lo cósmico y en lo insignificantemente pequeño (lombrices, escarabajos, etc.),[149] así como el

146. Ibid., p. 396 ("Soy el destino").
147. Ibid., p. 359 ("Quiero saber").
148. Ibid., p. 403 ("Quiero pisar").
149. O, podría decirse, lo infinitamente grande comparándolo con lo infinitamente pequeño. En esa *pietas* hacia ciertas criaturas ínfimas y abandonadas de la naturaleza, como el escarabajo (cf. "El escarabajo", *OC-DA*, pp. 411-412), la poesía de Aleixandre denota una actitud

espectáculo de la vida autónoma —variopinta y tornasolada, emocionada y febril— de los elementos de la naturaleza, presuponen en el poeta un estado de máxima e ininterrumpida exaltación, y dan a su lenguaje y a su palabra ese "énfasis" especial que ya observó Dámaso Alonso. La alusión al romanticismo, y en particular a Shelley —hasta ahora de pragmática en la exégesis aleixandrina—, cae precisamente en este punto. Sabor romántico —si se quiere— tienen algunas secuencias de exclamativos, la "virginal fuerza del espíritu" [150] que vibra en la voz del poeta, y así sucesivamente. Y típicamente romántico sería, diciéndolo con una frase hecha, ese dejar hablar las cosas, ese dejarlas "cantar" solas. Y parece espontáneo, en sentido romántico, el disponerse de ese canto en modos reiterativos, anafóricos, de letanía, que son modos importantes en la obra (la anáfora marca, más o menos evidentemente, 26 de las 54 composiciones de *La destrucción*). Como también espontánea parece, en el mismo sentido, la tendencia de Aleixandre a modelar o adaptar el discurso poético tanto en el endecasílabo como en el verso libre, alargado y dilatado en vuelta "sinfónica".

Pero, si se quiere hablar efectivamente de corrientes

---

evangélica. Sin embargo, no hay que olvidar que una tal cualidad está presente también en la poesía de Whitman: por ejemplo, en el *Song of Myself*, el elogio de la hoja de hierba, de la hormiga, del grano de arena, etc. (cf. Walt Whitman, *Leaves of Grass*, introd. y notas de A. Holloway, Londres y Nueva York, 1947, p. 51).

150. Es de D. Alonso la referencia a Shelley y a la "romántica virginal fuerza del espíritu" (*op. cit.*, p. 301).

en general, hay que decir, por supuesto, que el neorromanticismo aleixandrino pasa a través de un fondo de tenue esteticismo de signo novecentista, casi como si rebelión y surrealismo no hubieran conseguido cortar nunca el cordón umbilical que une el autor a la matriz modernista y a sus componentes parnasianos y simbolistas. Léanse, como ejemplo de ese residuo que aflora a menudo, las estrofas siguientes, que inician dos poesías:

> Luna de mármol, rígido calor,
> noche de estío cuando el perro es mudo;
> cuando un velo de esparto ante los ojos
> casi acaricia, sueño o plumón leve.
>
> Luna de piedra, manos por el cielo,
> manos de piedra rompedoras siempre,
> retorcidas a veces con destellos;
> manos de lumbre láctea, ya rígidas.[151]
>
> No mientas cabelleras diáfanas, ardientes goces,
> columnas de pórfido, celestiales anhelos;
> no mientas un cuerpo dichoso rodeado por la luz
> como esa barca joven que desprecia las ondas.[152]

En realidad, lo que sobre todo se insinúa sutilmente en *La destrucción*, y especialmente a partir de *La destrucción*, es un intento y un tono elegíacos. Corrientemente se ha olvidado, por ejemplo, que una de las sec-

151. *OC-DA*, p. 413 ("Cuerpo de piedra"). Nótese aquí, como en otros casos, el uso frecuente de vocablos esdrújulos en Aleixandre: *rígido*, *láctea*, *lámina*, *íntima*, *pájaro*, *párpado*, *pórfido*, *diáfana*, etc.

152. *OC-DA*, p. 431 ("Cerrada puerta").

ciones del volumen lleva el significativo subtítulo de "Elegías y poemas elegíacos".[153] Y que ese intento y ese tono, que ahí apenas se distinguían por un tenue vestigio de memoria (entonces tan secreta y privada como para no diferenciarse del resto) y por una nítida huella de tristeza, son la puerta a través de la cual entra el sentimiento del tiempo (sólo en dos o tres composiciones aparece el verbo en pasado), y el clima melancólico, blando y extenuado que incluso podemos calificar de neorromántico.

En cambio, nada de espontáneo, en el significado (equívoco) que se suele dar a los modos románticos, puede encontrarse en el ámbito de la fantasía fundamentalmente libresca de Aleixandre y de su compleja y controladísima urdimbre imaginativa. Todo ello ha sido demostrado ampliamente en la minuciosa investigación de Bousoño, tanto por lo que respecta a las "complicaciones" de la estructura externa y de la estructura interna de la imagen aleixandrina, como en lo que concierne a las normas que regularizan desde lo profundo el verso libre de este poeta, así como en cuanto a las numerosas peculiaridades de su originalísima sintaxis.[154] Si acaso, y tomando alguna indicación de Bousoño y de otros críticos,[155] habría que

153. Forman parte de esa sección las poesías "A la muerte", "La luz", "Humana voz", "Canción a una muchacha muerta", "Tristeza o pájaro", "Plenitud", "Corazón negro", "Eterno secreto", "Lenta humedad", y "La ventana".

154. C. Bousoño, *op. cit.*, cap. XI, XII, XIII, XIV, XV y toda la parte relativa a la sintaxis (pp. 271-334).

155. Véase, por ejemplo, lo que escribe M. Gauthier, en el ensayo citado, n. 9, p. 102, al que aludiremos más adelante.

examinar mejor los varios efectos fonéticos presentes en el contexto de *La destrucción*, desmintiendo así la falsa opinión según la cual, hasta este libro inclusive, Aleixandre ha compuesto versos empujado por una fuerza tumultuosa, violenta y caótica.[156] No se trata sólo de poner en evidencia alguna de las ya bien estudiadas onomatopeyas del tipo de:

Cobra sobre cristal
chirriante como navaja fresca que deshace a una virgen;[157]

ni sólo de alinear otros casos de repetición de *r* en función imprecatoria o para expresar sentido de potencia, además de los ya alegados por Bousoño (sobre todo por lo que se refiere a *Sombra del Paraíso*).[158] Se trata más bien de poner de manifiesto otras combinaciones de fonemas y sonidos: de las simples, como las siguientes (basadas respectivamente en la insistencia de la consonante *p* y de la vocal *e*):

*p*ájaro de *p*a*p*el en el *p*echo[159]

156. Aparte ciertas anotaciones de C. Bousoño relativas a *PT*, a lo que ya hemos aludido (cf. nota 23), me parece que a tales conclusiones aproximadamente podría conducir la tendencia a considerar sólo el dato "romántico" o "neorromántico" de la poesía aleixandrina. Por ejemplo, L. F. Vivanco, en su *Introducción a la poesía española contemporánea*, Madrid, 1957, pp. 342 y s., cuando trata sobre "materia poética indiferenciada", corre el peligro de una desviación semejante.

157. *OC-DA*, p. 407 ("Cobra").

158. Véase todo el cap. XVII (*op. cit.*, pp. 262-268), titulado "Adecuación de los sonidos del verso a la representación poética".

159. *OC-DA*, p. 345 ("Vida").

qu*e* pu*e*d*e* s*e*r un p*e*cho; [160]

a las menos simples, como la siguiente (unión de la alveolar *s* y de la interdental *z* y repetición aliterante del grupo *bra*):

som*bra* de lo*s* *bra*zo*s* au*s*ente*s*;[161]

o como ésta (repetición aliterante de *en* y de *r*):

mi*en*tras se si*en*te la pode*r*osa ga*rr*a *en* la tie*rr*a; [162]

o como ésta (dos series vocálicas semejantes en el mismo verso: *e*, *a*; *e*, *e*; [*u*], *a*, *a* — *e*, *a*; *e*, *e*; *a*, *a*, [*e*]), con efecto ondulatorio:

mientras mientes un agua que parece la sangre; [163]

o, en fin, como ésta (predomino de la dental *d* y de las líquidas *r*, *l*, *ll*):

*d*o*l*o*r*osa *l*ág*r*ima *d*on*d*e bri*ll*a un *l*uce*r*o.[164]

O también aislar los numerosos casos de varia aliteración, como:

llega como lluvia lavada,[165]

160. Ibid., p. 399 ("Mar en la tierra").
161. Ibid., p. 405 ("Sólo morir de día").
162. Ibid., p. 324 ("La selva y el mar").
163. Ibid., p. 376 (último verso de "Eterno secreto").
164. Ibid., p. 405 ("Sólo morir de día").
165. Ibid., p. 328 ("Después de la muerte").

traspone crespones transparentes,[166]

contempla temblando,[167]

caliente aliento,[168] etc.

O sea, poner en evidencia una vez más los varios ejemplos de asonancias internas, como las siguientes (con 2, 3 y 6 asonancias respectivamente):

como una superf*icie* que un solo esqu*ife*; [169]

cuando amar es l*u*ch*a*r con *u*n*a* forma imp*u*r*a*; [170]

vi*e*nt*o* n*e*gr*o* secr*e*t*o* qu*e* s*o*pla entr*e* l*o*s hu*e*s*o*s.[171]

166. Ibid., p. 359 ("Quiero saber"). Se podrían aducir otros muchos ejemplos de estudiadas combinaciones consonánticas y vocálicas (y aliteraciones). He aquí algunos: "fuga de flautas blancas como el hueso" (p. 330); "peina cabellos, peces, algún pecho [...]"; "llegar como unos labios salobres, que llegan"; "pájaro que picotea pedacitos [...]" (p. 371); "entre lo verde presente, entre lo siempre fresco" (p. 374); "unos labios lucientes, labios de luna pálida" (p. 385); "embisten a las orillas límites de su anhelo" (p. 395); "resbalando en los hombros como leche" (p. 397); "cuando el alba desnuda avanza un muslo" (p. 398); "quiero muslos de acero por una ingle indefensa" (p. 403); "la tenue piel que pesa sobre tu pecho vivo" (p. 410); "trapo palpable sobre el que un pecho solloza" (p. 430); "donde la muerte vida a vida lucha / por alumbrar la pasión entre el relámpago que escapa" (p. 432); etc.

167. Ibid., p. 337 ("Mina").

168. Ibid., p. 331 ("Unidad en ella"). Pero el campo de las aliteraciones es vastísimo y merecería la pena estudiarlo según las indicaciones que ofrece el libro de P. Valesio, *Strutture dell'alliterazione*, Bolonia, 1967.

169. *OC-DA*, p. 405 ("Sólo morir de día").

170. Ibid., p. 390 ("El frío").

171. Ibid., p. 390 (primer verso de "El frío").

Hay lo suficiente para iniciar una investigación detallada y específica, que, naturalmente, está fuera de las intenciones del presente estudio.

De todas formas, Gauthier, a propósito de algunas combinaciones fonéticas verificadas por él (*rosa* rumo*rosa*, escara*bajo bajo*, etc.), ha hablado de "juegos gratuitos de consonantes donde se roza la tentación de un arte puro".[172] Efectivamente, a juzgar por los ejemplos ofrecidos, no sólo no se puede dudar de la despierta sensibilidad acústica y musical y de la cuidada técnica creativa de Aleixandre, sino que conviene, además, meditar seriamente sobre la naturaleza de su trabajo poético y de su empaste lingüístico, incluso cuando éstos se refieren a la fase aparentemente más fecunda y efusiva.

172. Concretamente en la nota 9 del citado ensayo.

Capítulo 4

"SOMBRA DEL PARAÍSO": ENTRE ELEGÍA Y METAFÍSICA

La pregunta sigue en pie. ¿Debe considerar el crítico el libro de un autor en su integridad resultante (aunque de distintos modos si se remonta a los detalles y a los modos de su elaboración) o sólo como una concreción no totalmente acabada en el espacio total de su obra? ¿Debe dar crédito a las épocas y a las obras selectas del novelista y del poeta, o por el contrario debe asumir cada una de las novelas de un escritor como retazos de una sola y dilatada novela y cada uno de los libros de un poeta como fragmentos de un potencial *canzoniere*, aunque técnicamente no sea un *canzoniere*? [173] A nadie, por supuesto, se le ocurre pensar que es la indicación *fin* la que "cierra" un libro, la

173. Me refiero en gran parte a los problemas teóricos que suscitó el estudio de G. Genot, "Strutture narrative della poesia lirica", *Paragone*, XVIII, n.º 12 (1967), pp. 35-52, y el de C. Segre, "Sistema e struttura nelle *Soledades* di A. Machado", en *I segni e la critica*, Turín, 1969, pp. 95-129 (trad. cast., *Crítica bajo control*, Planeta, Barcelona, 1971).

que le hace ser completo y autónomo, ni que ésta sea la mediación entre la primera y la última palabra. Pero puede haber quien piense en serio que lo que hace que así resulte son su intencionalidad y su estructura. A cada autor su método de trabajo. Es el crítico quien debe atribuir, en primer lugar, a ese método, atención, credibilidad y confianza.

Cuando Aleixandre escribe que "hay libros que se desarrollan alrededor de un tema central, adquiriendo por trabado crecimiento la contextura y el límite de un verdadero organismo cerrado",[174] explica la característica principal de su método de trabajo; y lo hace precisamente para justificar, con motivos contingentes, un volumen compuesto como *Nacimiento último*, lo cual significa que para él tal excepción denuncia precisamente la regla, su regla. Una simple mirada de conjunto a sus ediciones de *Poesías completas* y de *Obras completas*, a cargo del propio Aleixandre, de 1960 y de 1968 respectivamente, permite afirmar que el trabajo de este poeta —como el de los demás— tiende a configurarse en una historia de *libros* sucesivos, escapándose tanto del tipo *canzoniere* como del

174. "Nota a la primera edición de *Nacimiento último*", 1953, ahora en *OC-NU*, p. 602. Todo ello ya lo había puesto de relieve D. Alonso en 1944, a propósito de *SP*, quien (*op. cit.*, p. 305) ha escrito: "Nunca Aleixandre ha publicado meras colecciones de poemas; cada uno de sus volúmenes es una 'obra' total, inconsútil, inconfundible". Y R. Gullón (en el ensayo citado, p. 221), también a propósito de *SP*, escribe: "Se trata de un libro unitario, sólidamente trabado, y aunque ya lo estuvieran los anteriores, en el sentido de no ser simples colecciones de poemas sino conjuntos organizados en torno a dos o tres grandes temas, en esta obra la coherencia y (si cabe decir) la sistematización, son más completas, pues a la unidad de sustancia se junta la unidad temática".

sistema de "Antología", heterogéneos y marginados. (Es excepción, como hemos visto, *Nacimiento último*, donde están reunidas poesías del 1927 al 1952, y la sección final de *Poemas varios*, también iniciada en 1927 y aumentada con algunas poesías en la edición de 1968, por lo tanto considerada por el autor como un conjunto o más bien un cajón de sastre y un almacén de varias composiciones que iba excluyendo del marco de los demás *libros* considerados por separado.)[175]

Esta observación podría abrir un discurso complejo sobre el modo como el poeta concibe y ordena (en cierto sentido pre-ordena o post-ordena) su trabajo, y sobre cómo el crítico y el lector deben colocarse frente a él. Pero el discurso, por el momento, sólo puede ser provisional y parcial. En efecto, para que sea completo y estable, necesitaría, naturalmente, una indagación preliminar, sobre todo diacrónica, acerca del modo de composición de cada libro, acerca de las correspondientes elecciones y exclusiones, etc. (y a menudo, excepto en casos raros, ni siquiera se saben las fechas de los poemas),[176] y una indagación sincrónico-diacrónica sobre el sistema de las correcciones

175. Que la sección *Poemas varios* corresponde a tal valoración lo demuestra el hecho de que respecto a la edición de 1960 de las *Poesías completas*, en las *Obras completas* de 1968 hay numerosos añadidos en las tres subsecciones ("Poemas sueltos", "Poemas amorosos", "Nuevos retratos y dedicatorias"), y a veces se trata de poesías de fecha no reciente.

176. Aleixandre no tiene por costumbre fechar sus poesías, ni aun las sueltas. Debemos a C. Bousoño, *op. cit.*, pp. 389-392, el haber hallado fechas precisas de composiciones por lo menos de las poesías de *SP* y de *HC*.

y de las variantes de cada composición. Ahora bien, puesto que, que yo sepa, no se ha hecho nada (salvo algunas indicaciones de C. Bousoño) [177] y que, sin la ayuda del autor, efectivamente algo se puede hacer en este campo actualmente inexplorado, no queda sino atenerse a los textos tales como son, viendo cómo la producción de Aleixandre tiende a cuajarse en la obra, en el libro: en *una* obra, en *un* libro.

En la perspectiva predominantemente genética seguida hasta ahora, y adoptando términos prestados por un género concreto de dialéctica, puede decirse que con cada obra nueva —fundación de un nuevo sistema del contenido y de un nuevo sistema de la expresión, parafraseando a Hjelmslev— [178] el autor pone implícitamente en crisis la precedente (el sistema precedente) por un lado dando la supremacía a algunos aspectos y añadiendo otros inéditos, y por otro lado dejando aparte o en la sombra otros. En el sistema global (o planetario) de un poeta del tipo de Aleixandre, que sobre todo se desarrolla sobre sí mismo, un libro como *La destrucción o el amor* puede constituir una referencia importantísima, sea porque para él delimita,

177. C. Bousoño, *op. cit.*, p. 342, n. 2, que ha podido ver los originales de *SP*, ha notado un fenómeno interesante: que muchos poemas de ese libro "tienen tachados los primeros versos". Pero se trata sólo de una parte de una posible investigación futura.

178. L. Hjelmslev, en *Prolegomena to a Theory of Language*, Madison, 1961. También sobre esas definiciones, o más bien la división cuádruple de Hjelmslev (substancia de la expresión; forma de la expresión; forma del contenido; substancia del contenido), se puede leer un interesante examen en C. Segre, *op. cit.*, pp. 61-92, con varias referencias a propósito de ello.

en buena parte, una era de particulares determinaciones literarias (su especial surrealismo), sea porque cierra el período de la inquietud y de cierto tipo de búsqueda, sea porque señala el paso de una época histórica a otra, a la cual el poeta —*malgré lui*, puede decirse— pertenece o responde.

Las fechas que el autor escribe en la portadilla de los libros siguientes a *La destrucción* indican que los tres años de la guerra civil caen precisamente entre *Mundo a solas* (1934-1936) y *Sombra del Paraíso* (1939-1943), formando un vacío que resulta muy significativo o un poco desconcertante, según cuál sea la postura que se adopte al examinarlo. Dado que el silencio creativo, generalmente, puede considerarse o como forzada y digna reserva (frente a acontecimientos estimados superiores a la palabra literaria), o como voluntaria y pusilánime abstención, conviene aclarar que la posición de Aleixandre se encuadra en el primero de los casos, y no, absolutamente, en el segundo. Las noticias biográficas y, para ser justos, no sólo ésas, nos dicen, sin lugar a dudas, que el poeta, a causa de su mal estado de salud, tuvo que mantenerse alejado, pero ello no le impidió ponerse de algún modo de parte de los republicanos, colaborando en las revistas de la época con algunas prosas esporádicas y poesías,[179] siempre consideradas ocasionales y menores, y

179. Algunas prosas de Aleixandre pueden leerse en la revista *Hora de España*, publicación mensual de aquella época; y dos poesías figuran en el *Romancero general de la guerra española*, de 1937 (Ediciones Españolas, Madrid-Valencia), ed. de E. Prados y A. R. Moñino, y en mi volumen *Romancero de la Resistencia española*, Era, México, 1967.

por lo tanto —además de las lógicas razones de sobrevivencia— sin haber sido reunidas nunca en volumen. A lo sumo, el desconcierto podría surgir si se ponen en evidencia otros puntos: quizás no de los vínculos de continuidad (ya veremos de qué se trata) entre las obras colocadas respectivamente en las orillas opuestas del acontecimiento crucial, sino del hecho de constatar que *Mundo a solas*, "quizás el [libro] más pesimista del poeta" (palabras de Aleixandre), pertenece a la anteguerra, es decir, a un período, aun con sus contradicciones, de los más henchidos de la historia contemporánea de España, y que en cambio *Sombra del Paraíso*, exaltado "cántico de la luz",[180] corresponde a la oprimida, desolada y desesperada postguerra española. Pero resulta evidente lo engañosa que es una semejante aplicación mecánica del "reflejo" y qué estrecha semejante perspectiva. (Siguiéndola, pongamos por caso, se podría llegar a considerar *Sombra* tal vez como el mejor producto de aquella corriente evasiva y no comprometida que de 1940 a 1946 estaba a la cabeza de la revista *Garcilaso* y del grupo "Juventud Creadora" —José García Nieto, Luis Felipe Vivanco, Leopoldo Panero, Luis Rosales, etc.— y a aplicar al libro la sumaria sentencia de alto garcilasismo...) Una perspectiva adecuada elimina, en cambio, toda incertidumbre y desconcierto, y conduce a conclusiones completamente distintas. Sin tener en cuenta, dicho sea de paso, que ahora ya se tiende a encuadrar el fenómeno

180. Es la definición que usa el propio Aleixandre para su libro: "Este canto de la aurora del mundo, vista desde el hombre presente, cántico de la luz, etc." (*OC-MP*, p. 1472).

y la experiencia "garcilasista" y a diferenciar el camino de los componentes varios de "Juventud Creadora",[181] no hay duda de que las dos obras de Aleixandre (*Mundo a solas* se publica en 1950) hay que encuadrarlas en el mismo clima que impulsó las casi contemporáneas de Dámaso Alonso: tanto *Hijos de la ira*, de 1944, a la cual se le reconoce un valor de ruptura, como, en otro sentido, *Hombre y Dios*, de 1955. En ese sentido, sobre todo, ambos poetas, Alonso y Aleixandre, y más el primero, "resuelven la posición simbolista y los virtuosismos de la Generación del 27 en una búsqueda angustiosa de la 'situación' del poeta en el mundo y entre las cosas, y acentúan el aspecto cognoscitivo y humanitario de aquella tendencia existencial que en un primer momento había hecho hablar de neorromanticismo".[182] Pero también en esa tendencia común Alonso y Aleixandre presentan por lo menos dos puntos de diferencia: primero, que mientras todo el discurso poético de Alonso parece que se concentra en la elección que va de *Hijos de la ira* a

181. Es ése, por ejemplo, el sentido de algunas anotaciones de C. Samonà en su artículo "Per un consuntivo della giovane poesia spagnola", *Cultura e Scuola* (junio 1963), pp. 55-62: "Pochi anni bastarono, dalla fondazione delle riviste *Escorial* (1940) e *Garcilaso* (1943), perché quel movimento [Juventud creadora] dimostrasse la propria limitata possibilità de rinnovamento, il proprio carattere d'esperienza letteraria chiusa, diversa ed episodica [...]. Così, di quanti erano stati fondatori e animatori della tendenza, ben pochi rimasero fedeli alle premesse classiciste anche negli anni seguenti" (p. 56). Otras aclaraciones y sugerencias interesantes en ese sentido se hallan en la larga y preciosa reflexión crítica de Félix Grande, "1939, Poesía española, 1963", en *Cuadernos para el Diálogo*, n.º XIV (especial) (mayo 1969), pp. 43-61.

182. C. Samonà, art. cit., p. 57.

Hombre y Dios, el de Aleixandre no ofrece aún elecciones vistosas, sino una tupida serie de impulsos existenciales en una continuidad que se nutre incluso de los propios altibajos; segundo, que mientras el *humanismo* especial de Alonso, desgarrado hasta tal punto por instancias e interrogaciones radicales, conduce al poeta y a su poesía hacia Dios, lo sobrehumano de Aleixandre, que en *Mundo a solas* llega a su punto máximo de negación, sigue prosperando sobre sí mismo, manteniéndose estacionario en una zona blanca, neutra, casi o totalmente laica, donde Dios no aparece si no es tras vagas intuiciones de trascendencia. La poesía del primero es dilatación de lo humano hasta el desgarramiento místico; la del segundo es expansión de lo abstracto metafísico, aunque siempre con tintes de elegía y de memoria.

Por lo demás, elegía y memoria penetraban ya, como hemos visto, en el mundo inquieto de *La destrucción.* Desde donde, en síntesis, partían dos líneas de desarrollo, a veces coexistentes o incluso confundidas: una elegíaca y otra deshumanizante (en sentido metafísico). La línea deshumanizante llega a su apogeo en *Mundo a solas*; la elegíaca se desarrolla como un tema musical que, apenas insinuado en *La destrucción*, prosigue en *Mundo a solas* (en donde seis poesías de cada diecisiete remiten a un pasado indefinido) y prorrumpe al fin, solemnemente, en *Sombra.* La misma evolución, gracias al neto cuajarse en libro de todo movimiento anímico del poeta, se puede describir también de otra manera, centrando el análisis en la caracterización vitalista de la obra aleixandrina. El amor total (forma destructiva al mismo tiempo liberadora del "cósmico afán del hombre"), la vida elemental y primigenia, la adhesión absoluta a las fuerzas crueles de la naturaleza, la repulsión hacia la civilización y el hombre alejado de la pura y libre "selva" son los motivos dominantes de la poesía de Aleixandre de la primera época, incluida *La destrucción.* Ahí se expande completamente su vena panteísta y telúrica, el descubrimiento sensual y pánico de la naturaleza; y ahí su pasión vital se proyecta hacia dimensiones universales y figuraciones escatológicas. A partir de ese momento al poeta se le abren dos caminos: por un lado la "destrucción" completa, la anulación total de lo humano; por otro, un paso todavía hacia el amor absoluto, hasta sus fuentes más remotas de paraíso terrestre o de "edad de oro". Pero el poeta no escoge, en cierto sentido se deja escoger, guiar por el instinto, y sufre los dos impulsos en fases sucesivas: reaccionando, en ambos casos, a los tiempos trágicos y exaltados con un diálogo consigo mismo concentrado y cerrado, más duradero que los acontecimientos exteriores.

Del mismo modo que una composición de *Tercera residencia* de Neruda, que lleva también la fecha de 1934,[183] *Mundo a solas se* inicia con un dístico de Quevedo ("Yace la vida envuelta en alto olvido"), porque es a Quevedo, y no a Góngora o Garcilaso, a quien el poeta hispánico suele pedir inspiración o recurrir a él subrepticiamente cada vez que se siente intro-

183. Se trata de la poesía que, ya desde el título, "Las furias y las penas", recuerda a Quevedo, y concretamente el verso "Hay en mi corazón furias y penas".

ducido en épocas de profunda agitación y de duras decisiones, es decir, en momentos de personal decaimiento sicológico y moral. Quevedo, en tales casos, es una pantalla tras la cual —como muy bien ha intuido Amado Alonso refiriéndose a Neruda— [184] se oculta ya el voluntarismo desesperado de Schopenhauer, ya el nihilismo dionisíaco y clarividente de Nietzsche, o la nada existencial de Heidegger. Por tales referencias sutiles, o tal vez sólo por la última, parece estar sugestionada la iteración obsesiva del principal y casi exclusivo enunciado de *Mundo a solas*: "El hombre no existe". Aparece como título de la primera composición y se vuelve a encontrar a lo largo del libro:

> Sólo la luna sospecha la verdad.
> Y es que el hombre no existe.
> . . . .
> Pero el hombre no existe.
> Nunca ha existido, nunca [...]. [185]
>
> Allí no existe el hombre.[186]

A veces desdoblado en otras expresiones de significado análogo, o también concentrado en el prieto signo del "nadie": "Una mano no existe"; "No hay una voz que clama"; "bajo un cielo morado donde na-

184. A. Alonso (*Poesía y estilo de Pablo Neruda*, Buenos Aires, 1951², pp. 300-301, n. 1) relaciona la influencia de Schopenhauer con Neruda a través de la "confluente" de Quevedo. En *MS* de Aleixandre el "polvo pensativo" ("Ya no es posible", p. 455) es, por ejemplo, un claro recuerdo del "polvo enamorado" de Quevedo.

185. *OC-MS*, pp. 441-442.

186. Ibid., p. 469 ("Mundo inhumano").

die ha vivido"; "El mundo, nadie sabe dónde está, nadie puede decidir"; "Nadie escucha su música veloz"; "Nadie llora"; "pena de un pecho que nadie define"; "laberintos donde nadie encuentra su postrera ilusión"; "como su sola altura que una palabra rechaza: Nadie"; "oh cielo gradual donde nadie ha vivido"; etc.[187] O figura como concepto sobreentendido en los versos finales de la última composición del libro, en donde los cielos navegan remotos y totalmente indiferentes al simulacro de la vida humana:

Lo sé. Para los fuegos inhumanos, cristales
encierran sólo músculos, corazones sin nadie.
Son soles o son lunas. Su nombre nada importa.
Son luz o nieve o muerte para los yertos hombres.[188]

Sin embargo, la impresión de que *Mundo a solas* es en el fondo un poema único en el espacio circunscrito de un sordo pesimismo o por lo menos de una obstinada voluntad de negación, no nos la ofrece sólo la repetición apodíctica de ese enunciado y de sus derivados conceptuales. Se nota también que, cuando usa imágenes y símbolos de su limitado y típico repertorio (agua, luna, sol, piedra, tierra, etc.), el poeta insiste sobre todo en su connotación inhumana o antihumana.

187. Ibid., p. 470 (dos frases); p. 457; p. 460 (dos frases); p. 472; p. 473, p. 476; p. 477; p. 478; etc. La palabra "nadie" es bastante frecuente y da incluso título a un poema (p. 476). En *MS* la negación es siempre y profundamente efectiva y funcional, y pasa inadvertida en gran parte a la casuística metafórica estudiada por C. Bousoño, *op. cit.*, cap. XXI ("Las negaciones imaginativas"), pp. 299-309.

188. *OC-MS*, p. 479 (última estrofa de "Los cielos").

Ya en *La destrucción* la luna, por ejemplo, era, según la pauta de un verso de Carolina Coronado, "una ausencia", "un vacío", o era "seca luna que no responde al reflejo de las escamas pálidas"; [189] pero también estaba en relación metafórica con la mano ("las manos que son piedra, luna de piedra sorda"; "la luna como una mano, / reparte con la injusticia que la belleza usa, / sus dones sobre el mundo"),[190] o conservaba algo de humano, o sea, era un "hueso que todavía tiene claror de carne".[191] En *Mundo a solas*, no; ahí la luna es "pura y seca siempre"; [192] y, volviendo a utilizar la imagen del hueso señalada en el libro anterior, resulta cualificada del siguiente modo:

> Pero la luna es un hueso pelado sin acento.
> No es una voz, no es un grito celeste.
> Es su dura oquedad, pared donde sonaban,
> muros donde el rumor de los besos rompía.[193]

Sólo en dos ocasiones aparece como un dios o más bien como un ídolo iracundo y sediento de sangre, o

189. *OC-DA*, pp. 401-402 ("La luna es una ausencia"), para las dos primeras citas; e id., p. 399 ("Mar en la tierra"), para la tercera. Algunos motivos del libro anterior, de *DA*, vuelven a encontrarse en *MS*: la mujer comparada con el río; los límites; la búsqueda de algo (es frecuente el verbo "buscar"); y el sentimiento narcisista, denunciado por algunos "Yo soy".

190. *OC-DA*, p. 383 ("La dicha") y p. 385 ("Triunfo del amor").

191. Ibid., p. 374 ("Corazón negro").

192. *OC-MS*, p. 442 ("No existe el hombre").

193. Ibid., p. 455 ("Ya no es posible").

sea, con todo su aspecto antihumano (y también aquí aflora la imagen de fondo de la mano):

Mano profunda o ira amenazada.
¿La luna es roja o amarilla?
No, no es un ojo inyectado en la furia
de presenciar los límites de la tierra pequeña.[194]

Pero te amé como la luna ama la sangre,
como la luna busca la sangre de las venas,
como la luna suplanta a la sangre y recorre furiosa
las venas encendidas de amarillas pasiones.[195]

Las dos estrofas, que pertenecen a composiciones distintas, se complementan y se explican con su simple confrontación y se envían pregunta y respuesta.[196] La luna actúa, pues, como potencia monstruosa y antihumana, ídolo amarillo y exangüe, capaz sólo de amarillas e inhumanas pasiones... Luego, en el desolado y desierto campo de batalla del alma, iluminada momentáneamente por *aquella* luna amarilla, asomará una luna distinta, ya mitigada en el recuerdo, y será la "luna del paraíso", o sea, la luna del pasado encontrado y de la infancia (*Sombra del Paraíso*); y el poeta la evocará en su lejana y alta ternura, llamándola justamente con su preciso atributo:

símbolo de la luz tú fuiste.[197]

194. Ibid., p. 473 ("Guitarra o luna").
195. Ibid., p. 471 ("Tormento del amor").
196. Tales relaciones de imágenes entre una poesía y otra serán frecuentes, como veremos, en *SP*.
197. *OC-SP*, p. 528 (primer verso del poema "Luna del Paraíso").

Pero símbolo no es un término que valga por sí mismo; vale, lógicamente, por su función, la función simbólica. La función simbólica de la adversativa inicial y del verbo en pretérito de una de las dos estrofas ("Pero te amé...) significa, en todo *Mundo a solas* (respecto a *La destrucción*), una brusca toma de conciencia: la provocada por la imprevista llegada del sentimiento desolado y de la punzante sensación del tiempo pasado y ya perdido. ("Ya no es posible", es el título emblemático de la poesía a que pertenecen los versos "Pero la luna es un hueso...".) Ese sentido de pérdida, íntimamente no resignado y parcialmente no confesado, es dominante en el libro y justifica toda su negatividad, todo su pesimismo. Y naturalmente es el amor, el habitual duende aleixandrino del amor, el núcleo central de la tribulación, y el papel de tornasol que nos indica las reacciones más profundas del poeta y las repercusiones más amplias de su desesperación (expresada una vez más en el signo negativo de "nadie"):

> Nadie, nadie te conoce, oh Amor, que arribas por
>   una escala silenciosa,
> por un camino de otra tierra invisible.
> Pero yo te sentí, yo te vi, yo te adiviné.
> A ti, hermosura mortal que entre mis brazos luchaste,
> mar transitorio, impetuoso mar de alas furiosas como
>   besos.
> Mortal enemigo que cuerpo a cuerpo me venciste,
> para escapar triunfante a tu ignorada patria.[198]

198. *OC-MS*, p. 460 ("Al amor").

De *La destrucción* a *Mundo a solas* se ha consumado, en la poesía de Aleixandre, el dramático tránsito de una presencia destructiva, pero en cierto modo regeneradora (= amor), a una ausencia total, sin remedio y sin retorno (= desamor).

Pero del mismo modo que es inimaginable *La destrucción* sin la precedente aventura en los estratos de lo profundo de *Pasión de la Tierra* y de *Espadas como labios*, igualmente es inimaginable *Sombra del Paraíso* fuera del campo del desamor y sobre todo del desengaño, del pesimismo y de la angustia instalados firmemente en *Mundo a solas.* No trato ahora sólo de respetar la perspectiva meramente literaria e "interior" (biográfica, morfológica y estilística) del autor,[199] sino también —como ya he intentado en estas páginas— de tener en cuenta la conciencia histórica que ataca y tal vez domina al propio autor. También en esta ocasión ha sido Dámaso Alonso quien ha planteado el problema en sus justos términos: "el poeta —ha dicho— escribe desde su cansancio doble, desde su doble tristeza: impuro miembro de la difusa humanidad [...], y de su madurez personal, de hombre [...]".[200] "Can-

199. Escribe Aleixandre a propósito de *MS*: "*Mundo a solas*, iniciado en 1934 y finalizado en junio del 36, tenía comprometida su aparición, con el título de *Destino del hombre*, para octubre siguiente, en las ediciones de la revista *Cruz y Raya.* La ruptura de la guerra española lo dejó inédito por entonces. [...] Dentro de la visión general del poeta, el hombre segregado —degradado— de su elementalidad primigenia, lejana y apagada la aurora del universo (aurora que habría de ser el tema de *Sombra del Paraíso*) es lo que se canta en este libro, *quizá el más pesimista del poeta* [...] El volumen no se publicó hasta 1950" (*OC-MP*, p. 1471; la cursiva es mía).

200. Cf. D. Alonso, *op. cit.*, p. 306, al tratar de *SP.*

sancio" es precisamente el término que usa Aleixandre; Dámaso Alonso ha intentado abrirlo a significaciones más amplias ("cansancio de la ciencia y de la conciencia, del miembro de una humanidad manchada, etc.");[201] pero yo tiendo a interpretarlo —y eso deberá resultar de las próximas páginas— como signo e indicio de una "desconfianza" en el ser... De todas formas, del primer "cansancio" el poeta se lanza al descubrimiento del paraíso como "aurora del mundo";[202] y del segundo, al descubrimiento de su propia infancia, considerada también como paraíso, que es al mismo tiempo Edén, edad de oro, paraíso perdido, paraíso laico y *temps rétrouvé.* Pero sigue siendo desde el desierto dejado al paso de la luna fría e impasible e incluso cruel de *Mundo a solas* desde donde surge, como hemos visto, la "luna del paraíso", dulce y materna, de *Sombra*; y es desde las ciudades monstruosas e infernales de *Mundo,*

> [...] Lejos las ciudades extendían sus tentaculares
> raíces,
> monstruos de Nínive, megaterios sin sombra,
> pesadas construcciones de una divinidad derribada
> entre azufres,
> que se quema convulsa mientras los suelos crujen,[203]

201. D. Alonso, *op. cit.*, p. 307.
202. Ésa es la definición que usa el propio Aleixandre (*OC-MP*, p. 1472).
203. *OC-MS*, p. 460 ("Al amor"). Aquí el recuerdo es de *Poeta en Nueva York* de García Lorca y, tanto para Lorca como para Aleixandre, del París de Baudelaire. (A propósito de Baudelaire, véase el bello ensayo de W. Benjamin, "Baudelaire y París", en *Angelus Novus*, Turín, 1962; trad. cast., La Gaya Ciencia, Barcelona, 1975.)

de donde en cierto modo nace la "ciudad del paraíso", la ciudad feliz e inocente de la infancia, de *Sombra.*[204] De ahí no se deriva que la concepción de *Sombra* surja en antítesis directa respecto a la concepción de *Mundo*; se deriva, por el contrario, que la primera vive en la segunda y que en ella se desarrolla, proyectándose hacia mitologías todavía más originales y abstractas, e intentando dirigirse hacia puertos más altos y serenos. Al poeta ya no le importa saber si efectivamente el hombre existe o no; pero, ante el cosmos en su integridad primigenia, invoca la no aparición, la inexistencia, del hombre: "¡Humano, nunca nazcas!";[205] o pide su retorno total a la tierra: "Regresa tú, mortal, humilde, pura arcilla apagada, a tu certera patria".[206] El hombre no es negado o rechazado, sino simplemente superado, aventajado, completamente dominado. Antes Aleixandre era o parecía ser aún, en cierto modo, hijo del superhombrismo nietzscheano; ahora se siente destinado a otras exaltaciones más profundas y desinteresadas. Lo que el desengaño ha destruido verdaderamente en Aleixandre no es el hombre en general, sino el hombre prometeico y convulso de *La destrucción*:

> Pero lejos están los remotos días
> en que el amor se confundía con la pujanza de la naturaleza radiante

204. Me refiero al poema "Ciudad del Paraíso" (*OC-SP*, p. 582), que es en realidad la ciudad de Málaga.

205. Último verso de la composición "El fuego" (*OC-SP*, p. 555).

206. Pero véase todo el poema, del que se han tomado las palabras citadas: "Al hombre" (*OC-SP*, pp. 576-577).

y en que un mediodía feliz y poderoso
henchía un pecho con un mundo a sus plantas.[207]

Hasta qué punto el poeta se ha alejado de su matriz vitalista y decadente se puede verificar cotejando una poesía de *Mundo a solas*, "El árbol", con una composición de Verhaeren del mismo título y con la que dedica Whitman a una encina de Louisiana: tanto Verhaeren como Whitman (dos poetas que Aleixandre puede reconocer entre sus fuentes y a quienes no debe sólo, como los expresionistas alemanes, la adopción de la *Langzeile*, del verso largo) [208] exaltan de un modo análogo la soledad autosuficiente del árbol:

Tout seul,
que le berce l'été, que l'agite l'hiver,
que son tronc soit grivé ou son branchage vert,
toujours, au long des jours de tendresse ou de haine,

207. *OC-SP*, p. 503 (en "Poderío de la noche"). No me atrevería a aprobar la opinión de D. Alonso (*op. cit.*, p. 310), según el cual en esa poesía Aleixandre expresa sólo nostalgia "de la niñez del mundo y la propia infancia".

208. Léase, a ese respecto, lo que escribe L. Mittner en su libro *L'espressionismo*, Bari, 1965, p. 62: "Da una parte la *Langzeile* imposta da Stadler su esempio di Whitman e Verhaeren, ma anche, come Heselhaus ha rilevato, da Dauthendey (versi di diversa ma sempre notevolissima lunghezza che tipograficamente occupano da due a quattro righe), accatasta frammenti della realtà o dell'anima per creare con ciò un senso di ebbro stordimento, quel senso del moto irresistibile che è l'*élan vital* percepito come *durée.* La rima c'è, come può essere verificato, ma non si sente affatto o si sente appena, specialmente quando è alterna, sicché non produce di regola una interruzione ben marcata, ed anche per questo verso il flusso ritmico ed il flusso delle figurazioni idealmente non si arrestano mai".

il impose sa vie énorme et souveraine
aux plaines.[209]

I saw in Louisiana a live-oak growing,
all alone stood it and the moss hung down from the branches,
without any companion it grew there uttering joyous leaves of dark green.[210]

Ambos acaban por relacionarlo consigo mismos:

[...] Et j'appuyais sur lui ma poitrine brutale,
avec un tel amour, une telle ferveur,
que son rythme profond et sa force totale
passaient en moi et pénétraient jusqu'à mon coeur.

[...] and its look, rude, unbending, lusty, made me think of myself.

El árbol de Aleixandre rechaza, en cambio, toda dimensión o relación antrópica:

Sí. Una flor quiere a veces ser un brazo potente.
Pero nunca veréis que un árbol quiera ser otra cosa.
Un corazón de un hombre a veces resuena golpeando.
Pero un árbol es sabio, y plantado domina.
. . . .
En lo sumo, gigante, sintiendo las estrellas todas rizadas sin un viento,

209. Esos versos y los siguientes son de la poesía de Émile Verhaeren, "L'arbre", en *La Multiple Splendeur*, París, 1913[8], pp. 89-91.

210. Se trata de la composición "I saw in Louisiana a live-oak growing", en Walt Whitman, *op. cit.*, pp. 108-109.

resonando misteriosamente sin ningún viento dorado,
un árbol vive y puede pero no clama nunca,
ni a los hombres mortales arroja nunca su sombra.[211]

La impasibilidad de la naturaleza y del cosmos, ya vislumbrada cruelmente en *Mundo a solas*, sugiere e inspira al poeta, en *Sombra del Paraíso* (ya no es la potencia del cosmos lo que le seduce, sino su integridad, su pureza), un universo azoico, en admirable y absoluta suspensión, en plena y espléndida ataraxia:

Aún más que el mar, el aire,
más inmenso que el mar, está tranquilo.
Alto velar de lucidez sin nadie.
Acaso la corteza pudo un día,
de la tierra, sentirte, humano. Invicto,
el aire ignora que habitó en tu pecho.
Sin memoria, inmortal, el aire esplende.[212]

En ésta ("El aire") y en las otras seis composiciones de la serie titulada "Los inmortales", Aleixandre ha intentado, en el fondo, traducir en poesía "la visión del cosmos antes de la aparición del hombre"; [213] ha querido representar una especie de *no man's land*, fijando su atmósfera totalmente enrarecida y grave, e imaginando fantástica y abstractamente sus orígenes larvales e inantrópicos. Por lo tanto, la lluvia se ve

211. *OC-MS*, pp. 443-444 ("El árbol").
212. *OC-SP*, p. 556.
213. Las palabras son del propio Aleixandre y se hallan en la presentación del libro *SP* (*OC-MP*, p. 1472).

como cintura y junco, o sea como ligero halo; el sol, leve huella entre tierra y cielo; la palabra, relámpago en la desnuda eternidad; el fuego, vuelo hacia el cielo, en la más completa ausencia de pasión; [214] etc. Para alcanzar la primera manifestación de los elementos naturales y para no contaminarla con el contacto del hombre, el poeta ha eludido toda forma descriptiva, inevitablemente cargada de residuos antrópicos, y se ha detenido sólo en los efectos vagos y abstractos provocados por las apariciones iniciales.

Hacia ese núcleo de poesías, colocado en el centro de *Sombra,* tal vez como su ápice lírico, se mueve el "tema paradisíaco", tratado de varias formas en la primera parte; y de ese núcleo a su vez deriva el tema de la vida humana, corrompida, cansada y efímera, con que se cierra la obra. De tal manera que, aun en su "contrastada dimensión",[215] el libro dibuja una perfecta parábola y, en la estructura que de ella resulta, reproduce una sucesión, una historia: la historia de una búsqueda. Búsqueda que se desarrolla a los márgenes extremos del ser y se expresa como "anhelo de lo esencial, de lo primario, de lo total, ausente por lejanía en el tiempo (aurora de la creación, infancia) o en el espacio (visión tropical) o por impasibilidad que sólo la aniquilación puede superar (amor)".[216] Estamos

214. Y eso se puede obtener de la lectura de cada poesía: "La lluvia" ("la cintura es lluvia"); "El sol" ("pisadas sin carne"); "La palabra" ("palabra sola y pura"); "El fuego" ("Todo el fuego suspende la pasión"); etc (*OC-SP*, pp. 551-557).

215. La definición es también de Aleixandre (*OC-MP*, p. 1472).

216. D. Alonso, *op. cit.*, p. 314.

ante una búsqueda —y una historia— punteada de renuncias, de derrotas, de fracasos (de ahí el tono elegíaco casi dominante), dado que el poeta, de la exploración de las regiones lejanas de la aurora cósmica, de las zonas remotas de la memoria, de los paisajes imaginarios del mundo tropical [217] y de las radiantes e inalcanzables tierras del amor, vuelve siempre sobre sus pasos exultante y al mismo tiempo decepcionado, feliz de recuerdos y al mismo tiempo insatisfecho, como por ejemplo en este "hoy" doliente contrapuesto a un alegre "ayer":

> Hoy que la nieve también existe bajo vuestra presencia,
> miro los cielos de plomo pesaroso
> y diviso los hierros de las torres que elevaron los hombres
> como espectros de todos los deseos efímeros.
>
> Y miro las vagas telas que los hombres ofrecen,
> máscaras que no lloran sobre las ciudades cansadas,
> mientras siento lejana la música de los sueños
> en que escapan las flautas de la Primavera apagándose.[218]

De hecho, no es casual que todas las composiciones de *Sombra* terminen con un moderado y solemne "cres-

217. Recuérdense las palabras de Max Aub (*op. cit.*, p. 158): "Hay en él, generalmente, un desbordamiento de palabras que más parece de poeta americano que español. Y es que vive en una selva tropical imaginada, donde ronda la muerte: las hienas, los tigres, mil fieras [...]".
218. *OC-SP*, p. 521 ("Primavera en la tierra").

cendo" o con un también moderado "diminuendo" (Bousoño los ha definido "finales climáticos" y "finales anticlimáticos", basándose en el término *climax*),[219] como en el trozo recién citado[220] o como en el final de este envío u homenaje al sol:

Pero nunca te alcanzo, boca ardiente,
pecho de luz contra mi pecho todo,
destino mío inmortal donde entregarme
a la muerte abrasante hecho chispas perdidas.

Devuelto así por tu beso a los espacios,
a las estrellas, oh sueño primaveral de un fuego
célico.
Devuelto en brillos dulces, en veladora promesa,
en ya eterna belleza del amor, con descanso.[221]

El "descanso", el reposo final, es la lógica o más bien la deseada consecuencia del difuso "cansancio" humano, individual y colectivo. De modo que la tónica de todo el libro la da una dulce, sensual y luminosa, e ineludible, actitud contemplativa:

Después del amor, de la felicidad activa del amor,
reposado,
tendido, imitando descuidadamente un arroyo,
yo reflejo las nubes, los pájaros, las futuras estrellas,
a tu lado, oh reciente, oh viva, oh entregada;

219. C. Bousoño, *op. cit.*, pp. 357-361. No es casual que casi todos los ejemplos que muestra Bousoño sean de *SP*.
220. Bousoño, ibid., los incluye entre los finales "anticlimáticos".
221. *OC-SP*, p. 532 ("Hijo del sol").

y me miro en tu cuerpo, en forma blanda, dulcísima, apagada,
como se contempla la tarde que colmadamente termina.[222]

Y es precisamente la actitud contemplativa —hecha evidente, es más, vistosa, por la notable exhibición de verbos como *mirar*, *ver*, *contemplar*, *divisar*, *presenciar*, etc.—[223] con sus varios efectos y resultados, y sus implicaciones íntimas, la gran novedad de *Sombra del Paraíso*, su característica más marcada. En el lejano fondo de los dos libros, que están a caballo de la guerra española y de su trágica imagen, aletea una amenaza oscura y un dolor extendido: el poeta ahora, en *Sombra*, lo llama "grito del mundo", o, en forma refleja, "cansancio del mundo";[224] y ante aquella remota presencia reacciona con la pura contemplación, retirándose a la sombra de sus paraísos perdidos. Una retirada a sí mismo y a su mundo; y al mismo tiempo una reflexión sobre su pasado: no sólo en sus aspectos fantásticos y visionarios, sino también en sus datos de inquietud y de "desorden precoz". No hay por qué extrañarse, pues, de que en ese camino de reflexión el libro, en su fase descendente, tienda siempre a la resig-

222. Ibid., p. 540 (final de "Plenitud del amor").

223. Esos verbos aparecen en el libro unas 73 veces, pero habría que considerar además muchas connotaciones y formas semánticas parecidas, y la presencia notable de términos como *ojos*, *luz*, etc.

224. Cf. respectivamente los poemas "Mensaje" y "Destino de la carne" (*OC-SP*, p. 548 y p. 580). Resulta obvio recordar aquí la famosa frase de Elio Vittorini acerca del "dolore del mondo offeso" (refiriéndose, como se supone, a la guerra española) de *Conversazione in Sicilia*.

nación frente al "Destino de la carne",[225] ni de que acabe con un poema, "No basta", en donde el recuerdo rechazado de aquel "desorden" y el retorno al seno materno revisten acentos de arrepentimiento religioso y de imprecisado "retorno" a Dios:

El cielo alto quedó como vacío.
Mi grito resonó en la oquedad sin bóveda
y se perdió, como mi pensamiento que voló deshaciéndose,
como un llanto hacia arriba, al vacío desolador, al hueco.

Sobre la tierra mi bulto cayó. Los cielos eran
sólo conciencia mía, soledad absoluta.
Un vacío de Dios sentí sobre mi carne,
y sin mirar arriba nunca, nunca, hundí mi frente en la arena
y besé solo a la tierra, a la oscura, sola,
desesperada tierra que me acogía.

Así sollocé sobre el mundo.
¿Qué luz lívida, qué espectral vacío velador,
qué ausencia de Dios sobre mi cabeza derribada
vigilaba sin límites mi cuerpo convulso?
¡Oh madre, madre, sólo en tus brazos siento
mi miseria! Sólo en tu seno martirizado por mi llanto
rindo mi bulto, sólo en ti me deshago.[226]

225. Ese que acabamos de citar es el poema que expresa la más absoluta y "cansada" resignación del libro *SP*.

226. *OC-SP*, p. 596 ("No basta"). También ahí, al fondo, la imagen de la madre está en relación con la del mar (" y mecerse en un vaivén de mar, de estelar mar entero ").

Esta poesía —expresión, en el fondo, de un breve e intenso momento de turbación y de crisis casi religiosa— la coloca Aleixandre con otras más ("Destino de la carne", "Al cielo", "Al hombre", "Padre mío", etc.) en una zona que "anticipa el tema del vivir humano, que habría de tener desarrollo central en una obra posterior: *Historia del corazón.*[227] En efecto, más allá de su casi general acento de vibrada emoción, estas composiciones ponen al descubierto movimientos anímicos bien profundos y revelan una crisis no contingente, sino, como decíamos, existencial; y acaban estableciendo una sutil relación —hasta ahora contrastada o negada— entre el poeta y la realidad e inaugurando una nueva andadura humanitaria y comunicativa. Por lo tanto, la exploración de las varias regiones del ser, iniciada bajo el vacío signo del pesimismo, se concluye en cambio con un imprevisto, pero en el fondo bien motivado, retorno al propio yo resignado, en el doble refugio de las "benévolas" sombras del padre y de la madre, altas pruebas, en este caso, de los humanos (y carnales) límites:

Pero yo soy de carne todavía. Y mi vida
es de carne, padre, padre mío. Y aquí estoy,
solo, sobre la tierra quieta, menudo como entonces, sin
verte,
derribado sobre los inmensos brazos que horriblemente
te imitan.[228]

227. Así escribe Aleixandre en la presentación más reciente de *SP* (*OC-MP*, p. 1472).

228. Última estrofa de la composición "Padre mío", (*OC-SP*, p. 575).

Estos límites que me oprimen,
esta arcilla que de la mar naciera,
que aquí quedó en tus playas,
hija tuya, obra tuya, luz tuya,
extinguida te pide su confusión gloriosa,
te pide sólo a ti, madre inviolada,
madre mía de tinieblas calientes,
seno solo donde el vacío reina,
mi amor, mi amor, hecho ya tú, hecho tú solo.[229]

("Estos límites que me oprimen": si se piensa lo agobiado que estuvo el poeta por ese sentido de los límites, por esa obsesión de las fronteras del ser, que siempre debía superar y vencer, desde los tiempos de *Pasión de la Tierra*, se tendrá una referencia exacta y una medida precisa del camino que hasta ahora recorrió.) [230]

Cuando luego nos ponemos a considerar (con el microscopio) las consecuencias morfológicas y estilísticas del complejo cruzarse de las líneas de fuerza temáticas (contemplativas y metafísicas, elegíacas y memoriales, morales y existenciales), compuestas en la unitaria urdimbre que se desprende de *Sombra del Paraíso*, se nota que le dan al libro una fisonomía marcada y ciertamente inconfundible. Inconfundible, por así decirlo, en el bien y en el mal: o sea, en la variedad y en la monotonía, en la intensidad y en la insistencia, en el rendimiento justo y en la redundancia, en la sa-

229. Ibid., p. 596 ("No basta").
230. A ese respecto, cf. lo escrito en los capítulos precedentes del presente estudio y en particular el primero.

bia limpidez y en la retórica inadherencia. Ya C. Bousoño —admirador indiscutible de *Sombra*— había observado: "El diluvio visionario no ha cesado en *Sombra del Paraíso*, pero se amengua un tanto. Ya no es torrencial invasión, sino majestuoso curso fluvial lo que allí transcurre". Y a continuación: "Si las pinceladas son más espaciadas (con lo que se obtiene bella variedad en el hablar), son también más refinadas y complejas. Llegan, efectivamente, a un máximo de esplendor troquelado casi todos los procedimientos anteriores: la imagen continuada, los contagios ascendentes entre los planos imaginativos, etc.".[231] Sólo que Bousoño no se dio cuenta de que, al faltar completamente el empuje inventivo y destructivo del componente surrealista, el así llamado "fenómeno visionario" ha perdido su principal razón de ser y de expansión y ha encontrado en la perfección y en la pureza de estilo de *Sombra* una especie de canonización, si no exactamente de remanso. Véase, como muestra, el poema "Criaturas en la aurora", no ciertamente un ejemplo menor, sino un verdadero modelo de refinamiento imaginativo:

Vosotros conocisteis la generosa luz de la inocencia.

Entre las flores silvestres recogisteis cada mañana
el último, el pálido eco de la postrer estrella.
Bebisteis ese cristalino fulgor,
que como una mano purísima
dice adiós a los hombres detrás de la fantástica presencia montañosa.

231. C. Bousoño, *op. cit.*, p. 225.

Bajo el azul naciente,
entre las luces nuevas, entre los puros céfiros primeros,
que vencían a fuerza de candor a la noche,
amanecisteis cada día, porque cada día la túnica casi
húmeda
se desgarraba virginalmente para amaros,
desnuda, pura, inviolada.[232]

Como puede verse, los elementos que deben evocar la infancia son, ya en estos primeros versos, numerosos y variados. Pero en seguida se observa que los sintagmas, o sólo los adjetivos, sustantivos y adverbios que denominan pureza, frescura e inocencia, tienen un peso excesivo: "luz de la inocencia", "cristalino fulgor", "una mano purísima", "azul naciente", "luces nuevas", "puros céfiros primeros", "a fuerza de candor", "amanecisteis cada día", "virginalmente", "desnuda, pura, inviolada". Si luego seguimos leyendo, la impresión se refuerza, aun si otro elemento (el mágico) interviene para enriquecer levemente el repertorio: "suavidad de las laderas", "hierba apacible", "ojo dulce", "quietud de las alas", "quietísimo éxtasis", "mágico soplo", "luna ferviente", "efímero destino transparente", "tersura", "mórbida superficie", "rayos celestes", "tiernamente", "sorprendentes, novísimos, vividores, celestes", "lenguas de la inocencia", "dicha inicial", "gota virginal", "florecillas", "blandas", "vuestras plantas desnudas", "perfume invisible", "dichosos", "cabezas desnudas", "alba", "rayos dorados, recientes", "dulces brazos", "hechicera presencia",

232. *OC-SP*, p. 487.

"magia de plumas", "dulzura", "levísimo vapor", "inmarchitas horas matinales", "imagen feliz de la hora impaciente", "tierno nacimiento de la dicha", "nitidez", "sencillez de pájaro", "inocentes", "virginal", "gargantas felices". A todo esto debe añadirse la presencia de siete superlativos absolutos y de numerosos adjetivos del tipo "inefable", "inevitable", "invisible", "insensible", etc., que aparecen a lo largo de un contexto de 69 versos, y el tono dulce, efusivo y sublimado de la poesía en conjunto. Por lo demás, también la dimensión metafísica de la mirada poética (que Bousoño ha definido como "pupila totalizadora"),[233] mitigada en la mera contemplación, alcanza un estadio transparente y perfecto (como en el grupo de poemas "Los inmortales" y en otros), pero llega a puertos distintos, a un comportamiento estático y a una cierta saturación de los medios expresivos: hasta el punto de dejar al descubierto algunos expedientes lingüísticos y estilísticos. Sólo tres ejemplos. Primero: el adjetivo "dulce", que antes se utilizaba en situaciones dialécticas, a veces oxímoras, pero en cualquier caso con fuerte realce sensual:

233. C. Bousoño, *op. cit.*, pp. 94-96. No estoy de acuerdo con Bousoño en su definición de "pupila analítica" a propósito de la visión poética aleixandrina: en el poetar de Aleixandre no hay ningún impulso analítico verdadero; y creo que Bousoño confunde, en este caso, sentido analítico (que es otra cosa) con "ritmo lento", con *stream of consciousness*, etc. Si luego se refiere a la observación de las cosas y de los seres diminutos, comparándolos con los fenómenos y presencias gigantescas, ya hemos dicho que se trata de una falsa oposición, y que lo infinitamente pequeño, para él, imaginativamente, coincide con lo infinitamente grande.

Tu tristeza, minutos antes de morirte,
sólo comparable con la lentitud de una rosa cuando
acaba,
esa sed con espinas que suplica a lo que no puede,
gesto de un cuello, dulce carne que tiembla;[234]

ahora, en *Sombra*, utilizado abundantemente, junto con "suave", "tierno", etc., ha perdido buena parte de su función connotativa. Segundo ejemplo: la recurrencia a los superlativos, antes siempre dosificados y cuidadosamente empleados, alcanza en *Sombra* una insistente y ostentosa frecuencia, no siempre justificada y funcional.[235] Tercero y último ejemplo: el uso de adverbios en *-mente*, que antes en muy raros casos llegaba a límites desacostumbrados, resulta ahora presencia embarazosa, casi desbordante.[236]

Frente a estas anotaciones, queda el hecho importantísimo de que Aleixandre se propone y logra, en *Sombra del Paraíso*, la máxima concentración de su

234. *OC-DA*, p. 378 ("La ventana"). En *SP*, como se ha visto en la poesía "Criaturas de la aurora", el adjetivo "dulce" (con los de análoga connotación) es ciertamente el mas frecuente y difuso.

235. Excluyendo los adjetivos con valor de superlativos ("inmenso", "infinito", etc.), en *SP* aparecen 44 superlativos con terminación en *ísimo*. El fenómeno, en general, ya lo ha observado también C. Bousoño, *op. cit.*, p. 319.

236. Anteriormente, sólo en "Plenitud" de *DA* había siete casos de adverbios en *mente*, pero allí tenían su funcionalidad: la de expresar precisamente "plenitud", "absoluto", "totalidad". En el libro *SP* hemos hallado 95, 28 de los cuales en principio de verso, y 20 con denotación de "dulzura". A eso hay que añadir una peculiaridad general de la poesía de Aleixandre, que ya observó Bousoño (*op. cit.*, pp. 325-327): el hipérbaton de los adverbios.

léxico, de su ya bien cualificado vocabulario; y la consecuencia es una admirable organicidad de resultados y sobre todo una sorprendente unidad del discurso poético, fruto a su vez —como veremos— de una concreta elección de poética. Lo que antes estaba disperso, aparece ahora condensado y fundido en una tupida malla de fantasía y de invención, conducidas por mano lúcida y consciente. Son numerosos, efectivamente, los casos de relación entre los poemas, y varios los puntos en que el poeta recuerda a sí mismo, integra y amplía su campo semántico sin perder nunca de vista el repertorio lingüístico a que pertenece cada formulación y figuración, estableciendo así, entre poema y poema, un sistema de imágenes que se ligan en lo profundo y revelan una mezcla coherente y compacta. Sería demasiado arduo y excesivo describir aquí, íntegramente, el conjunto de hilos conductores y referencias. Me limitaré, por lo tanto, a explicar del modo más claro posible el flujo sutil que discurre, por ejemplo, por el interior de cinco de los poemas más ricos del libro: "Criaturas en la aurora" (A), "Primavera en la tierra" (B), "Mar del Paraíso" (C), "Padre mío" (D) y "Ciudad del Paraíso" (E). El paisaje de las cinco composiciones es seguramente el mismo: un paisaje marino; sólo en E está localizado en la ciudad de Málaga. Al fondo: montañas y rocas; en primer plano: mar, barcas y peces. Pero el conjunto resulta integrado por otros elementos comunes: jardines y flores, árboles y bosques, aves de un campo no precisado y aves marinas. El *mot-clé* de los cinco poemas es *luz*, como también lo es para todo el libro ("Poeta", "El río", "Luna del Paraíso", "Hijo del sol" y "Los inmortales"); pero es una "benévola luz", como se dice explícitamente en D. Vayamos, sin embargo, a los particulares y a las relaciones concretas:

1) El "vosotros" a quienes se dirige el poeta en A y en B designa entidades análogas; aun en el caso de que en A se definan como "criaturas de la aurora" (título) o "inocentes, amorosos seres mortales de un mundo virginal que diariamente se repetía, etc.", y en B como "espíritus de un alto cielo, poderes benévolos que presidisteis mi vida", "poderosos, extensos dueños de la tierra", "espíritus celestes, vivificadores del hombre", "dueños fáciles de la vida", "tutelares hados eternos que presidisteis la fiesta de la vida que yo viví como *criatura* entre todas". Pero la diferencia ("mortales" en A, "eternos" en B) está preparada o atenuada en A no sólo por algunos términos iguales o parecidos ("presenciasteis la tierra", "dulces brazos parecían presidir a los aires", "vuestros cuellos sentían su hechicera presencia"), sino también por un presentimiento difuso de trascendencia mágica: "mágico soplo", "seno hechizado", "hechicera presencia", "magia de plumas". Es como si entre A y B hubiese transcurrido una ulterior fase memorial (y casi mágica): un acentuarse del alejamiento, un acrecentarse de niebla en el tiempo del recuerdo. Sólo que "mágico soplo" (de A) recuerda, a su vez, el "soplo de eternidad" y el "soplo divino" de E. Mientras que la expresión "poderes benévolos que presidisteis mi vida" (de B) está en relación con "benévola luz de tus ojos continuos", con "frente poderosa", con "benévolos ojos que presi-

dieron mi nacimiento" y con "benévolo y potente" de D.

2) Entre A y B fluye también otra imagen con valor casi simbólico: la de los pájaros. En A tenemos: "Allí nacían cada mañana los pájaros" y "pájaros de la dicha inicial, que se abrían estrenando sus alas, sin perder la gota virginal del rocío". Y en B: "pájaros de colores [...] saturaban la bóveda palpitante de dicha", así como "la gran playa marina [...] poblada de unos pájaros de virginal blancura". Pero luego, en C, estos pájaros marinos son ya gaviotas hacia las cuales el niño tiende las manos: "mis manos menudas se alzaron y gimieron de dicha a su secreta presencia".

3) Algunos principios de verso se influencian entre sí, de poema a poema. Con el término "lejos" empieza un verso de A: "Lejos están las inmarchitas horas matinales"; uno de C: "Lejos el rumor pedregoso de los caminos oscuros"; y uno de D: "Lejos estás, padre mío". La lejanía es, por otra parte, topos común a los cinco poemas, y frecuente en todo *Sombra*; y parece también inspirado en los anteriores el comienzo de una estrofa de "Poderío de la noche": "Pero lejos están los remotos días...", y otros más que podríamos citar. Otro principio de verso que se repite es el que arranca con el término "allí". Se encuentra en D: "Allí nací, crecí; de aquella luz pura tomé vida"; y en E (con otros puntos de contacto): "Allí también viví"; "Allí fui conducido por una mano materna"; "Allí el cielo eras tú". O también principios con "Heme aquí": "Heme aquí frente a ti, mar, todavía...", "heme aquí, luz eterna" (repetido en C); y:

"heme hoy aquí, padre", "aquí estoy, solo..." (en D).

4) Toda la urdimbre de A está punteada de formas adverbiales como "cada mañana" y "diariamente", y en ambos casos refiriéndose al nacer, al amanecer. Esta forma ha contagiado ciertamente D, donde podemos leer "nacido cada día", "padre diario", "cada día yo nací de tu pecho", "porque yo nací entero cada día", "cada día hollé naciendo la hierba", "pude sumergir mi cuerpo reciente cada aurora".

Otros términos ("labios", "espumas", "pie desnudo", etc.) y otras imágenes podrían aducirse todavía para subrayar afinidades más o menos claras. Pero la ejemplificación me parece, ya así, copiosa y suficiente. Además, si se quiere establecer una sucesión exacta de los cinco poemas, se puede recurrir a la cronología de *Sombra* que nos ofrece Bousoño,[237] que sin embargo no altera el orden del libro, a no ser en lo que se refiere a los dos primeros (B se escribió antes que A) y que deja amplios espacios de tiempo entre cada composición (únicamente D y E han sido escritos en tiempos bastante cercanos).

Si luego pasamos a examinar cualquier otra poesía de *Sombra*, notamos, por ejemplo, que dos "arranques" parece que se corresponden; o, en cualquier caso, que se enlazan: "Ah triste, ah inmensamente triste" y "Pero es más triste todavía, mucho más triste"; [238] y que tal principio con tenue epanalepsis e idéntico uso adverbial se encuentra en otro poema:

237. *Op. cit.*, pp. 389-391.

238. Se trata, respectivamente, de las poesías tituladas "Noche cerrada" y "El cuerpo y el alma" (*OC-SP*, p. 563 y p. 513).

"Ligera, graciosamente leve".[239] Más curioso, a simple vista, es que Aleixandre se responda contradiciéndose. La composición "El mar", del grupo "Los inmortales", empieza con este verso: "¿Quién dijo acaso que la mar suspira...?", y más adelante se descubre que quien lo ha dicho era él mismo, en la segunda estrofa de "Ciudad del Paraíso".[240]

Este descubrimiento, sólo curioso y extraño en apariencia, da lugar a una cuestión mucho más amplia: la relativa a los inicios de las poesías de *Sombra* y más en general de la estructura de la composición aleixandrina, que a su vez está en relación con la poética, objeto del próximo capítulo. Estudiando precisamente el problema de los "arranques" de las poesías, Bousoño ha observado que de las 52 composiciones de *Sombra* unas 13 empiezan con una interrogación, lo cual antes nunca había sucedido. El crítico remonta el fenómeno a una particularidad técnica de Aleixandre: la de iniciar sus poesías de forma "tanteante", explorativa. Pero pocas páginas atrás había escrito que, consultando los manuscritos de *Sombra*, había notado que muchas poesías tenían tachaduras al principio.[241] La verdad es que "tanteante", o más bien explorativa, es

239. Ibid., p. 562 ("Desterrado de tu cuerpo"). Dos casos de epanalepsis notamos en dos versos del libro siguiente, *HC*: "dulce es, acaso más dulce, más tristísimamente dulce" y "siempre leve, siempre aquí; siempre" (*OC-HC*, pp. 684-685), en el poema "Como el vilano".

240. Las dos composiciones (la primera se titula "El mar") se hallan, respectivamente, en pp. 557 y 582 de *OC-SP*. La expresión es casi idéntica: "la mar suspira", "el mar suspira".

241. Cf. C. Bousoño, *op. cit.*, pp. 347-350 y 342-343 (y la nota respectiva).

toda, en el fondo, la estructura de su poetizar, empezando por *Mundo a solas* hasta *Sombra del Paraíso*, y que estas tachaduras demuestran precisamente que Aleixandre, para hacer más eficaz y apremiante su propia exploración, tiende ahora a entrar en seguida y repentinamente *in medias res*, en el núcleo de su discurso poético de carácter indagatorio. Y mientras antes, para mitigar el desorden detallado de su fraseo, recurría, como hemos visto, a formas anafóricas y a estructuras en algún modo cerradas,[242] ahora que su fraseo es más compacto, se entrega al máximo (y cada vez más) a estructuras abiertas, en forma de bloques sucesivos, muy parecidos, además, al discurso musical, digamos, strawinskiano.[243] Para comprender mejor este género distinto de estructura (que definiría, precisamente, como de bloques musicales), léase el poema "Primavera en la Tierra".[244] En el primer estadio de la indagación encontramos dos grandes bloques: hasta la estrofa 14 inclusive, la poesía está dedicada al pasado (verbos en pretérito indefinido); las dos últimas estrofas, al presente (esta parte, con verbos en pre-

242. Ya he insistido varias veces sobre las formas anafóricas en la poesía de Aleixandre. Pero tanto por lo que se refiere al uso de la anáfora como a la tendencia a dar al verso largo ritmos de endecasílabo, de hexámetro, etc., véase C. Bousoño, *op. cit.*, respectivamente las pp. 328 y s. (capítulo relativo a las "Normas del versículo aleixandrino"). A partir de *SP*, cada vez se hace mas insistente y casi exclusivo el empleo del verso largo.

243. La referencia a Strawinsky, que encuentro en una nota del libro de A. Alonso sobre Neruda (*op. cit.*, p. 307), es mucho más válida para Aleixandre, en cuanto que el sistema en bloques en nuestro poeta es más riguroso.

244. *OC-SP*, pp. 519-521.

sente, empieza siempre con la palabra "hoy": "hoy que la nieve...", etc.). El segundo estadio de la indagación implica, en cambio, una ulterior subdivisión de los bloques: *a*) a la estrofa 1 ("vosotros fuisteis") corresponde la estrofa 13 ("Siempre fuisteis"); *b*) la primera persona ("amé", "amé") aparece en la estrofa 2 y vuelve a aparecer en la 11 ("mojé mis pies"); *c*) el "todo" de la estrofa 3 vuelve a tomarse y utilizarse en la estrofa 5, de un solo verso: "Todo abría su cáliz bajo la luz caliente"; *d*) la enumeración a que se refieren los dos "todo" recién citados ha desaparecido entre las estrofas 3, 4 y 6; *e*) al principio de la estrofa 7 se encuentra el primer adversativo "pero" ("pero vosotros, dueños fáciles de la vida") al que corresponde otro "pero" al principio de la estrofa 10 ("Pero el mar irisaba"); *f*) el paisaje, anunciado en la estrofa 7 —"Un muchacho desnudo, cubierto de vegetal alegría, / huía por las arenas vívidas del amor / hacia el gran mar extenso, / hacia la vasta inmesidad...", etc. (pero nótese el cambio de la primera a la tercera persona)— se desarrolla y amplía en las estrofas 8 y 9, sólo que ese paisaje resulta ya levemente más agitado, menos encantado y mágico que el que se refería a las primeras apariciones naturales (estrofas 3, 4, 6); *g*) después del segundo "pero" (estrofa 10) se le imprime a la poesía un movimiento más dramático, al que se le asigna, precisamente, la reaparición (estrofas 11 y 12) del verbo en primera persona; [245] *h*) la estrofa 14 resume

245. Nótese que en las estrofas 11 y 12 los verbos aparecen de tres en tres (*mojé, herí, dominé: gocé, sufrí, encendí*), y eso añade dramatismo

perfectamente: "Los árboles, la espumas, las flores, los abismos... todo..."; *i*) el final es en solemne "diminuendo" (estrofas 15 y 16). Dejamos de lado, por ajenos a nuestro principal interés, otros eventuales, más particulares y minuciosos estadios de indagación.

Y volvemos al punto de arranque de este sucinto y parcial examen estructural: o sea, al punto en que habíamos descubierto una especie de contradicción en el contexto de *Sombra* ("¿Quién dijo que la mar suspira?", etc.). Tales "contradicciones", y mejor todavía ciertas negaciones repetidas y ciertas fórmulas de reflexión colocadas unas veces al principio y otras en medio del poema, no son más que precisas y vistosas señales de la estructura "abierta" que Aleixandre adopta en esta fase, y consecuencia, a nivel más profundo, de su "nueva" poética. Cuando empieza la poesía "Destino de la carne" con los versos siguientes:

> No, no es eso. No miro
> del otro lado del horizonte un cielo.
> No contemplo unos ojos tranquilos, poderosos,
> que aquietan a las aguas feroces que aquí braman.
> No miro esa cascada de luces que descienden [...],[246]

---

y emoción a la composición. (También en contraste con las esdrújulas de la estr. IX —*cándido*, *húmedo*— y con la marcha lenta de la descripción: "Un rosa cándido por las nubes remotas "). El mismo procedimiento (verbos en serie de tres, y siempre en pretérito indefinido) se encuentra en otra poesía de *SP*, "Muerte en el Paraíso" (*OC-SP*, pp. 543-544): en la estr. V (*tenté*, *apliqué*, *acerqué*, pero distanciados) y en la estr. VI, dos veces (*Bebí*, *chupé*, *clamé* y *grité*, *llamé*, *deliré*).

246. *OC-SP*, p. 580.

o cuando, ya en "Los cielos" de *Mundo a solas*, en medio de la poesía escribe:

Pero no. Claramente, altísimos, los cielos
no se mueven, no penden, no pesan, no gravitan,[247]

queda claro que quiere otorgar deliberadamente signos parciales o significativos de su propia exploración y expresar con libre fidelidad sus movimientos imaginativos y anímicos. De hecho, son dos las exigencias que el poeta se impone: la de desembarazarse rápidamente de las falsas figuraciones de su propio imaginar póetico o del imaginar póetico anterior (y en eso se pone de manifiesto el carácter libresco de su fantasía, que ya hemos subrayado), y/o (al mismo tiempo) la de dejar una traza de lo que ha excluido, puesto que también esa traza tiene valor por lo menos de aproximación o de matiz.[248] (Por eso también entre los pliegues de *Sombra* asoman los primeros "acaso" y los primeros "casi".)[249] Son válidas también, en cierto modo, para los sintagmas de Aleixandre ("No, no es eso" y "Pero no"), algunas observaciones que Amado Alonso dedica a un sintagma casi idéntico ("Pero no es eso") que Pablo Neruda intercala en una estrofa de una poesía de la segunda *Residencia en la Tierra*:[250] "El 'pero

247. *OC-MS*, p. 478.

248. Una vez más Bousoño, *op. cit.*, pp. 304 y s., es quien observa que en Aleixandre existen negaciones "cuasi-afirmativas": signo de una ambigüedad, de una polisemia, o en todo caso de una voluntad de difuminar y atenuar toda imagen o frase poética.

249. Esa particularidad se desarrollará plenamente en *HC*.

250. A. Alonso, *op. cit.*, pp. 38-40.

no es eso' significa una rectificación en el poetizar; el repudio de aplicarse a transcribir intuiciones, y el propósito de entregarse, en cambio, al movimiento de la emoción". Y continúa: "El momento de la insatisfacción ('pero no es eso') no es un paréntesis, sino que entra en el curso del poetizar y determina aquí el modo tensional del ímpetu. Por otro lado, la confesada insatisfacción del poeta alza una punta del velo que encubre la lucha de la creación poética: el poeta empieza por tener su sentimiento y su visión como materia, y, luchando con la materia para convertirla en forma configurándola poéticamente, ha de dar con expresiones que sean a la vez del sentimiento y de la visión. Sentimiento y visión se implican, y su implicación representa el punto de encuentro del yo con el no-yo". En cambio, no se adaptan completamente a Aleixandre, porque en él hay una elección y un desbrozo, otras razones que A. Alonso aduce al referirse a Neruda: "¿Por qué, si los primeros versos no satisfacen al poeta ('pero no es eso'), no los borra? ¿Por qué, si los últimos son más certeros, no quedan solos? Es cosa de los superrealistas ponerse a atrapar el pensar mismo, no los pensamientos; el sentir, no los sentimientos; el imaginar, no las imágenes. Del mismo modo, ponen más su placer en el poetizar que en el poema, más en el hacer que en la obra, más en el curso que en la llegada. Pablo Neruda es uno de estos poetas, y así, no anula camino, no escamotea sus desandares, sino que hace también de ellos poesía. Estoy muy lejos de creer que Pablo Neruda muestre aquí sumisa obediencia a un credo poético, etc.". No se adaptan completamente porque Aleixandre, repito, interviene e incluso borra; pero también a él de esa "cosa de los superrealistas" le quedaron marcados residuos. Aleixandre quiere además alcanzar la perfecta "forma" de su "materia" (identidad del sentimiento y de la visión), a menudo sin añadir elementos e incluso quitándolos, pero indudablemente dejando vestigios de la elisión o de los fragmentos rechazados. De ahí también, en muchos casos, la superabundancia de negaciones: que es una especie de retórica de la no retórica.[251]

251. Cf. todo el capítulo de C. Bousoño, *op. cit.*, pp. 299 y s., a propósito de *Las negaciones imaginativas*. Cuando trata de la "negación de lo irreal", Bousoño escribe: "En todos los libros de Aleixandre, excepto el primero, se observa el empleo de peculiarísimos y personales adverbios negativos que manifiestan *atributos irreales no poseídos* por el ser que constituye objeto poético: la luna 'no es una voz, no es un grito celeste' (de *Mundo a solas*: 'Ya no es posible'). 'Tiniebla sin sonido', 'traje sin música', 'florecillas sin grito' (de *Sombra del Paraíso*), son expresiones que, entre una multitud de la misma índole, entresaco de los versos de este poeta. Todos son casos de sinestesia negada" (p. 303). La observación es muy aguda y sagaz. Pero no estoy completamente de acuerdo con Bousoño cuando escribe: "Lo que nos indica que el autor de *Sombra del Paraíso*, al negar hechos o planos irreales, da por supuesta y archisabida su posibilidad poética. No en vano viene detrás de una vasta tradición visionaria que había echado los cimientos y hasta bastantes pisos del edificio que rematan Aleixandre y sus compañeros de generación. Tan sumergido se halla éste dentro de un mundo fantasmagórico, que afirma no ser la luna un grito celeste, o no tener sonido determinada tiniebla, como aseguraríamos que determinada rosa no es amarillenta, sino carmesí" (p. 304). A mi juicio, Aleixandre pretende también, con ese procedimiento de negación, desmentir y denunciar la retórica de ciertas relaciones poéticas consuetudinarias, según las fórmulas y la técnica iconoclasta del arte de vanguardia; nace así lo que yo llamo "retórica de la no retórica": desmintiendo y denunciando una *cierta* retórica, Aleixandre instaura una retórica *suya*, con frecuencia incluso bastante sugestiva (cuando no aparece redundante o manierista).

Para concluir y también para refutar la "aparente paradoja" que presenta Bousoño, según el cual "las imágenes continuadas, que en último término eran consecuencia del suprarrealismo inicial, no podían producirse cuando ese suprarrealismo hallaba su expresión más pura" (*Pasión de la Tierra*), y en cambio "alcanzan su apogeo en *Sombra del Paraíso*",[252] donde el superrealismo prácticamente ha cesado ya de actuar, conviene afirmar que es cierto que a partir de *Mundo a solas* y sobre todo de *Sombra del Paraíso* se ha producido la casi total eupepsia del fenómeno superrealista en el plano estrictamente lingüístico y metafórico (que he definido convencionalmente como "fraseo detallado"), pero también es verdad que en el plano de las estructuras vehiculantes (que determinan lo que he llamado "fraseo en bloques") la poesía de Aleixandre no disminuye, sino al contrario, acentúa su adaptación a la poética superrealista, o más bien a una poética que, en el fondo, continúa ofreciendo muchos puntos de contacto con la superrealista.

252. C. Bousoño, *op. cit.*, p. 226. Me parece que también ahí Bousoño cae en el error de no referir su investigación sincrónica del lenguaje a una comprobación diacrónica, como ya observara en parte O. Macrí, *op. cit.*, p. XLII. En efecto, la poesía de Aleixandre hay que analizarla, no en sus grandes distancias (primera fase hasta *SP*, segunda fase a partir de *HC*; o también, primera fase hasta *DA*; segunda fase, *MS* y *SP*, y tercera fase, a partir de *HC*), sino en sus pequeñas y cortas distancias, en su proceso capilar y continuo.

Capítulo 5

MODALIDADES Y DESARROLLOS INTERNOS DE LA POÉTICA ALEIXANDRINA

Un hecho es indudable: que con el variado desarrollo de las formas y de los particulares modos de ser, que hasta ahora he descrito, y con la más rápida evolución marcada por el brusco giro y "conversión" al "solidario vivir humano" de *Historia del corazón* (o sea, a la poética de la comunicación), que más adelante describiré, contrasta netamente con la relativa estaticidad, o más bien la relativa inercia, mediante la cual se explica la poética de Aleixandre, considerada a lo largo de toda su producción, desde el primero al último libro publicado. Contrasta con ella, es cierto, pero, mirándolo bien, no la contradice. Lo cual significa, en primer lugar, que —para un poeta "concentrado" y egocéntrico como Aleixandre— [253] precisa-

253. "Egocéntrico" es el adjetivo que Aleixandre se aplica a sí mismo en una carta a Dámaso Alonso, de la que vale la pena transcribir una parte: "Tú que me conoces bien, sabes que soy el poeta o uno de los

mente en esa inercia o estaticidad hay que reconocer una de las razones menos aleatorias y aproximativas de unidad y continuidad, es decir, de fidelidad al propio mundo inventado, y, por inventado, admirablemente circunscrito y circunscribible.[254] Y, en segundo lugar, que en el ámbito de su poética siempre es posible rastrear —como veremos— los núcleos primarios o las invariantes fundamentales de su arte.

Los materiales de que podemos servirnos para lo-

---

poetas en quienes más influye la vida. Siento en mí una especie de leonina fuerza inaplicada, un amor del mundo, que a mí, hombre en reposo, me hace sufrir o me exalta. Tengo una visión unitaria de la vida, combatido yo en una doble corriente. De un lado, un egocentrismo que me hace traer a mí el mundo exterior y asimilármelo; y de otro, un poder de destrucción en mí en un acto de amor por el mundo creado, ante el que me aniquilo. En el fondo es absolutamente lo mismo. Los límites corporales que me aprisionan, se rompen, se superan, en esa suprema unificación o entrega, en que, destruida ya mi propia conciencia, se convierte en el éxtasis de la naturaleza toda" (*OC*, p. 1560). La carta data de septiembre de 1940.

En esa misma dirección debe leerse el citado ensayo de M. Gauthier a propósito a propósito del narcisismo de Aleixandre, y en particular la conclusión: "Ainsi se résolvent les différents problèmes que nous avons vu se poser au poète: écartèlement entre le livre et la vie, entre l'absolu et le corruptible, entre l'engagement et la contemplation, entre la forêt et la mer: le poète se détourne de la tendresse humaine —et aussi de la férocité humaine— et dans sa quête de l'Amour, ne découvre que l'amour de soi" (p. 97).

254. Ese elemento de pura imaginación, de abstracción y de "mundo inventado" debe considerarse como punto central de la poesía aleixandrina. Recuerdo ahora una anotación escrita que me hizo O. Macrí a mi primera introducción a una antología de Aleixandre (*Poesie*, Caltanissetta, 1961): "La realtà è sempre in Aleixandre un nume sognato". En ese sentido debe también entenderse el término "castration" usado por P. Ilie en su libro (*op. cit.*, p. 40 y s.), si bien lo refiere sólo al primer "descenso a los infiernos" del poeta.

grar la exacta y completa reconstrucción de la poética aleixandrina son de dos tipos: por un lado, las varias páginas escritas como comentario de su propio trabajo (prólogos, declaraciones, entrevistas, etc.); por otro, las numerosas afirmaciones de carácter autoexegético, a veces ostentadas como *ars poetica* en su propia obra creativa, a veces ocultas en sus pliegues. Es lógico que para conseguir el fin preestablecido, el material del primer grupo —recogido y publicado en la edición de sus *Obras completas* (1968)— [255] hay que ordenarlo y disponerlo gradualmente en el tiempo, y luego hay que integrarlo dialécticamente con el segundo grupo, de modo que se pueda trazar una línea continua que abarque momentos, fases, contingencias, matices. No es lógico, en cambio (y es mejor señalarlo por adelantado), que respecto a las declaraciones programáticas e incluso a las afirmaciones incluidas en la obra en verso a menudo haya que dar supremacía a un tercer dato: el de la *elección operativa.* Es decir, a la tendencia o desviación que el poeta va adquiriendo y asumiendo en el acto de la creación; o sea, con otras palabras, no lo que él decide que quiere escribir, sino lo que él efectivamente escribe; no los principios literarios que dice que quiere abarcar, sino su aplicación original; no las sugestiones del exterior que le inciden, sino las que al final se le insinúan desde el interior determinando en él nuevas conciencias.

255. Véanse las dos secciones "Prólogos y notas a textos propios" (*OC*, pp. 1439-1480) y "Otros apuntes para una poética" (id. pp. 1557-1586).

El primer texto que encontramos en nuestro camino es la poética dictada por Aleixandre para la primera edición de la antología, ya histórica, de Gerardo Diego (*Poesía española. Antología, 1915-1931*, publicada en 1932).[256] Se trata de una página envuelta todavía en un halo de vaguedad y titubeo que se remonta a 1930 y que coincide, por lo tanto, con la composición de las primeras poesías de *Espadas como labios*.[257] "No sé lo que es la poesía —escribió en esa página—. Y desconfío profundamente de todo juicio de poeta sobre lo siempre inexplicable. Cada vez me acerco más, sin embargo, a la certeza de qué último fracaso significa la poesía. Y qué sensación postrera de vergüenza ronda al poeta intuitivamente. Vergüenza, añadiré para los más romos, no de su inclinación a la poesía escrita, sino de su entrañable instinto poético. La salvaje embestida de la verdad —mentira— poética y la verdad vital no logra más que un término: la destrucción de su soporte vivo. Pero lo mío no importa nada. Sólo añadiré que la poesía, unas veces, me parece una servidumbre; otras, salida a la única libertad. Pero algún día el no necesitarla acaso me ha de parecer la auténtica liberación. La vida —ella— cada vez la siento más absorbente y tiránica: única. La vida, natu-

256. "Histórica", se entiende, sobre todo para la Generación poética del 27, la de Salinas, Guillén, Lorca, Alberti, etc. La antología de G. Diego se ha reimprimido en 1959 en un tomo que comprende la primera (1932) y segunda edición (1934). Existe una tercera edición en 1966 (Taurus, Madrid).

257. Es decir, los años 1930-1931, o más bien, como se lee en *OC*, p. 1557, el 1930.

ralmente; no mi vida. Y también mi vida [...]".[258] Esta especie de inflamada y combatida declaración de un claro romanticismo parece total y sumariamente caracterizada por el componente intuitivo y total y exclusivamente orientada hacia una sola dirección: "poesía inexplicable", "certeza de qué último fracaso significa la poesía", "entrañable instinto poético", "verdad vital", "poesía-servidumbre" y "poesía-libertad", "vida absorbente y tiránica", etc. De todas formas, también de esa primera e impulsiva posición quedará algún serio residuo en la poética aleixandrina más madura, y sería erróneo no considerar estas palabras con moderada atención. Menos vagas y sumarias, y lógicamente menos renunciatarias, resultan, comparándolas, las afirmaciones que se pueden sacar de los textos poéticos probablemente contemporáneos, de carácter autoexegético o en cualquier caso seriamente indicativo y sintomático para una poética: es decir, los poemas "Mi voz", "La palabra", "Por último", "Verdad siempre", "Palabras", "Libertad"; y por otro lado, el dístico de Byron del frontispicio de *Espadas como labios*.[259] Ya hemos tenido ocasión de explicar ese título con el dicho de Byron ("What is a poet?... He is a babbler"), de escribir que el poeta es "en el con-

258. Reproducida ahora en *OC*, p. 1557. La declaración termina con las siguientes palabras: "De ésta como dato primario sólo pondré que he nacido en Sevilla y que mi infancia toda es andaluza. Lo demás... Sería estúpido ponerme a relatar ahora incidentes para satisfacer una curiosidad que me es muy fácil suponer que no existe".

259. *OC-EL*, p. 243. Nótese la insistencia del motivo de las palabras.

cepto del neorromántico y creacionista Aleixandre, un puro y elemental trámite entre los objetos de la naturaleza y las palabras", y de comprobar tal aseveración siguiendo algunos versos de las composiciones "Mi voz", "La palabra" y "Palabras", en las cuales la palabra, en su estado originario, se entendía como directa e intuitiva manifestación del profundo y mágico movimiento natural. De tal modo que estaba obligada, en razón de su propia condición única, abstracta y al mismo tiempo precaria, a una vida intensísima y bella, pero también a una inevitable consumación y muerte.[260] Confirmaciones análogas se pueden obtener de los demás poemas citados, que parecen casi ilustraciones (aunque a veces más persuasivas) de la *poetica* a que nos referíamos. De hecho, verdad vital es, en "Verdad siempre",

> ojos entreabiertos, luz nacida,
> pensamiento o sollozo, clave o alma,
> este velar, este aprender la dicha,
> este saber que el día no es espina,
> sino verdad, oh suavidad [...] ;[261]

y la libertad, que el poeta-hombre persigue con una serie de angustiosas peticiones ("no pido", "no pido", "pido", "pido"), se configura al final, en la poesía "Libertad", en el más apático e inofensivo animal de la naturaleza (una gamuza) y se traduce en un pálido reflejo de luces ya apagadas:

260. Cf. el presente estudio, pp. 58-60.
261. *OC-EL*, p. 283.

La libertad en fin para mí acaso consiste en una gamuza,
en esa facilidad de abrillantar los dientes,
de responder con mi propio reflejo a las ya luces extinguidas.[262]

En "Por último", en cambio, parece aludir Aleixandre —lo cual es muy relevante— a un ideal poético que se alimenta de lejanías (y véanse los numerosos términos y sintagmas que a ello se refieren: "por último", "alejar", "dejar que vaya lejos", "temores últimos", "la lontananza", "allí por los finales", "dedos remotos", "allí lo remoto", "lejos veo", etc.):

Pero allí, allí, lo remoto,
ese aroma que nace de la masa,
esa flor que hacia abajo busca el cielo
o el rostro contraído en el contacto.

No aquí. Aquí está tendido lo más fácil [...] [263]

pero también parece aludir a una poética de la participación total ("canto con todo el pueblo"), que comprende, en el sentido baudelairiano, incluso lo horrible:

Quiero un bosque, una luna, quiero todo,
¿me entiendes? Todo, todo, hasta lo horrible,
esos cabellos de saliva extensa.[264]

262. Ibid., p. 304.
263. Ibid., p. 278.
264. Ibid., p. 278.

Este último es tal vez el punto más claro de autoexégesis que se encuentra en el estadio de más o menos instintivo creacionismo-superrealismo, vivazmente encarnado en *Espadas.* Por otra parte, es válida para *Espadas como labios* (y para *Pasión de la Tierra*) nuestra advertencia preliminar: que con frecuencia en la escritura, es decir, en la ejecución concreta, el poeta encuentra las respuestas más idóneas y completas a sus íntimas y casi inconfesables interrogantes estéticas.

Un verdadero salto cualitativo en la explicitación de la conciencia poética de Vicente Aleixandre hallamos, en cambio, en la etapa sucesiva: la que corresponde a la elaboración de *La destrucción o el amor.* El texto en cuestión lleva la fecha de 1933 [265] y es la *poetica* que Aleixandre ofreció a Gerardo Diego para la segunda edición de su citada *Antología* (1934). Tras haber repetido la primera frase de la primera *poetica* ("No sé lo que es la poesía", etc.), Aleixandre se detiene para comentar un dicho de Meredith ("Jóvenes, no sintáis: observad"), que él considera "sano consejo contra una autofagia que al cabo encuentra su detestable límite en lo exhausto", pero también "peligrosa excitación a una objetivación que a fuerza de ignorarse se acuerda más del espejo que del temperamento"; para concluir: "pacto final el de la poesía que no olvida ciertamente que el hombre es naturaleza y que el viento unas veces se llama labios, otras arena,

265. Se puede leer ahora en la p. 1558 de *OC.* Conviene poner de relieve que ahí Aleixandre incluye algunas de las frases ya escritas para el prólogo de *Soledades juntas* de Manuel Altolaguirre (*OC*, pp. 1483 y s.); frases que ya hemos tenido ocasión de citar (p. 56, n. 66).

mientras el mundo lleva en su seno a todo lo existente". Proposición genérica en la cual se puede advertir además una clara admisión de la inicial tendencia antropológica y de algunas de sus formas derivadas, muy del gusto de la fantasía aleixandrina (¡el viento se llama labios!). Pero son mucho más interesantes las dos frases siguientes, ya que, aparte alguna fórmula no muy precisa o precisada, se reconocen dos puntos firmes, o sea, dos principios estables de la poética de Aleixandre. "Si desde algún sitio, entonces —escribe a continuación—, poesía es clarividente fusión del hombre con lo creado, con lo que acaso no tiene nombre; si es identificación súbita de la realidad externa con fieles sensaciones vinculadas, resuelto todo en algún modo en una última pregunta totalizadora, aspiración a la unidad, síntesis, comunicación o trance, ¿será el poeta el ajeno polo magnético, soporte vivo de unas descargas inspiradoras que ciegamente arriban de unas nubes fugaces o de la propia tierra unitaria en que el poeta se yergue y de la que acaso no se siente distinto? ¡Ah!, profundo misterio". Y aún sigue, pero esta vez con un cierto matiz polémico no disimulado: "Frente a la divinización de la palabra, frente a esa casi obscena delectación de la maestría o dominio verbal del artífice que trabaja la talla, confundiendo el destello del vidrio que tiene entre sus manos con la profunda luz creadora, hay que afirmar, hay que exclamar con verdad: No, la poesía no es *cuestión de palabras*". Finalmente, en el último párrafo de ese texto, Aleixandre remacha en gran medida conceptos ya expresados antes, al tratar del "genio poético" como "fuerza incalificable" e insistiendo en el "enigma de la poesía" como "oscura revelación" en virtud de la cual "las palabras trastornan su consuetudinario sentido".[266]

En las dos frases que acabo de citar, en los corolarios que las acompañan y en las composiciones autoexegéticas que las ilustran, están perfilados, como se ha dicho, ya con notable consciencia, dos principios poéticos que han guiado y aún guían, con alguna variante y adaptación, el trabajo de Aleixandre (por eso he hablado de inercia o estaticidad). Será oportuno, pues, fijarlos en una formulación más neta y comentarlos en una perspectiva más amplia. Esos dos principios son: *a*) el poeta se encuentra siempre frente a lo real (ya veremos luego lo que él va entendiendo por tal nombre) en una posición de inferioridad y su tarea principal es interpretarlo, como hace el vate ante las fuerzas de la naturaleza; *b*) toda palabra es poética en la medida en que es capaz de expresar los estados anímicos o incluso los oníricos —y más tarde solidarios— de esa especial relación poeta-realidad. (De ahí procede también la siguiente pero secundaria afirmación aleixandrina: "la poesía es comunicación", con las implicaciones que de ella derivan.)[267]

Como el segundo punto, ya lo hemos visto, está en relación con una posición polémica y tiene relaciones importantes con el proceso general de la poesía española de los años treinta, lo tomaremos como punto de partida para nuestro análisis. Desde la repentina elec-

266. Ibid., p. 1559.

267. A propósito de la relación entre las primeras y las recientes formulaciones de poética, véase más adelante.

ción que realiza en *Pasión de la Tierra* —como ya he dicho—, Aleixandre parece que "quería romper con un completo sector, con el más sólido e influyente, de la poesía española de la época (dominado por el magisterio ejemplar de Juan Ramón Jiménez y, en modo indirecto, de Antonio Machado) y traicionar la línea de 'poesía pura' hacia la cual, aunque tímidamente, se había encaminado al principio (con *Ámbito*)".[268] Claro que, en esa parcial "rebelión", el poeta —ya se ha observado— no estaba solo: otros fermentos la habían precedido y otras obras la habían acompañado. Pero todo parecía desarrollarse por lo bajo, hasta que, algunos años más tarde, en 1935, le tocó al chileno Pablo Neruda la tarea (y el valor) de lanzar, en tierras de España, el primer ataque frontal contra la "poesía pura", con su artículo "Sobre una poesía sin pureza", que salió en el número inicial de la revista *Caballo Verde para la Poesía*, que él dirigió en Madrid.[269] Hay que advertir además que el hecho literario no se presenta nunca rectilíneo y conciso, y que antes de hacerse historia, de cuajarse en certidumbres y conquistas, vive de datos contingentes, se nutre de modas pasajeras, se concentra en definiciones provisionales, se sitúa y se realiza sobre elementos ambientales, circunstanciales e incluso emotivos. Y que por consiguiente hay que contar con tales elementos al examinar el tema de la influencia, o más bien de la función hegemónica (aunque sea de forma catalizadora o reactiva) de Juan Ramón

268. Cf. el presente libro, pp. 35 y 36.
269. También por lo que se refiere a esa parte véase lo que ya hemos escrito en la p. 44 (y nota).

Jiménez, en el ámbito de la vicisitud (ya casi historia) de la poesía española del siglo XX. En efecto, no hay poeta español en torno a 1930 que no haya sentido esa influencia, a veces transformada en negativa, a veces torcida en una abierta reacción polémica. Y éste es, precisamente, también el caso de Aleixandre, que no esperó a la llegada de Neruda para proclamar operativamente, en los textos, y, exegéticamente, en sus declaraciones, la supuesta exigencia de "impureza", es decir, de vitalismo, telurismo, y, en cierto sentido, de automatismo surrealista, que se le configuraba como exigencia íntima e imperativa de su poetizar y, por natural aspiración o ilusión, del general poetizar de su tiempo.[270] Cuando Aleixandre va contra la "divinización de la palabra" y la "obscena delectación de la *maestría*", y cuando afirma que "la poesía no es *cuestión de palabras*", hay que entender o sobrentender que tales motivos y tales afirmaciones nacen de la *antítesis*, y que en la *antítesis* profunda y ocultamente se alimentan. Antítesis a aquel "inteligencia, dame el nombre exacto de las cosas" de Juan Ramón, y al exclusivo (casi místico) perfeccionismo poético de dicho poeta.[271] También Aleixandre opta por "el nombre

270. Para probarlo, es interesante leer o volver a leer, todo seguido, todas sus declaraciones, tal como están ordenadas en *OC*: su línea es, en efecto constante y casi monótona, en ese sentido.

271. "Intelijencia dame el nombre exacto de las cosas", es el verso de una famosa poesía de Juan Ramón Jiménez, de 1918; forma parte del libro *Eternidades* y se encuentra en el volumen antológico de *Páginas escojidas*, Madrid, 1958, p. 181. A propósito de lo que ha supuesto J. R. Jiménez en la poesía contemporánea, véase el libro de G. Palau de Nemes, *Vida y obra de Juan Ramón Jiménez*, Madrid, 1957, rico en infor-

exacto de las cosas", y su perfeccionismo, si así puede llamarse, se expresa en frases de este tipo: "la perfección de su obra [la del poeta] es gradual aspiración de su factura", donde el acento, como se puede ver, carga sobre "factura".[272] Quiero decir, y casi es obvio, que no existiría la "poesía impura" de Neruda (y no sólo de Neruda) si antes no hubiese existido la "poesía pura" de Juan Ramón. Del mismo modo que "el reino de las cosas" de Aleixandre (o lo que él entiende por "cosas") existe y prospera casi en función de rebelión y superación del "reino de las palabras" de Juan Ramón. De hecho, ¿en qué se convierte la exigencia de perfección según la perspectiva vitalista de Aleixandre? Se convierte en búsqueda, ansia, pesecución, casi aventura. Y su palabra poética ya no es la "palabra exacta" detenida en el instante feliz e irrepetible, sino la búsqueda ansiosa de la posible "palabra exacta", la cual tiene mil instantes y todos ellos repetibles, a veces incluso contradictorios entre sí, ya que es precisamente gradación, proceso, carrera, progreso *ad infinitum.* Naturalmente, justo porque la palabra está capacitada, según Aleixandre, para captar instantes infinitesimales, para imitar el movimiento minúsculo y oscuro de los sentimientos, y por consiguiente para adquirir potencia en el movimiento, por eso posee un valor casi ilimi-

---

maciones y referencias. Por lo que se refiere al carácter riguroso, inefable y exclusivo del ejercicio poético de y para J. R. Jiménez, resulta todavía indispensable el libro de C. Bo, *La poesía con Juan Ramón*, Florencia, 1941.

272. Esas palabras se pueden leer en la introducción de 1944 a *DA*, ahora en *OC*, pp. 1439 y s.

tado y, en todo caso, una espontánea y genuina superioridad. Por lo tanto, en Aleixandre, como en los superrealistas, se nota, en el fondo, una gran confianza en la palabra, y en sus cualidades para designar, y en sus virtudes de mímesis profunda, y en sus capacidades de anulación de lo consuetudinario, de lo prosaico, de lo deteriorado (el difuso "cansancio" del mundo); confianza, pues, en su fuerza de fantasía, de abstracción, de poetización. Esto es válido tanto por lo que se refiere a la fase que va desde *Pasión de la Tierra* a *La destrucción o el amor*, como a las fases siguientes, aunque con acentos distintos. Y no es una casualidad que Aleixandre ponga entre "Los inmortales" de *Sombra del Paraíso*, o sea, entre los elementos primordiales de su cosmos azoico y "metafísico", al lado de la lluvia, del sol, del mar, del aire y del fuego, precisamente la "Palabra":

> La palabra fue un día
> calor: un labio humano.
> Era la luz como mañana joven; más: relámpago
> en esta eternidad desnuda [...].[273]

Y es también muy sintomático que en la poesía "El moribundo", de *Nacimiento último*, la última señal de vida sea "decir palabras":

> Él decía palabras.
> . . . .
> Decía apenas un signo leve como un suspiro, decía
> un aliento,

273. *OC-SP*, p. 553.

una burbuja; decía un gemido y enmudecían los labios,
mientras las letras teñidas de un carmín en su boca
destellaban muy débiles, hasta que al fin cesaban.

Como el silencio es la primera señal de muerte:

Un soplo sonó. Oídme. Todos, todos pusieron su delicado oído.
Oídme. Y se oyó puro, cristalino, el silencio.[274]

En fin, en su reciente libro *Poemas de la consumación*, Aleixandre vuelve por tres veces al tema de las palabras: en las composiciones "Las palabras del poeta", "Unas pocas palabras" y "Por fin".[275] También ahí el tema está relacionado con la muerte ("morir es olvidar unas palabras dichas"; "y de pronto, la postrera palabra [...]"). En las estrofas de la primera composición (que deben leerse como testimonio de su *ars poetica*) se irradia, como siempre, es más, con renovada memoria de su primera estación poética, una visión telúrica y caótica, pero por dos veces aflora una llamada al "orden" interior, humano y sobrehumano. La noche, la muerte, el olvido y la oscuridad parecen, sin embargo, haber tomado las riendas. Y mientras tanto las palabras, papeles volantes y dispersos, aparecen suspendidas en un limbo indeterminado donde la luz humana o la humana muerte, alternativamente, las van recogiendo, perdiendo y readquiriendo como mensajes

274. *OC-NU*, pp. 609-610.
275. *PC*, pp. 11-13; 33-34 y 35-36.

que, tal vez, crucen la noche y sean acogidos en corazones fraternos...

La insistencia y continuidad del tema de las palabras en toda la obra de Aleixandre se explica y se justifica, en suma, por la función de preñez semántica que él les pide y asigna en la relación poeta-realidad; y obtiene, pues, confirmación y verificación, y nuevas determinaciones, en el primero de los dos principios en los que hemos analizado su concepción poética.[276] Sólo que ya al formular ese principio ("el poeta se encuentra siempre frente a lo real en una posición de inferioridad y su tarea principal es interpretarlo, etc.") hay que tener presente el hecho de que Aleixandre "piensa" fundamentalmente la realidad como algo ajeno, pero luego la "imagina" a su modo, o sea, le atribuye, en el concreto ejercicio fantástico y creativo, valor de mito, de espejismo y de utopía. Incluso cuando, por ejemplo, en el "Prólogo" de *Pasión de la Tierra* (y no importa ahora que sea tardío) habla de "realidad exterior" y de "pura materia",[277] luego, en

276. La insistencia en el tema de las palabras, que podría parecer contradictoria con la afirmación "la poesía no es cuestión de palabras", en realidad se debe poner en relación con la postura que adoptan los surrealistas al respecto. Como ya se ha observado, cuando Breton escribía que en el surrealismo "les mots ont fini de jouer", mostraba en el fondo una gran confianza en el lenguaje y en las palabras, restituidas a su función plena y multiforme, humana y social, etc. Por eso, como nota G. Neri en su exacto y claro prólogo a *Manifesti surrealisti* de A. Breton (Turín, 1966), "l'intera esperienza surrealista, senza distinzione possibile tra produzione di opere e riflessione metodologica, va considerata, in conclusione, come una operazione di vasta portata svolta sul linguaggio" (p. XXII).

277. Se trata del "Prólogo" para la segunda edición de *Pasión de*

las páginas del libro, expresa y proclama un insistente rechazo de los límites y del mundo circunscrito. E incluso cuando, más generalmente, en sus declaraciones de poética, trata del "fracaso de la poesía" ante la vida, de "vida absorbente y tiránica", etc., se nota que su correspondiente poesía tiende en el fondo, siempre, no a la captura de lo real efectivo y de la vida particular, sino concreta y solamente a la de lo indistinto vital, de lo infinito telúrico, de lo irreal onírico, de lo metafísico.

Sólo a partir de *La destrucción o el amor* —como en parte hemos comprobado— parece que en él coinciden perfectamente poética y poesía; y ello se puede deducir sobre todo de dos composiciones clave y en cierto modo definitorias y programáticas: "Después de la muerte" y "Soy el destino", casi complementarias entre sí. En la primera hay una continua referencia a la realidad, definida como "feliz transparencia", "dichosa transparencia" y, con evidente redundancia, "dichosa transparencia feliz", y por consiguiente entendida como un indefinido más allá de las "cosas": "realidad que vive / en el fondo de un beso dormido", o "donde las mariposas no se atreven a volar" o "donde respirar no es sentir un cristal en la boca, / no es respirar un bloque que no participa, / no es mover el pecho en el vacío", "realidad vivida... pero lejos", "realidad que vivo... en que nunca a los montes llamaré besos, etc.", "realidad donde el bosque no puede

---

la Tierra, publicado en 1946, once años después de la edición mexicana. Se puede leer en *OC*, pp. 1446-1452.

confundirse / con ese tremendo pelo con que la ira se encrespa", etc.[278] Y además la poesía concluye con el ya citado final de entonación heraclitea —índice acostumbrado y sólido de una poética neoplatónica y, una vez más, neorromántica:

Todo pasa.
La realidad transcurre
como un pájaro alegre.
Me lleva entre sus alas
como pluma ligera.
Me arrebata a la sombra, a la luz, al divino contagio.
Me hace pluma ilusoria
que cuando pasa ignora el mar que al fin ha podido:
esas aguas espesas que como labios negros ya borran
lo distinto.[279]

Pero esta última constatación corre el peligro de parecer parcial o genérica, ya que queda por ver hasta qué punto Aleixandre aviva o reintegra esa poética. Y además, con una lectura más atenta, no se deduce el hecho de que la poesía esté impregnada de un insinuante y perentorio rechazo de las implicaciones de la realidad exterior, que es precisamente el lugar donde "las mariposas *no* se atreven a volar", donde "respirar *no* es sentir, *no* es respirar, *no* es mover el pecho", etc.; o también es "realidad vivida" que "bate unas alas inmensas, *pero* lejos", etc.; y todavía más: la "realidad que vivo" es "feliz transparencia", pero donde "*nunca*

278. *OC-DA*, pp. 327-328.
279. Ibid., p. 328.

a los montes llamaré besos", etc.; y, en fin, donde "el bosque *no* puede confundirse", etc.[280]

Si luego cotejamos "Después de la muerte" con el otro poema, "Soy el destino", descubrimos a simple vista un análogo rechazo de lo real, es más, una voluntad de negación aún más neta:

> Yo no quiero leer en los libros una verdad que poco
> a poco sube como un agua,
> renuncio a *ese espejo* que dondequiera las montañas
> ofrecen,
> pelada roca donde *se refleja* mi frente
> cruzada por unos pájaros cuyo sentido *ignoro*.[281]

Y no sólo eso, sino que se nota también que el "espejo" de la segunda composición parafrasea casi la "transparencia" de la primera: ninguno de los dos refleja ni deja vislumbrar un más allá efectivo de las "cosas", ni tampoco está al servicio, en este caso, de una concepción panteísta o hilozoísta, sino más bien de un vitalismo general, puro, e incluso a veces gozoso. Lo cual viene confirmado, por una parte, por el final de "Después de la muerte", donde hasta la realidad que transcurre es sólo aparente, ya que es "pluma ilusoria" que "ignora" (el verbo vuelve a utilizarse en los versos citados de "Soy el destino") el mar dominante que

280. A propósito de esas negaciones y de esos rechazos perentorios, remito a lo escrito en n. 251.

281. *OC-DA*, p. 395. (La cursiva es mía.) Para la comprensión profunda de esa poesía, téngase en cuenta el artículo, ya citado, de M. Gauthier, cuyo subtítulo "Variations sur un poème de V. A." se refiere precisamente a "Soy el destino".

como "labios negros ya borran lo distinto" (no ya labios acariciadores, etc.); y, por otra parte, por el final de "Soy el destino" (donde el pecho "transparente" es como el eco de la "transparencia" del primer poema):

> Nadie puede ignorar la presencia del que vive,
> del que en pie en medio de las flechas gritadas,
> muestra su pecho transparente que no impide mirar,
> que nunca será cristal a pesar de su claridad,
> porque si acercáis vuestras manos, podréis sentir la sangre.[282]

Por lo tanto, ya en la fase de *La destrucción* la proposición "la poesía es siempre inferior a lo real" se refiere sobre todo, o tal vez solamente, a lo real interior y existencial, precisamente porque la relación poeta-realidad puede realizarse exclusivamente a nivel metafísico, o mejor aún, en una zona de mito, continuamente alimentada por impulsos vitales, que, a pesar de los naturalísticos signos verbales preferidos, no tienen nada de sensuales, de macizos o de terrestres. Y eso lo intuyó también Gauthier cuando, al aludir a las numerosas referencias al agua (mar, ríos, etc.) que hay en el libro, escribe: "En dehors de sa hantise des thèmes de l'eau, il apparaît assez clairement que le poète n'est pas un sensuel au sens esthétique du terme; et que, s'il n'est pas philosophe au sens fort, du moins tourne-t-il

282. Última estrofa de "Soy el destino", *OC-DA*, p. 396. En el último verso, que está en relación con los ya citados, puede observarse una referencia al topos de Whitman ("esto no es un libro, es un hombre") y, de rechazo, al derivado de Unamuno (cf. p. 89 y n. 127).

le dos à la réalité savoureuse et juteuse, toujours variée, pour se complaire dans un monde intérieur, général, intellectuel et abstrait".[283]

El proceso, iniciado con *La destrucción*, se ahonda y se precisa, y sobre todo se decanta —como veremos— en *Sombra del Paraíso*. En este libro (que es el más compacto y al mismo tiempo el más transparente de Aleixandre) también la línea poética aparece limpidísima, totalmente contenida y declarada tal como es en el poema-prólogo "El poeta", y parcial y variadamente redoblada en "Los poetas", "Mensaje" y "No basta". "El poeta" es una composición coherente y rigurosa, con una sintaxis intencionalmente anómala y quebrada, con una estructura paralelística perfecta,[284]

283. *Op. cit.*, p. 103, n. 14.

284. El paralelismo se desarrolla de forma trimembre en las nueve estrofas (tres veces tres), con sutiles pero precisas remisiones. Señalemos algunas. Antes de nada, la gran distribución, que casi coincide con la de las estrofas: "para ti", "para ti", "oye", en las tres primeras estrofas; y tres afirmaciones y tres negaciones que se cruzan en las otras seis estrofas. Una sensación de dulzura (opuesta a un vago o no tan vago enunciado de dureza: "piedra-montana", "dientes", "roca") se desarrolla en tres términos: "se aduerme suave" (v. 3); "braman dulce a los seres" (v. 25); "tocan dulce la luna" (v. 43), y nótese que en los tres casos el adjetivo tiene valor adverbial. La sensación de inmensidad (unida a algo de antrópico: "frente", "lengua", "respira") se articula en tres fases: "mientras la inmensa frete fatigada" (v. 14); "inmensa lengua profética" (v. 20); "respira como la inmensa marea celeste" (v. 36). Además por tres veces el poeta acaba sus versos con un gerundio: "finando" (v. 16), "abrasando" (v. 28), "brillando" (v. 34). Y por tres veces se repiten algunos términos o palabras del mismo signo semántico: "palabras" (vv. 6, 16, 21); "pupila-ojo" (v. 2), "párpado" (v. 12), "ojos" (v. 28); "brillar" (vv. 7, 10, 34); "mundo" (v. 11, 16, 30); "beso" (dos veces en el v. 15 y una en el v. 42); "mano" (vv. 8, 33, 43); "cielo" y

y con una lógica clara de manifiesto poético, que se desarrolla en forma de llamada a sí mismo. En la primera parte (tres estrofas), Aleixandre recorre y confirma su propia experiencia de poeta-intérprete de los vastos y profundos latidos del universo (en la primera estrofa, del mundo mineral-vegetal, y en la segunda, del mundo animal):

> Para ti, que conoces cómo la piedra canta,
> y cuya delicada pupila sabe ya del peso de una montaña sobre un ojo dulce,

---

"celeste marea" (vv. 20, 34, 36); etc. En fin, me parece interesante subrayar la presencia de la unión "mano-luna" (vv. 33 y 43), que ya hemos notado en otra parte (p. 116), y la doble referencia a los "bordes de la tierra" (v. 24) y a los "límites de la tierra" (v. 38).

Si nos referimos a toda la composición y sobre todo a la "lengua profética", no se puede evitar recordar un pasaje del "Arte poética" de Pablo Neruda, que pertenece a la primera *Residencia en la tierra* (1933): "pero, la verdad, de pronto, el viento que azota mi pecho, / las noches de substancias infinitas caídas en mi dormitorio, / el ruido de un día que arde con sacrificio / me piden lo profético que hay en mí [...]". También en Neruda encontramos el mismo elemento de continuidad neorromántica en numerosos versos de fecha más reciente, como los del *Canto General* (1950), en los que se dirige a los hermanos desnonocidos que poblaban la alta ciudad de Machu Picchu: "Acudid a mis venas y a mi boca. / Hablad por mis palabras y mi sangre"; o como los del preludio a las *Odas elementales* (1954), en la poesía titulada "El hombre invisible": "Dadme para mi vida, / todas las vidas, / dadme todo el dolor / de todo el mundo, / yo voy a transformarlo / en esperanza. / Dadme / todas las alegrías, / aun las más secretas, / porque si así no fuera, / ¿cómo van a saberse? / Yo tengo que contarlas, / dadme / la lucha / de cada día / porque ellas son mi canto, / y así andaremos juntos, / codo a codo, / todos los hombres, / mi canto los reúne: / el canto del hombre invisible / que canta con todos los hombres" (*Obras completas*, pp. 157, 300, 830).

y cómo el resonante clamor de los bosques se
aduerme suave un día en nuestras venas;

para ti, poeta, que sentiste en tu aliento
la embestida brutal de las aves celestes,
y en cuyas palabras tan pronto vuelan las poderosas
alas de las águilas
como se ve brillar el lomo de los calientes peces sin
sonido [...]

y la llamada concluye (pero sólo provisionalmente) con una invitación adecuada, de estricto sabor whitmaniano:

[...] oye este libro que a tus manos envío
con ademán de selva;

pero sólo provisional y aparentemente, ya que enseguida vuelve a rectificarse (nótese la típica adversativa al principio del verso) y en el fondo enriquecida con experiencias posteriores respecto al panteísmo inicial; además, en tales experiencias el poeta tal vez ve superados, si no agotados, una época y un modo de poetizar suyos:

[...] pero donde de repente una gota fresquísima de
rocío brilla sobre una rosa,
o se ve batir el deseo del mundo,
la tristeza que como párpado doloroso
cierra el poniente y oculta el sol como una lágrima
oscurecida,
mientras la inmensa frente fatigada
siente un beso sin luz, un beso largo,
unas palabras mudas que habla el mundo finando.

Con esa admirable síntesis de su historia de amor-destrucción y de sus abstractas figuraciones existenciales, y con esa nota triste y dolorosa (en la que hay un rastro de la desesperada experiencia de *Mundo a solas*) termina la primera parte de la poesía. Y en ella se injerta la segunda parte, en cuyo largo enunciado (una proposición afirmativa, tres negativas y dos afirmativas) está contenido todo el sentido e incluso el sin sentido (la insatisfacción o contradicción) de la poética de *Sombra*:

> Sí, poeta: el amor y el dolor son tu reino.
> Carne mortal la tuya, que, arrebatada por el espíritu,
> arde en la noche o se eleva en el mediodía poderoso,
> inmensa lengua profética que lamiendo los cielos
> ilumina palabras que dan muerte a los hombres.

Al llegar a ese *clou*, a ese punto central —del que volveremos a hablar más adelante—, la "indagación" o autoexégesis se desarrolla en tres proposiciones negativas:

> La juventud de tu corazón no es una playa [...]
>
> No es ese rayo velador [...]
>
> [...] no es ceniza última [...]

(que suenan casi como una autocrítica de las anteriores afirmaciones de poética); y se detiene en algo más inmediato, más substancioso, más profundo:

> [...] eres tú, poeta, cuya mano y no luna
> yo vi en los cielos una noche brillando.

Y aquí el poeta, que se indaga y se descubre y se reconoce, completa su propio desdoblamiento ("yo vi..."), hasta llegar a una definición objetivada y completa de su imagen (y actuación):

Un pecho robusto que reposa atravesado por el mar
respira como la inmensa marea celeste
y abre sus brazos yacentes y toca, acaricia
los extremos límites de la tierra.

(Finalmente ha alcanzado su ideal: toca, es más, acaricia, los límites que tanto lo habían obsesionado.)

Pero no basta. En el momento de recoger los hilos del discurso sobre su propio poetizar, o sea, en el momento de concluirlo, Aleixandre todavía se siente una vez más inducido al rechazo de la poesía, a considerarla aún como un "fracaso",[285] y por consiguiente a alejarse de ella, para dirigirse de nuevo a la vida, a la vida indistinta e infinita, abarcada en su totalidad:

Sí, poeta; arroja este libro que pretende encerrar en
sus páginas un destello del sol,
y mira a la luz cara a cara, apoyada la cabeza en la
roca,
mientras tus pies remotísimos sienten el beso postrero del poniente
y tus manos alzadas tocan dulce la luna,
y tu cabellera colgante deja estela en los astros.

285. Recuérdese que las declaraciones de poética, en las que se aludía a tal "fracaso", son de 1933, o sea, anteriores a *SP*, del que estamos tratando.

Tal vez se podría observar que también ese "arrojar", ese rechazo de la propia obra, es un "ademán", un gesto como el de antes o de un cierto período ("ademán de selva"); pero el hecho es que Aleixandre advierte que, si excluyera esa posibilidad, esa salida, implícitamente se pondría un confín a sí mismo, a su espíritu, y a su ansia metafísica. Por otra parte, el gesto de "arrojar" encuentra casi una explicación en "Mensaje", donde el poeta parece incitar a los amigos, a quienes va dirigida la composición, a establecer un contacto inmediato con la vida dilatada y profunda:

¡Ah! Amigos, arrojad lejos, sin mirar, los artefactos tristes,
tristes ropas, palabras, palos ciegos, metales,
y desnudos de majestad y pureza frente al grito del mundo,
lanzad el cuerpo al abismo de la mar, de la luz, de la dicha inviolada,
mientras el universo, ascua pura y final, se consume.[286]

(¿Es pues un "artefacto" de "palabras" —cabe preguntarse en un primer momento— también el libro, y por lo tanto la poesía?)

Pero volvamos al discurso que habíamos dejado interrumpido en la estrofa cuarta, ya citada, en la cual

286. *OC-SP*, p. 548. Hay que notar que si, entre los "artefactos tristes", Aleixandre pone también las "palabras", se refiere a las que no consiguen expresar "el grito del mundo", centro conceptual de "Mensaje".

Aleixandre parece que toca con más precisión el meollo de la poética de *Sombra*:

> Sí, poeta: el amor y el dolor son tu reino.
> Carne mortal la tuya, que, arrebatada por el espíritu,
> arde en la noche o se eleva en el mediodía poderoso,
> inmensa lengua profética que lamiendo los cielos
> ilumina palabras que dan muerte a los hombres.

¿Qué es lo que nos dicen esos versos? Nos dicen que, según Aleixandre, el poeta, aun cuando también él está sujeto a las leyes humanas de la caducidad, de la decadencia carnal, etc., sin embargo, es capaz, o mejor aún, es el único capaz de pronunciar e iluminar "palabras que dan muerte a los hombres".[287] Pero ¿qué es esa muerte? Ayudado por otros poemas de carácter autoexegético y por el sentido general del libro, creo que aquí se puede entender "muerte" como liberación, como desquite de la otra muerte, la carnal, terrena, natural. Y si el indicio o relieve general responde a una exacta valoración, podemos deducir que la poética de Aleixandre, a la altura de *Sombra del Paraíso*, se resuelve en la conquista de una nueva relación entre poeta y realidad: una relación que significa superación y transcendencia de lo específico humano (o sea, del hombre como especie). En ese núcleo primario, de proyección metafísica —perfectamente ejemplificado y emblematizado en la atmósfera diáfana de "Los in-

287. En la introducción a la segunda edición de *DA*, de 1944, Aleixandre definirá al poeta (cf. n. 288) también como "golpeador de los hombres" (*OC*, p. 1444).

mortales"—, se produce y se desarrolla el doble tema paradisíaco: ya limitado en el reino de la infancia como memoria hecha mito y de ese modo recuperada, ya aislado en el espacio neutro de la prehistoria humana como edad perdida y mágicamente encontrada, ya conjunto confuso en una especie de limbo de los principios indistintos. De todas esas zonas hiperexistenciales es profeta feliz y completo —"inmensa lengua profética"— el poeta, único ente capaz de liberar, como hemos visto, al hombre de sus caducos datos humanos y a la naturaleza de sus ficticios datos naturales.

Y he aquí que se vuelve a presentar, con su poderosa ascendencia romántica, el momento profético.[288] Que es precisamente aquel punto único, aquel principio constante, o sea, aquel elemento de estaticidad y de inercia al que me refería al principio: puente o vehículo de varias e incluso contrapuestas actitudes, en las que la variación se efectúa siempre según el término y según la noción de realidad. En torno a ese eje tan sólido se realiza, con *Historia del corazón*, el giro

288. Del mismo año de publicación de *SP* (1944) son las siguientes palabras, escritas para la segunda edición de *DA*: "Sobre cómo entreveo al poeta, y a la poesía, ya he escrito en diferentes coyunturas de tiempo y lugar. Sólo repetiré que para mí el poeta, el decisivo poeta, es siempre un revelador. El poeta, esencialmente, es el vate, el profeta. Pero su 'vaticinio' no es vaticinio de futuro; porque puede serlo de pretérito: es profecía sin tiempo. Iluminador, asestador de luz, golpeador de los hombres, poseedor de un sésamo que es, en cierto modo, misteriosamente, palabra de su destino. El poeta es un hombre que fuese más que un hombre: porque es además poeta. El poeta está lleno de 'sabiduría', pero no puede envanecerse, porque quizá no es suya: una fuerza incognoscible, un espíritu habla por su boca" (*OC*, p. 1444).

de cuarenta y cinco grados, es decir, la conversión al "solidario vivir humano" y a la existencia relacional y real. El salto parece, sin duda, bastante brusco y consistente: de la sombra del paraíso a la luz del presente, de una vida efímera, artificiosa y dolorosa a una vida positivamente considerada y aceptada, de experiencias intemporales y atemporales a experiencias ancladas en el tiempo, de una prehistoria mítica a una historia efectiva de los sentimientos (precisamente, historia del corazón) y de las relaciones humanas, de la inmersión indefinida en el cosmos a la conciencia del mundo que fluye, de la unidad de lo irreal caótico a la unidad de lo real homogéneo, etc. Con todo eso, para definir la "conversión" de Aleixandre, podríamos casi repetir al pie de la letra las palabras que usa Amado Alonso al referirse a la de Neruda: "La poesía de Pablo Neruda ha cambiado en su doble raíz de sentimiento y de intuición [...] Claro: ha cambiado no como quien trueca una espada por un espejo, sino como cambia un individuo en la continuidad de sí mismo".[289] La continuidad en Aleixandre está bastante marcada: no sólo porque —como en Neruda— el material verbal y estilístico sigue siendo, en gran medida, el mismo, sino también y sobre todo porque —y es esto lo que ahora nos interesa más— la línea de poética (la poesía como vaticinio de algo) en el fondo no se cambia, es más, se incrementa, como se puede observar en lo siguientes versos de "El poeta canta por todos", principal composición autoexegética de *Historia del corazón*:

289. A. Alonso, *op. cit.*, p. 323.

[...] Un único corazón que te lleva.
Abdica de tu propio dolor. Distiende tu propio corazón contraído.
Un único corazón te recorre, un único latido sube a tus ojos,
poderosamente invade tu cuerpo, levanta tu pecho, te hace agitar las manos cuando ahora avanzas.
Y si te yergues un instante, si un instante levantas la voz,
yo sé bien lo que cantas.
Eso que desde todos los oscuros cuerpos casi infinitos se ha unido y relampagueado,
que a través de cuerpos y almas se liberta de pronto en tu grito,
en la voz de los que te llevan, la voz verdadera y alzada
donde tú puedes escucharte, donde tú, con asombro, te reconoces.
La voz que por tu garganta, desde todos los corazones esparcidos,
se alza limpiamente en el aire.[290]

Por otra parte, ya en 1937, recordando la personalidad de García Lorca, Aleixandre había manifestado casi el mismo concepto ("el poeta como expresión de todos los hombres"), en una página que transcribo subrayando las numerosas analogías semánticas con res-

290. *OC-HC*, p. 717, segunda parte. (El poema está subdividido en tres partes.) A propósito del verso "donde tú puedes escucharte", recuérdese la poesía "Mi voz" de *EL*, donde el verbo "escuchar" tenía una función en cierto modo análoga, aunque desdoblada: "Háblame: te escucho" y "escucha, escucha", dicho seguramente a la tierra después de que el poeta como tal "había nacido", o sea, había adquirido su "voz".

pecto a los versos recién citados (y obsérvese también la analogía con "El poeta" de *Sombra* en la alusión al poeta considerado como "ser que acaso carece de límites corporales"): "En las altas horas de la noche, discurriendo por la ciudad, o en una tabernita (como él decía), casa de comidas, con algún amigo suyo, entre *sombras humanas*, Federico volvía de la alegría, como de un remoto país, a esta dura realidad de la tierra visible y del *dolor* visible. *El poeta es el ser que acaso carece de límites corporales.* Su silencio repentino y largo tenía algo de silencio de río, y en la alta hora, *oscuro* como un río ancho, se le sentía *fluir, fluir, pasándole por su cuerpo y su alma sangres*, remembranzas, *dolor, latidos de otros corazones y otros seres que eran él mismo en aquel instante*, como el río es todas las aguas que le dan cuerpo, pero no *límite.* La hora muda de Federico era la hora del poeta, hora de soledad, pero de soledad generosa, porque es cuando *el poeta siente que es la expresión de todos los hombres*".[291] Pero mientras en esa semblanza del poeta amigo —que Aleixandre volverá a publicar sin modificaciones, en 1954, como epílogo de las *Obras completas* de Lorca— [292] el paso era de la alegría al dolor ("volvía de la alegría [...] a esa dura realidad de la tierra visible y del dolor visible"), el

291. En *OC*, pp. 1207 y s. (La cursiva es mía.) Nótese que el conectivo metafórico es, también aquí, el río, o sea el agua (cf. pp. 77 y 86 y las notas respectivas).

292. F. García Lorca, *Obras completas*, Madrid, 1954 [1] (pero cito de la segunda ed., 1955, pp. 1649-1651). El mismo recuerdo lo incluye Aleixandre en las prosas de *Los encuentros*, Madrid, 1958, pp. 107-113 (en *OC*, p. 1207).

paso que Aleixandre realiza para sí mismo es perfectamente inverso: de "poeta: el amor y el dolor son tu reino" (*Sombra*) llega a "abdica de tu propio dolor" (*Historia*). Y como abdica de su dolor para reconocerse en los demás, que constituyen precisamente la "realidad visible", el salto que se determina en su poetizar, en las intenciones de su poetizar, tiene dos consecuencias palpables: por un lado, un incremento de las cualidades proféticas y predicatorias del mensaje poético —visto que el poeta aleja, rechaza o quiere ignorar la soledad, y no sólo *siente* que es la expresión de todos los hombres sino que lo *es* y no puede prescindir de *serlo*—; y, por otro, un nuevo planteamiento de la relación poeta-realidad, que cada vez se resuelve más, o parece resolverse, en una abierta supremacía concedida a lo real respecto a lo no real, a la efectiva presencia del hombre respecto a su negación o proyección mítica, etc. Y digo "parece resolverse" porque, en el fondo, la realidad sigue siendo, para Aleixandre, lejana y general, y si no exactamente un "nume sognato", por lo menos una meta difícil de alcanzar; pero el hecho nuevo es que el poeta, a partir de *Historia del corazón*, tiende, o quiere tender, con todas sus fuerzas, a ella, a su medida y dimensión, a su actualidad, a su solidez. Para poder hacer eso, en primer lugar realiza una especie de autocrítica a su "soñar", "callar" o "engañarse", y descarta lo que antes consideraba probable y que ya no le parece así (desamor, afán, deseo, etc.); y, en segundo lugar, busca el "dibujo preciso", o "presente quietísimo" o el instante infinitesimal. Véanse dos ejemplos: uno tomado del poema "La realidad" y otro de "La certeza", ambos pertenecientes a la sección "La realidad" de *Historia.* En el primero el poeta se dirige abiertamente a la realidad, que, mediante un acto de participación total asume casi figura de persona que acude a él:

> [...] Y te veo llegar entre acacias muy verdes,
> con olor vivo, y sonidos [...]
>
> Nunca como desamor,
> nunca como el afán,
> jamás sólo como el deseo.
> Sino con tu dibujo preciso
> que yo no tengo
> que trazar
> con mi sueño [...].[293]

En el segundo, en cambio, es la presencia de la persona amada, su persona física (perfilada también por medio del olor y del rumor), la que le sugiere el sentido y percepción de la certeza y de la existencia efectiva:

> No quiero engañarme.
> A tu lado, cerrando mis ojos, puedo pensar otras cosas.
> Ver la vida; ese cielo... La tierra; aquel hombre...
> Pero aquí, amor, quieta estancia silenciosa, olor detenido;
> aquí, por fin, realidad que año tras año he buscado.

293. *OC-HC*, p. 736.

Tú, rumor de presente quietísimo, que musicalmente
me llena.
Resonando me hallo [...].[294]

Tanto en el primero como en el segundo caso, el poeta rechaza abiertamente el recurso a la fantasía y al sueño ("cuando te compruebo y no sueño", dice en "La certeza") y, al mismo tiempo, intenta, pero sólo intenta, breves acercamientos a lo real, que sin embargo no pueden producir ni pueden consentir todavía adquisiciones y contactos seguros. Por otra parte, es indudable que Aleixandre, en el momento de dar vida y desarrollo a sus figuraciones líricas, no consigue impedir espontáneos e irrefrenables movimientos hacia lo general y lo abstracto. Y esto sucede —lo veremos mejor en el próximo capítulo— incluso cuando, como en toda la sección titulada "La realidad" o en la titulada "La mirada infantil", despliega una relación o ajuste de cuentas de sus sucesos del ayer y del hoy, de donde se puede deducir un cuadro de sus limitados modos de agredir al pasado o al presente positivo; operación poética que Bousoño ha llamado, con "monstruoso vocablo", *novelistización* de sus estados de ánimo, de su sicología y, añadiría, de sus recuerdos.[295]

Pero todavía hay más. El incremento de las razones proféticas y predicatorias conduce poco a poco a Aleixandre a aclarar su poética con modos cada vez

294. Ibid., p. 750.

295. C. Bousoño, en *op. cit.*, p. 87, habla también de "matización psicológica del personaje imaginado" a propósito del "subtema de las edades" de *HC*.

más perentorios y exclusivos. Nace, así, la fórmula aleixandrina "la poesía es comunicación", que tendrá como docto teórico a Bousoño, que obtendrá mucho éxito y aplicación práctica en la llamada poesía realista y social de las jóvenes generaciones españolas, y que encontrará al fin alguna oposición significativa en algunos.[296] "La función de escribir produce una fruición —afirma Aleixandre en una declaración que se hizo famosa, de 1950— [297] que le está íntegramente destinada al poeta. Pero más allá... Más allá de ese placer evidente algo más hondo mueve al poeta. El poeta *se comunica.* Y esta comunicación tiene un supuesto: el idóneo corazón múltiple donde puede despertar íntegra una masa de vida participada". Y más tarde, en 1956, en una reflexión más amplia y definitoria de su propia actividad literaria: "En la segunda parte de mi labor —*Historia del corazón*, hasta ahora— yo he visto

296. Son varios los textos en que Aleixandre, de distintas formas, ha expuesto su poética de la "comunicación": una declaración de 1950 en la revista *Espadaña*; un breve escrito, "Poesía, moral, público", de 1950, publicado en *Ínsula* (en *OC*, pp. 1570-1580); otro breve escrito, "Poesía, comunicación", de 1951 (en *OC*, pp. 1581-1583); el discurso "Algunos caracteres de la nueva poesía española", de 1955 (en *OC*, pp. 1412 y s.), donde toca el tema indirectamente; y, en fin, el prólogo a *MP* de 1956 (en *OC*, pp. 1458 y s.). Algunas objeciones interesantes a la poética de la comunicación las formuló C. Barral, en una nota en la revista *Laye*, n.º 23 (1954), titulada "Poesía no es comunicación", y otras J. Gil de Biedma en la introducción al libro de T. S. Eliot, *Función de la poesía y función de la crítica*, Seix Barral, Barcelona, 1955, pp. 15-23, dirigida sobre todo a refutar algunas aseveraciones del denso libro de C. Bousoño, *Teoría de la expresión poética*, Madrid, 1952 [1] (actualmente ya por la sexta edición).

297. *Espadaña* (1950); en *OC*, pp. 1581-1583.

al poeta como expresión de la difícil vida humana, de su quehacer valiente y doloroso. Y su voz... O viene de su solidario corazón extendido, confortado por el amor, o se recoge desde el conjunto de los demás, de los que su vida es simbólica representación afluente [...]. En todas las etapas de su existir, el poeta se ha hallado convicto de que la poesía no es cuestión de fealdad o hermosura, sino de mudez o comunicación. A través de la poesía pasa prístino el latido vital que la ha hecho posible, y en ese poder de transmisión está quizás el único secreto de la poesía, que, cada vez lo he ido sintiendo más firmemente, no consiste tanto en ofrecer belleza cuanto en alcanzar propagación, comunicación profunda del alma de los hombres. Con su existencia, añadiría, el poeta llama a comunicación, y su punto de efusión establece una comunidad humana. Porque no existe el poeta 'solitario': la poesía supone por lo menos dos hombres. Y ese segundo —el lector— puede simbolizar legión o serlo efectivamente. Pues, con un sentido profundo, toda poesía, hasta la más difícil, es multitudinaria en potencia, o no lo es".[298] Si admitimos que a algunos tipos y temperamentos de escritores no les está consentido ni es lícito pedirles rigurosas formulaciones de estética, sino sugestivas indicaciones parciales e iluminadoras intuiciones generales, y especialmente sustanciales razones de poética, hay que decir que en esos pasajes Aleixandre lleva a sus últimas consecuencias algunos estímulos y fermentos ya inherentes en su propia esfera creativa, y, al mismo

298. *OC-MP*, pp. 1459-1460.

tiempo, recoge convicciones y certidumbres difusas, de amplio temple literario, casi para asumir, con derecho, el papel de mentor de los "nuevos poetas": parte y papel que Dámaso Alonso le tributa solemnemente (y generosamente) en el discurso de presentación por su recepción en la Real Academia Española (1949), y que el poeta implícitamente se apropia cuando dedica el discurso de apertura de curso en el Instituto de España a "Algunos caracteres de la nueva poesía española (1955)".[299]

La poética de la comunicación encuentra, por otra parte, su empleo más notable en la producción aleixandrina posterior a *Historia del corazón.* En primer lugar y sobre todo en el libro *En un vasto dominio* (1962), donde el poeta canta no sólo "por todos" (o sea, desde o a través de todos, como se sobreentiende), sino también "para todos", con destino a todos, como lo dicen claramente el título y el texto del primer poema, el poema prólogo del volumen, "Para quién escribo":

> Para todos escribo. Para los que no me leen sobre todo escribo. Uno a uno, y la muchedumbre.
> Y para los pechos y para las bocas y para los oídos
> donde, sin oírme,
> está mi palabra.[300]

299. "Hemos de reconocer que el poeta seguido con más entusiasmo por la juventud de lengua española es, en el día de hoy, Aleixandre", así decía D. Alonso en aquel discurso (ahora en el volumen, ya varias veces lo he citado, *Poetas españoles contemporáneos*, pp. 318 y s.). El discurso de Aleixandre se puede leer, como hemos dicho, en las pp. 1412 y s. de *OC*.

300. *OC-VD*, p. 798.

Después de haber trazado la historia de su corazón y de su vivir, que además ya se abría decididamente a horizontes más amplios de humanidad y de vida, Aleixandre se pone a contemplar y a "describir" precisamente esos amplios horizontes, ese "vasto dominio" de la materia humana ("Materia humana" es el título de la segunda composición del libro), y de la materia en general, que forma un todo único e indivisible ("Materia única" es el título de la última composición, o sea, del poema epílogo), de la cual el poeta tiene que aprehender la palpitación o el suspiro más tenue, del mismo modo que se coge la última y tenue vibración del agua en la orilla:

Todo es materia: tiempo,
espacio; carne y obra.
Materia sola, inmensa,
jadea o suspira, y late
aquí en la orilla. Moja
tu mano, tienta, tienta
allí el origen único,
allí en la infinitud
que da aquí, en ti, aún espumas.[301]

Si el sentido total de la obra demuestra que Aleixandre —como escribe Bousoño— "tiene en cuenta la nueva índole histórica del hombre en mayor grado aún que *Historia del corazón* y también de su unidad social", estos versos prueban que el autor no descuida, "al revés de lo que en *Historia del corazón* ocurría, el

301. Ibid., p. 963.

carácter de unicidad material que el autor nos había hecho observar en el universo", a lo largo de su primera fase creativa y especialmente en *La destrucción o el amor*.[302] Y es verdad pues que "la obra se ofrece como una síntesis de los dos previos sistemas de Aleixandre".[303] Sin embargo, la novedad radical está en el hecho de que la poética de la comunicación (y del "para todos") ha inducido al poeta a dilatarse en el universo material y humano como la circularidad y unidad de la experiencia le exige, pero, al mismo tiempo, a mantenerse apartado, a desaparecer casi de la escena: cosa que no sucedía, en cambio, o sucedía muy raras veces, en los libros anteriores. El primero y más sobresaliente efecto de su nueva poética, o mejor, de la nueva forma de expresarse su poética, es la remoción, si no exactamente la desaparición del "yo" lírico, y la supremacía de la descripción y de la narración (el libro se divide en "capítulos"), si no exactamente del momento objetivo.

De aquí parten luego otras dos elecciones operativas de Aleixandre: la que impulsa la antología en su mayor parte retrospectiva titulada *Presencias* (1965) y otra que inspira, de 1958 a 1965, la serie de *Retratos con nombre* (y *sin nombre*), reunida en volumen en 1965.[304] En la introducción breve de *Presencias*, una

302. C. Bousoño, "Prólogo" a *OC*, p. 52.

303. Ibid., p. 52. También J. O. Jiménez, en el primer ensayo de *Cinco poetas en el tiempo* (Madrid, 1964, p. 97), dedicado a Vicente Aleixandre, coincide en gran medida con la opinión de C. Bousoño.

304. Los dos volúmenes se publicaron en Barcelona: uno por la editorial Seix Barral; el otro, en las ediciones "El Bardo". Los *Retratos con nombre* (*RN*) se encuentran ahora en *OC*, pp. 975 y s.

selección de toda su producción poética, perfilada según la vertical del momento objetivo, el autor escribe: "Contemplando desde la altura de estas fechas el conjunto de mis versos, he observado la continuidad con que mi poesía muestra —buena parte al menos de ella y desde su arranque mismo— una cierta tendencia a la objetividad. Y me ha parecido que este aspecto de mi quehacer podía tener alguna significación y ser curioso ofrecerlo al lector, en su persistencia y fidelidad, a través de una selección sucesiva de mi trabajo enfocado a la luz de aquella constante. El poeta como tal desaparece en cuanto sujeto del poema. Y son otras las *presencias* que se adelantan como objeto del tratamiento poético. En consecuencia, y estilísticamente, la primera persona del singular se halla ausente de estas poesías".[305] Paralela y consecuente con ésta resulta la motivación poética de *Retratos*: "En mí el retrato, como género, no es capricho, sino que está dentro de mi visión del mundo, hace sistema, diríamos. Lo mismo que en la parte primera de mi obra, al lado de la visión de lo grandioso, la naturaleza, el cosmos, está la consideración del pormenor (el águila, la mariposa, el pez espada...), así, en la parte segunda de mi poesía, al lado de la visión totalizadora del vivir humano, está la consideración analítica del 'detalle', la parte, tal hombre, tal mujer, y al individualizarse esta consideración surge la caracterización, aparece el retrato".[306] No extraña, por lo tanto, que Aleixandre tienda siem-

305. "Nota preliminar" a *Presencias*, p. 7.

306. Utilizo, con el permiso del autor, una carta que me escribió el 29 de julio de 1965.

pre a justificar su poesía pasada con la presente, y que intente recomponer a todo coste la continuidad interior. El mismo esfuerzo realiza su más estricto exégeta, Bousoño; hasta tal punto que se da una profunda ósmosis entre el lenguaje del poeta y el del crítico, y viceversa, como atestiguan numerosas definiciones suyas.[307] Precisamente por esa razón creo que se debe aclarar bien un punto: la "mirada analítica" (o "pupila analítica", "consideración analítica", "visión de lo parcial y diminuto") no es lo contrario o el revés de la "mirada totalizadora" (o "pupila totalizadora", "visión totalizadora", etc.), no está "en significativo contraste" con ella,[308] sino que es su complemento, su añadidura, si no su equivalente sin más; y sobre todo no denota un movimiento de objetivación, una actitud realística, sino un movimiento y actitud igualmente contemplativos, mitificadores, generalizadores, que a veces se resuelven incluso en formas de emblemática y mágica estaticidad, casi como si la "lente de aumento" y la acción "a cámara lenta", de que Bousoño ve pro-

307. Sería demasiado difícil estudiar la estrecha red de intercambios entre el poeta y su mejor exégeta, sobre todo porque surge de una amplia fraternidad literaria, atestiguada, además, por el prólogo que Aleixandre escribió para el volumen de poesías de C. Bousoño, *Primavera de la muerte*, Madrid, 1945, prólogo que ahora se halla en *OC*, pp. 1492 y s. (Acerca de la poesía de C. Bousoño, recogida en la antología de O. Macrí, que ya he citado varias veces, véase la introducción del hispanista italiano en la p. LXVII). Además, como hemos visto, C. Bousoño, en su citada obra *Teoría de la expresión poética*, se ha apropiado y ha desarrollado con gran abundancia de erudición y sagacidad crítica la poética de la comunicación como le sugería tal vez el trato frecuente de la poesía aleixandrina.

308. Cf. también p. 107 y n. 233.

visto el arte (¿cinematográfico?) de Aleixandre, estuvieran capacitadas para colocar en el mismo plano imaginativo la pequeña y la grande "inmensidad" de la materia en continuo fluir. A lo sumo es platónica y metafísica, a su modo (un poco como la poética y la pictórica del "realismo mágico"), también la tendencia del Aleixandre retratista; y eso sí que tiene una ascendencia hispánica —de *exemplum*— de antigua tradición.[309] Ya la poesía que inicia *Retratos*, titulada "Diversidad temporal", contiene algunos versos sintomáticos en ese sentido:

> Destinos diferentes que se enredan o alcanzan.
> Desde el origen mismo la voluntad proclama
> su dispersión, sus flores, diversidad, espumas.
> La entraña solidaria que reventó o estalla
> es la explosión justísima que al irrumpir se ordena.
> ¿Exhalación? ¿Ventura? Continua luz profunda,
> moral, de la materia que en progresión se extiende.[310]

Los "destinos diferentes" de los retratos aleixandrinos esconden, por lo tanto, una "continua luz profunda, moral" y se ordenan, se puede decir, bajo un signo fatalista, si no exactamente finalístico, de marcada huella bergsoniana.[311]

309. Acerca de la continuidad y la validez del *exemplum* del latín medieval en la literatura española, cf. S. Battaglia, *Coscienza letteraria del Medioevo*, Nápoles, 1965, nota de las pp. 476-478, y mi ensayo "Struttura del Lazarillo de Tormes", en *Annali dell'Università de Cagliari*, n.º 33 (1970).

310. *OC-RN*, p. 975.

311. El contagio filosófico esta vez pudo haber pasado a través de

Así iluminado, transversalmente, este tipo de poesía y de poética de *presencias* ejemplares, no será demasiado difícil considerar el nuevo y también violento salto que una vez más realiza Aleixandre en su última y sorprendente poesía de concisa confesión y de escueta meditación ontológica, y de fuerte síntesis semántica (los *Poemas de la consumación*, de 1968, se transforman a menudo, dialécticamente, en "consumación de los poemas"). El único "retrato" que aparece en ese libro es el de Rubén Darío: pero no es un retrato, es apenas una evocación; sólo ejemplar o emblemática por ser imagen de poeta, y de poeta capaz de intuir oscuras verdades y oscuras sabidurías:

> [...] tus nunca conocidos ojos bellos,
> miraron más, y vieron en lo oscuro.
> Oscuridad es claridad. Rubén segundo y nuevo.
> Rubén erguido que en la bruma te abres
> paso [...]
>
> [...] El que algo dice dice todo, y quien
> calla está hablando. Como tú que dices
> lo que dijeron y ves lo que no han visto
> y hablas lo que oscuro dirán. Porque sabías.[312]

Es más, la respuesta a lo emblemático de *Retratos*:

> No importan los emblemas
> ni las vanas palabras que son un soplo sólo,[313]

Antonio Machado. Véase, a propósito del bergsonismo de A. Machado, el ensayo de M. Socrate, "Il linguaggio filosofico di Antonio Machado", *Studi di letteratura spagnola*, II parte, Roma, 1968.

312. *PC*, p. 65 ("Conocimiento de Rubén Darío").

313. Ibid., p. 29 ("Como la mar, los besos").

parece brotar de la superioridad casi obsesiva, en *Poemas de la consumación*, del tema de las palabras poéticas, al que ya he aludido. Por lo tanto, la poesía de Aleixandre más reciente, a la que tal vez el tiempo le ha cortado de raíz precedentes convicciones, sentimientos e impulsos vitales, da la impresión de haber absorbido en el momento semántico todo intento o pretensión de poética. Con ella el poeta vuelve sobre sus propios pasos, vuelve al primitivo estoicismo y pesimismo, pero después de haber eliminado todos los recursos de sueño y de ilusión, y por lo tanto de imaginación y metaforismo. La palabra versificada, exaltada en su puro ser, pero "consumada" en sus significados efectivos y eventuales, e incluso en sus arranques originarios, está ahora al servicio de una poesía hermética, bajo cuyo velo aparece, una vez más, una poética de intuiciones libres, de profetismo espontáneo, de extenuadas formas adivinantes, o tal vez solamente de mera casualidad expresiva:

> Pues obedientes, ellas, las palabras, se atienen
> a su virtud y dóciles
> se posan soberanas, bajo la luz se asoman
> por una lengua humana que a expresarlas se
> aplica.[314]

314. *PC*, p. 12 ("Las palabras del poeta").

Capítulo 6

"HISTORIA DEL CORAZÓN": RECONOCIMIENTO Y CONQUISTA DE LOS LÍMITES HUMANOS

El fin de todos los recursos de sueño y de ilusión, la completa anulación de los mitos y de las sobrehumanas utopías que se notan en el libro más reciente de Aleixandre son sólo la última fase o el último arribo de un proceso que tiene su principio mucho antes, exactamente con *Historia del corazón.* Conviene pues volver a esa obra y enlazar a partir de ella el discurso que ha quedado interrumpido cuando he abierto el amplio (pero ciertamente improrrogable) paréntesis sobre la poética general del escritor.

Una correcta, adecuada y detallada lectura de *Historia*, una lectura que pretenda evitar definiciones excesivas o deducciones descomedidas —como las que se han apuntado en los aspectos más visibles: respecto a la "conversión" al sentido colectivo, o, por el contrario, sobre su último espíritu de trascendencia— tendrá, ante todo, que referirse a su génesis y a su historia interior, para luego pasar al hecho central del choque de los sentimientos con la realidad temporal. Si no estuviera tan abiertamente al servicio de la segunda corriente interpretativa que acabo de señalar, se podría aceptar como justa aproximación al libro la observación preliminar de José Olivio Jiménez, quien, colocando *Historia* en la perspectiva metafísica global y en el reflejo de la obra siguiente, *En un vasto dominio*, escribe: "Tuvo que haber, naturalmente, el difícil momento de la reducción de los sueños y la asunción de los límites temporales: es, posiblemente, el momento más humanamente conmovido y hondo, el de *Historia del corazón*".[315]

¿Pero cómo y de qué motivos íntimos y profundos surge "el difícil momento de la reducción de los sueños, etc."? Para dar una respuesta justa a esa pregunta y llevar a cabo una descripción documentada de los orígenes psicológicos, morales y poéticos de *Historia*, tenemos a disposición tres elementos precisos y concretos: en primer lugar, naturalmente, los textos poéticos que preceden y preparan el "giro" de *Historia*; en segundo lugar, una nota sobre la obra dictada por el propio Aleixandre en 1956 para la antología *Mis poemas mejores*; y, por último, la fecha de cada poesía que compone el libro, que se ofrece en apéndice en la monografía de C. Bousoño.[316]

Entre los poemas que en *Sombra* delimitan "la zona que anticipa el tema del vivir humano" (de *Historia*),

315. J. O. Jiménez, *op. cit.*, p. 52.

316. La nota de Aleixandre se puede leer en *OC-MP*, p. 1474. La fecha de las poesías de *HC* se halla en C. Bousoño, *op. cit.*, pp. 391-392.

Aleixandre ha indicado algunos títulos: "Destino de la carne", "Al cielo", "Al hombre", "Padre mío", "No basta" y, nótese bien, *alguno más*.[317] Bousoño, aceptando la sugerencia, ha observado que tres de esas composiciones ("Al cielo", "Destino de la carne" y "No basta") expresan en cierto modo una implícita e imprecisada necesidad de trascendencia y de confortación divina, que se hará más o menos explícita y definida en *Historia*; pero ha citado también una cuarta poesía, "Hijos de los campos", que, "por razones que no son del caso", señala también el paso de uno a otro libro.[318] La verdad es que, como ya hemos escrito en otra ocasión, en toda la última parte de *Sombra* tiene el poeta un primer y acentuado movimiento de vuelta a sí mismo, de reflexión sobre su pasado (de ahí el tono elegíaco), que se concreta en una vasta crisis existencial y, en cierto sentido, religiosa. Una crisis que implica sus relaciones con la realidad y con los mitos, la primera entre todas la realidad-mito del amor, que es un claro preludio no solamente del nuevo curso humanitario y de relaciones sino también del aura elegíaca, a veces desencantada, otras meditabunda, de *Historia*. Y, además, los "hijos de los campos" de *Sombra* se parecen sólo muy vagamente a los "demás hombres", a las muchedumbres anónimas y en su mayor parte urbanas (véase "En la plaza") que aparecen en *Historia*:

317. *OC-MP*, p. 1472.
318. C. Bousoño, *op. cit.*, p. 110.

Yo os veo como la verdad más profunda,
modestos y únicos habitantes del mundo,
última expresión de noble corteza,
por la que todavía la tierra puede hablar con palabras,[319]

y están todavía tenazmente unidos al mito de la tierra primigenia y, con un sólido cordón umbilical, al mito de los campos inmensos y vivificadores cantados en el poema gemelo "Adiós a los campos":

Erguido en esta cima, montañas repetidas, yo os contemplo, sangre de mi vivir que amasó vuestra piedra.
No soy distinto, y os amo [...].

Por mí la hierba tiembla hacia la altura, más celeste que el ave.
Y todo ese gemido de la tierra, ese grito que siento
propagándose loco de su raíz al fuego
de mi cuerpo [...].[320]

Que la realidad-mito del amor es el nudo de la crisis existencial presente en la últimas páginas de *Sombra* y en el cuerpo total de *Historia* puede demostrarse también por el examen y por el cotejo de los otros dos "documentos" señalados. (Aunque Bousoño trata como "subtema" el amor de *Historia*, debe admitir que de las 48 composiciones del libro, 26 "cantan el asunto erótico".) [321] "*Historia del corazón*, escrita en-

319. *OC-SP*, p. 585 ("Hijos de los campos").
320. Ibid., pp. 578-579 ("Adiós a los campos").
321. C. Bousoño, *op. cit.*, p. 100.

tre 1945 y 1953 —declara Aleixandre en la nota de 1956—, creo que supone una nueva mirada y una nueva concepción en el espíritu del poeta. El vivir humano, tema central, se canta aquí desde una doble vertiente. Visión del hombre vivido, desde la conciencia de la temporalidad (por eso poemas de la edad humana: de niñez, de juventud, de madurez, de ancianidad). Y visión del amor como símbolo trascendido de solidaridad de los hombres, ante 'los términos' de su vivir. Los términos... y el término, cuya vislumbre planea sobre todo el libro. Se inició la composición de éste como obra de amor en un sentido estricto, pero pronto la intuición se abrió y ensanchó hasta dar lugar a la visión completa y abarcadora. El título, sin alterarse, se mostró capaz de la cabal significación." Aun concediendo un margen de aproximación al autor en el comentario de su propio trabajo ("el vivir humano, tema central"; "visión del amor como símbolo trascendido de solidaridad", etc.) y a pesar del atenuante de la última aseveración, parece evidente que los tiempos de composición del libro, a que se refiere Bousoño, lo contradicen y lo desmienten por lo que se refiere a su substancia central y su génesis: de hecho, hasta agosto de 1952 (por consiguiente, no tan "pronto") la obra siguió fiel a una temática amorosa, y sólo a partir de esa fecha "se abrió y ensanchó" al tema de la vida solidaria (el poeta-protagonista que se reconoce en los demás) y al de la "edad humana". Las fechas lo dicen a las claras y confirman el desarrollo del libro en bloques, correspondientes (con excepciones de poca monta de uno o dos poemas) a las cinco partes en que *actualmente* está dividido y subtitulado:

a) de mayo de 1945 a agosto de 1946, *la primera parte* ("Como el vilano"), en que se canta de diversas formas la fugacidad del amor y su inminente, inevitable fin;

b) de febrero de 1950 a agosto de 1951, tras una interrupción de más de tres años, *la tercera parte* ("La realidad"), donde el poeta-protagonista parece tomar conciencia de la reducida y triste concreción del amor y de la soledad de fondo de todo amante:

c) de octubre de 1951 a agosto de 1952, *la quinta parte* ("Los términos"), en que variadamente se describe el momento en que los amantes advierten que algo les delimita y al mismo tiempo les trasciende, ante la decadencia y la muerte;

d) de agosto de 1952 a diciembre de 1952, *la segunda parte* ("La mirada extendida"), donde se da el descubrimiento del prójimo, numeroso y real, ya casi excluida toda temática amorosa;

e) de diciembre de 1952 a enero de 1953, *la cuarta parte* ("La mirada infantil"), donde se dibujan cuadros y escenas particulares de una infancia visitada de nuevo y distintamente.

En esta secuencia y en este arco compositivo, que se extiende a lo largo de un amplio período de tiempo, y que resulta construido en secciones casi compactas, es fácil reconocer una vigorosa, pero instintiva e inorgánica "historia del corazón", en la cual el prójimo (o los demás, o la colectividad, etc.) surge como "término", "límite" o dato de "reconocimiento" del vivir humano, pero *después*, en estrecho contacto con los poemas de más profunda reflexión sobre la vida, luego reunidos en la quinta y última parte del programa final del autor. Digno de mención es también el hecho de que una de las últimas composiciones escritas, casi como colofón de la obra (agosto de 1953), es "El poeta canta por todos", a la que se le concede —como hemos visto— la tarea de expresar la nueva poética y la nueva concepción aleixandrina.

Pero la pequeña divergencia que existe entre la sucesión de los tiempos de composición de las poesías, por un lado, y la disposición definitiva del material y las intenciones declaradas en la nota de 1956, por otro, prueba que ha habido un verdadero cambio de rumbo, o sea, un cambio estructural. Produciendo en la obra nuevos contenidos y disciplinando *a posteriori* la materia (nuevo orden y subtítulos), en el fondo Aleixandre ha cambiado en gran medida el sistema de los símbolos y de los signos de *Historia*, que por este motivo ha llegado a ser una historia del descubrimiento y de la conquista de los límites del vivir humano. La operación no es superficial ni exterior; pero algo —como veremos— de la génesis ha quedado en los pliegues del libro. Es más: mi indagación genética, hasta ahora preventiva, permite también volver a canalizar con antelación las dos corrientes de interpretación excesivas a las que aludía al principio: la que realza excesivamente el nuevo curso o "conversión", porque en el fondo resulta de una investigación sobre lo trascendente; y la que realza descomedidamente el elemento trascendente, porque, en última instancia, queda superado por el encuentro con el hombre colectivo, con el elemento relacional, visto que incluso el poeta (nota de 1956) tiende a insistir especialmente sobre el momento de la solidaridad. A propósito de esto, quisiera hacer notar un último dato: una de las dos poesías que no aparecen en la cronología reconstruida por Bousoño (figuran en cambio otras dos, que luego se excluyeron del libro), "Ten esperanza", que J. O. Jiménez considera como una de las más reveladoras (y, efectivamente, en parte lo es) de la inclinación de Aleixandre hacia lo trascendente, la coloca el autor como apertura de la sección "La mirada extendida", casi como para demostrar la mezcla de los dos filones temáticos fundamentales, su existencial inseparabilidad y su recíproco integrarse (por lo menos en su intención). Todo, en definitiva, demuestra que lo que, en la exégesis de Bousoño y más aún en la de J. O. Jiménez, se resuelve en aceptación resignada, por parte de Aleixandre, de los límites humanos y terrenos —casi como un paso obligado en el camino hacia la divinidad o el ente supremo—, cobra sentido, en el fondo, en el contexto general de crisis y de total meditación existencial del poeta.

Ya desde la primera página —a partir de ahora, naturalmente, será mi obligación seguir el orden establecido del libro— *Historia del corazón* pone al lector frente a dos estados de ánimo clarísimos: la sensación de que el amor ya no es la fuerza primigenia y fecunda que había sostenido al amante hasta ese momento, y la de que puede sucumbir al contacto minucioso y detallado con la realidad:

Nació el amante para la dicha,
para la eterna propagación del amor,
que de su corazón se expande
para verterse sin término
en el puro corazón de la amada entregada.

Pero la realidad de la vida,
la solicitación de las diarias horas,
la misma nube lejana, los sueños, el corto vuelo inspirado del juvenil corazón que él ama,
todo conspira contra la perduración sin descanso de la llama imposible;

y la sensación de soledad que en algunos trances asalta al amante:

Porque el corazón del amante
triste es en las horas de la soledad.[322]

La soledad —"soledad", "estar solo", "solos", son expresiones que se repiten a lo largo de la obra— [323] toma ahora un nuevo aspecto y una dimensión inédita, pero precisa y consistente, en el mundo poético aleixandrino. Nace y se hace concreta tanto en la fase en que el amor tiende a la conclusión (a eso se refieren los títulos y los contenidos de algunos poemas, tales "Coronación del amor", "El último amor", "Sombra fi-

322. *OC-HC*, p. 683 ("Como el vilano").

323. *OC-HC*, p. 688 ("La frontera"); pp. 703-704 (tres veces en "El último amor"); p. 706 ("Sombra final"); pp. 730-731 (dos veces en "El niño y el hombre"); p. 740 ("Tierra del mar"); p. 747 ("El sueño"); p. 782 (dos veces en "Entre dos oscuridades, un relámpago"); p. 789 (dos veces en "Mirada final").

nal"), como en la plenitud y saciedad del amor sensual —piénsese en el hemistiquio "¡Cómo te olvido mientras te beso!"—,[324] que puede suscitar tristeza (éste es el caso de "Otra no amo", "Nombre", "No queremos morir", etc.) o también desplegada felicidad y alegre abandono ("Tendidos, de noche", "En el bosquecillo", y "En el jardín"). De todas formas, la soledad surge de una reflexión, de un "pensamiento"; es, en el fondo, sutil toma de conciencia:

> Si miro tus ojos,
> si acerco a tus ojos los míos,
> ¡oh, cómo leo en ellos retratado todo el pensamiento de mi soledad![325]

> Hablo entonces de ti, de la vida, de tristeza, de tiempo [...]
> mientras mi pensamiento vaga lejos, penando allá donde vive
> la otra descuidada existencia por quien sufro a tu lado.[326]

> Hay momentos de soledad
> en que el corazón reconoce, atónito, que no ama [...].[327]

A ese estado de ánimo —que es sensación de soledad, pero también desamor, imposibilidad de fusión completa, etc.— Aleixandre se entrega con lucidez, sumergiéndose cada vez más, por un lado, en los meandros

324. Ibid., p. 692 ("Otra no amo").
325. Ibid., p. 688 ("La frontera").
326. Ibid., p. 690 ("Otra no amo").
327. Ibid., p. 747 ("El sueño").

del amor, las secretas articulaciones eróticas —donde con frecuencia encuentra algo que se rechaza, que se niega, etc.—,[328] como en las dos composiciones contiguas "Mano entregada" (resuelta en el plano del tacto y del oído) y "La frontera" (resuelta en el plano del olfato y de la vista):

Pero otro día toco tu mano. Mano tibia.
Tu delicada mano silente. A veces cierro
mis ojos y toco leve tu mano, leve toque
que comprueba su forma, que tienta
su estructura, sintiendo bajo la piel alada el duro hueso
insobornable, el triste hueso adonde no llega nunca
el amor [...].[329]

Déjame entonces con mi beso recorrer la secreta cárcel de mi vivir,
piel pálida y olorosa, carnalidad de flor, ramo o perfume,
suave carnación que delicadamente te niega,
mientras cierro los ojos, en la tarde extinguiéndose,
ebrio de tus aromas remotos, inalcanzables,
dueño de ese pétalo entero que tu esencia me niega.[330]

328. A veces se piensa que el sentimiento de desamor o de *desengaño* amoroso que invade un grupo de poesías de *HC* es la causa de la búsqueda de "los otros" que caracteriza el otro grupo de poesías del mismo libro. Y que el verbo *rehusar* de algunas poesías es el contrario dialéctico del verbo *reconocer* de otras.

329. *OC-HC*, p. 686 ("Mano entregada").

330. Ibid., p. 689 ("La frontera").

Y, por otro, sumergiéndose y ensimismándose en las medidas y delimitaciones temporales (definidas en el estricto signo de la hora):

> Por eso el amante sabe
> que su amado le ama
> una hora, mientras otra hora sus ojos
> leves discurren
> en la nube falaz que pasa y se aleja.[331]
>
> Presente, con su olor a esta hora,
> con su mano mojada, a esta hora,
> con su beso —su calor—,
> a esta hora.[332]
>
> [...] con tu golpe de estar, con tu súbita realidad realizada en mi hora [...].[333]

Por muy ideal, emblemática o real que sea, esa hora, en que se realiza y se apaga el impulso amoroso, se sitúa casi siempre en el tiempo de la tarde avanzada —poniente, crepúsculo, atardecer, o penumbra que precede a la noche—, como se puede notar dando una ojeada a muchas composiciones del libro: "en la tarde extinguiéndose", "se acerca en la tarde", "en la tarde apagada", "en la penumbra del cuarto", "es al poniente hermoso", "se está haciendo de noche", "mientras la noche empezaba", "en la raya azul del increíble

331. Ibid., p. 684 ("Como el vilano").
332. Ibid., p. 749 ("En el jardín").
333. Ibid., p. 750 ("La certeza").

crepúsculo", "rayos postreros del sol", "es por la tarde", etc.[334] Es un síntoma más que indica la atmósfera elegíaca, discretamente crepuscular, en la que *Historia* toma impulso, y se construye y se inspira y se justifica: casi una línea decreciente y lenta, que luego, por fuerza o necesidad interior, de golpe se lanza y se hace línea ascendente, benéfica toma de conciencia, canto de esperanza, historia de un corazón que encuentra su indispensable compañía y su parcial rescate.

De hecho, en el momento largo en que se sale de la sombra, de la niebla del sueño, del pasado melancólico, o de la soledad acongojante, es cuando el poeta siente que puede narrar su difícil ascensión (a ello alude la poesía "Ascensión del vivir"), su reciente descubrimiento, su nueva voluntad de volver a emprender el camino (nótese a continuación la repetición puntual y significativa de la expresión "echarse a andar"):

> Yérguete y mira la raya azul del increíble crepúsculo,
> la raya de la esperanza en el límite de la tierra.
> Y con grandes pasos seguros, enderézate, y allí
> apoyado, confiado, solo,
> échate rápidamente a andar [...].[335]

> Comemos sombra, y devoramos el sueño o su sombra, y callamos.

334. *OC-HC*, p. 689 ("La frontera"); p. 690 y 691 ("Otra no amo"); p. 693 ("Después del amor"); p. 697 ("Coronación del amor"); pp. 703 y 705 ("El último amor"); p. 710 ("Ten esperanza"); p. 726 ("El viejo y el sol"); p. 728 ("La oscuridad"); etc.

335. *OC-HC*, p. 710 ("Ten esperanza").

Y hasta admiramos: cantamos. El amor es su nombre.
Pero luego los grandes ojos húmedos se levantan. La mano
no está. Ni el roce
de una veste se escucha.
Sólo el largo gemido, o el silencio apresado.
El silencio que sólo nos acompaña
cuando, en los dientes la sombra desvanecida, famélicamente de nuevo echamos a andar.[336]

Y después, cuando esta súbita luna colgada bajo la que nos hemos reconocido se apague,
echaremos de nuevo a andar. No sé si solos, no sé si acompañados.
No sé si por estas mismas arenas que en una noche hacia atrás de nuevo recorreremos.[337]

La sombra devorada y las playas recorridas hacia atrás son dos metáforas entre otras muchas en que el poeta cuaja su intuición del tiempo circular, y por lo tanto infinito, del amor. (No, no es tiempo histórico, o no es todavía tiempo histórico el de Aleixandre: es aún una abstracción, un límite metafísico, ya que no llega a ser una relación.) [338] De un amor —y ahí radica la novedad— que se busca a sí mismo o a otro amor, que no se contenta con su propio estado, que pretende

336. Ibid., p. 780 ("Comemos sombra").

337. Ibid., p. 782 ("Entre dos oscuridades, un relámpago").

338. "El nuevo libro de nuestro autor —escribe C. Bousoño, *op. cit.*, p. 86— está cargado de la sensación del tiempo". Pero se trata de aclarar bien el problema, de comprender el valor del tiempo en el mundo poético de *HC*.

otra vida, que indaga su propia sustancia secreta y en los rincones de la intimidad afectiva descubre el "bulto vivo" del alma:

> He soñado mucho. Toda mi vida soñando. Toda mi
> vida tentando bultos, confesando bultos.
> Toda mi vida ciego dibujando personas.
> . . . .
> Tenté bultos, indagué cuidados:
> escuché el sonido del viento,
> nocturnamente azotando, fingiendo, tomando de
> pronto la forma de un cuerpo,
> adelantando una mano; y oía su voz. Y mi nombre.
> Y se oía [...].[339]

O también, ampliando a la pareja la misma ansia de búsqueda y, por consiguiente, ya en un estadio de consciencia más avanzada:

> Toda la minuciosidad del alma la hemos recorrido.
> Sí, somos los amantes que nos quisiéramos una tarde.
> La hemos recorrido, ese alma, minuciosamente, cada
> día, sorprendiéndonos con un espacio más.
> Lo mismo que los enamorados de una tarde, tendi-
> dos...
>
> Pero esto es una gran tarde que durase toda la vida.
> Como tendidos,
> nos existimos, amor mío, y tu alma,
> trasladada a la dimensión de la vida, es como un
> gran cuerpo

339. *OC-HC*, p. 735 ("La realidad").

que en una tarde infinita yo fuera reconociendo [...].[340]

Manteniéndose siempre en el perímetro de esa ansia subjetivamente bien caracterizada, Aleixandre descubre una especie de consuelo o asidero "cultural" a su crisis, a sus reflexiones, a su íntima búsqueda de razones superiores. Y no lo encuentra —por así decirlo— en pasaje del Evangelio o en un texto de filosofía o de moral, sino en un recuerdo libresco, en la cita de un poeta, en las vibraciones de otra ansia lírica (y no tan problemática o paradigmática): en los versos finales de la poesía "Lo fatal", que cierra en profundidad los *Cantos de vida y esperanza* de Rubén Darío:

Ser, y no saber nada, y ser sin rumbo cierto,
y el temor de haber sido y un futuro terror...
Y el espanto seguro de estar mañana muerto,
y sufrir por la vida y por la sombra y por
lo que no conocemos y apenas sospechamos,
y la carne que tienta con sus frescos racimos
y la tumba que aguarda con sus fúnebres ramos,
¡y no saber adónde vamos,
ni de dónde venimos [...]! [341]

A los dos últimos versos de esta poesía, cuyas repercusiones van más allá de la mera cita ("[...] y sufrir por

340. Ibid., pp. 771-772 ("La explosión").

341. R. Darío, *Poesías completas*, Madrid, 1967[10], p. 688. Los versos "Y no saber adónde vamos, ni de dónde venimos" son el dístico en epígrafe al poema "Entre dos oscuridades, un relámpago" de Aleixandre (*OC-HC*, p. 781).

la vida y por la sombra y por / lo que no conocemos y apenas sospechamos, / y la carne que tienta con sus frescos racimos [...]"), Aleixandre responde apodícticamente:

> Sabemos adónde vamos y de dónde venimos [...].

En esta afirmación —que podría parecer el *Wendepunkt* de una nueva y sólida certidumbre— el poeta funda en cambio sólo un descubrimiento, en el fondo aún parcial y limitado: que la vida es, "entre dos oscuridades, un relámpago" (título y verso central del poema), o sea "la conciencia súbita de una compañía, allí en el desierto", compañía con la que se reconoce, se siente y se es

> (A ti, mi compañía, mi sola seguridad, mi reposo instantáneo,
> mi reconocimiento expreso donde yo me siento y me soy)

e intuye que con ella puede proseguir confiado su camino, "mientras la instantánea luna larga nos mira y con piadosa luz nos cierra los ojos". (Que es además la misma luz "piadosa" del cielo, del último verso de la última poesía del libro.) [342]

En la acción del "reconocerse" y del "reconocer" —verbo clave de todo el libro— [343] toma cuerpo y se

342. Todas las citas precedentes están entresacadas de la composición "Entre dos oscuridades, un relámpago" (*OC-HC*, pp. 781-782). La última poesía de *HC* ("Mirada final. Muerte y reconocimiento") ter-

resuelve la conciencia de la crisis, o sea, la amplia insatisfacción existencial del poeta, que así consigue superar su inicial y nunca anulada sensación de soledad. La soledad, de hecho, lo sigue hasta la última y conclusiva composición del libro —"Mirada final (Muerte y reconocimiento)"—, en donde aparece como un dato adquirido, establemente instalada en el vivir humano:

> La soledad, en que hemos abierto los ojos.
> La soledad en que una mañana nos hemos despertado, caídos,
> derribados de alguna parte, casi no pudiendo reconocernos [...] [344]

Pero el "reconocimiento" final en la compañía de la mujer amada (la madre), ante la muerte, que aquí aparece como la más alta experiencia de la contemplación del vivir humano (la palabra "mirada" tiene en el libro

---

mina con los siguientes versos: "cuando con estos mismos ojos que son los tuyos, con los que mi alma contigo todo lo mira, / contemple con tus pupilas, con las solas pupilas que siento bajo los párpados, / en el fin del cielo piadosamente brillar" (ibid., p. 790). Este último poema —evidentemente dedicado a la madre muerta— hace perfecto *pendant* con el último de *SP*, que también está dedicado a la madre ("No basta", ibid., pp. 595-598).

343. Es el verbo en el que se basan las poesías siguientes: "Ten esperanza", "En la plaza", "El poeta canta por todos", "El otro dolor", "La clase", "La explosión", "No queremos morir", "Entre dos oscuridades, un relámpago", "Ante el espejo", y "Mirada final". (Pero el verbo aparece también en otras composiciones, como "El alma", "Comemos sombra", etc.).

344. *OC-HC*, p. 789.

un preciso arco cualificativo o explicativo o narrativo, que va desde la "mirada extendida" o la "mirada infantil" hasta esa "mirada final"), ha pasado ya por otro estadio, por otra fase, la del "reconocimiento" de sí mismo en los demás seres humanos:

> Cuando, en la tarde caldeada, solo en tu gabinete,
> con los ojos extraños y la interrogación en la boca,
> quisieras algo preguntar a tu imagen,
>
> no te busques en el espejo,
> en un extinto diálogo en que no te oyes.
> Baja, baja despacio y búscate entre los otros.
> Allí están todos, y tú entre ellos.
> Oh, desnúdate y fúndete, y reconócete.[345]

¿Cómo se explican y se concilian entre sí esas dos fases? La lógica querría que el reconocimiento en los otros no resultase un episodio aislado, como de hecho resulta, y que el poeta fuese *desde* la consciencia de la compañía de los dos amantes (que huyen del desierto de la soledad hacia el cobijo de un cielo piadoso) *hasta* la "visión del amor como símbolo trascendido de solidaridad de los hombres" —según la fórmula que luego acuña el propio Aleixandre—,[346] es decir, hasta la identificación con el prójimo, visto como un todo solidario o en sentido evangélico. En cambio, el discurso poético evita esa lógica, no modifica el orden y ni siquiera inventa otra lógica o una no-lógica, permitiendo que las dos dimensiones —compañía amorosa

345. Ibid., p. 712 ("En la plaza").
346. *OC-MP*, p. 1474.

como etapa en el camino hacia la trascendencia, e identificación con los otros como acto completo de amor y de relación, o respuesta exhaustiva a las instancias de amor y de relación— se presenten en una sucesión imprecisa, vaguen dispersamente y queden como yuxtapuestas y no soldadas entre sí. Y, además, sólo cuatro de los once poemas que forman la sección titulada "La mirada extendida", aparentemente reservada a las composiciones de carácter colectivo, afrontan el tema del vivir solidario en su sustancia, puesto que, a mi entender, hay que considerar como breves cuadros de ambiente social, por otra parte más bien convencionales, las poesías "A la salida del pueblo", "El niño murió", "El visitante" y "El viejo y el sol".

Por lo tanto, mirándolo bien, en esa "anomalía" o debilidad estructural se puede descubrir no sólo la rígida huella de la peculiar génesis del libro, como ya hemos indagado, sino también algo más: el hecho de que la solidaridad, la unión con los otros, es para Aleixandre más una anulación que una identificación, más un acto —se podría decir— de abandono casi místico que un impulso consciente de "reconocimiento" concreto, de conocimiento efectivo. Esto se nota de modo sobresaliente en algunos pasajes de la obra. Ahí donde, por ejemplo, la muchedumbre se confunde y casi forma cuerpo con el paisaje, recordando imágenes cósmicas del Aleixandre anterior y de *La destrucción o el amor*:

Era una gran plaza abierta, y había olor de existencia.
Un olor a gran sol descubierto, a viento rizándolo,
un gran viento que sobre las cabezas pasaba su mano,
su gran mano que rozaba las frentes unidas y las reconfortaba.[347]

O también:

No es la selva la que se queja. Son sólo sombras, son hombres.
Es una vasta criatura sólo, olvidada, desnuda.
Es un inmenso niño de oscuridad que yo he visto y temblado.[348]

O ahí donde, por ejemplo, los verbos de la experiencia colectiva parecen prestados por la experiencia ascética, por el éxtasis o por el *transfert*: "sentirse... impelido, llevado, conducido, mezclado, rumorosamente arrastrado"; "el furioso torbellino dentro del corazón te enloquece"; "allí serenamente en la ola te entregas"; "quedamente derivas"; "un único corazón te recorre, un único latido sube a tus ojos, poderosamente invade tu cuerpo, levanta tu pecho"; "con generoso corazón se siente arrastrado"; "se confía"; "se entrega completo"; "compasivamente te rindes"; "fluir y perderse"; etc.[349]

347. *OC-HC*, p. 712 ("En la plaza").
348. Ibid., p. 720 ("Vagabundo continuo").
349. Esas expresiones están entresacadas de los poemas siguientes: "En la plaza" (p. 711); "El poeta canta por todos" (tres en p. 716 y una en p. 717); "La oscuridad" (una en p. 727 y una en p. 728); etc.

Sin embargo no es ésa la única consecuencia de la falta de compensaciones estructurales y de las leves contradicciones internas de la obra. Observando como "el mecanismo expresivo de Aleixandre ha sufrido, de modo paralelo y correspondiente a la evolución de su visión básica, una abertura gradual hacia la claridad y la inteligibilidad" y como "algunos de sus módulos formales característicos" se han adaptado a los "nuevos fines", J. O. Jiménez, en una página de su ensayo, permite comprender que "otras de aquellas *maneras*" han permanecido ajenas a tal proceso y declara luego que estarán condenadas "a una necesaria preterición".[350] Lo cual, dicho de otro modo, significa que *Historia del corazón* se presenta, desde el punto de vista morfológico y expresivo, como una obra de transición, todavía llena de residuos formales y de "maneras" superadas, hasta dar la impresión de una difusa aura retórica, de un cierto estancamiento en la invención lingüística, y, globalmente, de un cierto manierismo interior. Con ese término me parece que se puede designar la repetición, a menudo mecánica, de formas, soluciones y estilemas típicos del repertorio aleixandrino, como, por ejemplo, la de los adverbios en *-mente*, de superlativos y de gerundios:

Toda la quemazón, la historia de la tristeza, el resto
de las arrugas, la miseria de la piel roída,
¡cómo iba lentamente limándose, deshaciéndose!
Como una roca que en el torrente devastador se va
dulcemente desmoronando,

350. J. O. Jiménez, *op. cit.*, pp. 64-65.

rindiéndose a un amor sonorísimo,
así, en aquel silencio, el viejo se iba lentamente anulando, lentamente entregando.
Y yo veía el poderoso sol lentamente morderle [...],[351]

o como la fuerte acumulación de adjetivos y participios pasados:

Todos ellos eran hermosos, tristes, silenciosos, viejísimos.
Tomaban el sol y hablaban muy raramente.
Ah, el sol aquel dulce, que parecía cargado de la misma viejísima vida que ellos.
Un sol casi melodioso, irisado, benévolo...

Pero todos agrupados, diseminados en el corto trecho,
callados y vegetativos, profundos y abandonados a la benigna mano que los unía.[352]

Una sensación de amanerada lentitud la produce también el frecuente recurso a la epanadiplosis y a las repeticiones concatenadas:

[...] Que arranca en el rompimiento que es conocerse y que se abre, se abre,
se colorea como una ráfaga repentina que, trasladada en el tiempo,
se alza, se alza y se corona en el transcurrir de la vida,

351. *OC-HC*, p. 725 ("El viejo y el sol").
352. Ibid., p. 714 ("A la salida del pueblo").

haciendo que una tarde sea la existencia toda, mejor
dicho, que toda la existencia sea como una gran
tarde,
como una gran tarde toda del amor, donde toda
la luz se diría repentina, repentina en la vida entera,
hasta colmarse en el fin, hasta cumplirse y coronarse
en la altura [...] [353]

En otros casos, el mismo procedimiento (o caso), que se desarrolla en frases cortas, produce efectos de perplejidad pausada y de desnuda tensión:

Hundirme en tus ojos. Has dormido. Mirarte,
contemplarte sin adoración, con seca mirada. Como
no puedo mirarte.
Porque no puedo mirarte sin amor.
Lo sé. Sin amor no te he visto.
¿Cómo serás tú sin amor?
A veces lo pienso. Mirarte sin amor. Verte cómo serás tú del otro lado.
Del otro lado de mis ojos. Allí donde pasas,
donde pasarías con otra luz, con otro pie,
con otro ruido de pasos. Con otro viento que move-
ría tus vestidos.[354]

Pero estas y análogas iteraciones están en función, en muchos casos, del carácter y del modo narrativo y casi descriptivo de muchos poemas del libro. (En el que se cuenta, hay que insistir, una "historia del corazón".)

353. Ibid., p. 771 ("La explosión"). Véanse también los versos de "En la plaza" que he citado en p. 210.
354. Ibid., p. 742 ("Tendidos de noche").

Por otra parte, el fenómeno coincide en gran parte, o por lo menos se identifica, con el amplísimo empleo del discurso paratáctico, constelado o no de conjunciones copulativas. Y para ello se pueden dar numerosos ejemplos, pero me limitaré sólo a dos muestras:

> Y le vemos despedir de sus manos los pájaros inocentes.
> Y pisar unas flores tímidas tan levemente que nunca estruja su viviente aromar.
> Y dar gritos alegres y venir corriendo a nosotros, y sonreírnos [...].[355]

> Como un cuerpo que ha rodado por un terraplén
> y, revuelto con la tierra súbita, se levanta y casi no puede reconocerse.
> Y se mira y se sacude y ve alzarse la nube de polvo que él no es, y ve aparecer sus miembros,
> y se palpa: "Aquí yo, aquí mi brazo, y éste mi cuerpo, y ésta mi pierna, e intacta está mi cabeza",
> y todavía mareado mira arriba y ve por dónde ha rodado [...].[356]

Otras veces, en cambio, el expediente estilístico revela un intencional y estudiado juego interno de espejos, casi símbolo de la "especularidad" de las situaciones,[357] o también un refinado juego de analogías exis-

355. Ibid., p. 730 ("El niño y el hombre").

356. Ibid., p. 789 ("Mirada final").

357. Una investigación particular debería hacerse sobre el símbolo del espejo en Aleixandre. Hay en ese símbolo algo que recuerda el sentido central del ensayo de M. Gauthier, varias veces citado, acerca del

tenciales. Se pasa del caso más sencillo al más complicado. Ya hemos señalado la repetición de la frase "echarse a andar": signo tal vez de un confiado abandonarse a la esperanza. También alude a la esperanza la imagen "la raya azul del crepúsculo":

> Yérguete y mira la raya azul del increíble crepúsculo,
> la raya de la esperanza en el límite de la tierra.[358]

La utilización de la misma imagen en el poema "El visitante" —que tal vez simboliza la aparición de Cristo en una triste casa de pobres gentes—, parece iluminar la escena con el mismo significado:

> El padre detuvo su maza y dejó su mirada en la raya
> azul del crepúsculo.[359]

Más profundo, y por consiguiente más sustancioso, es el sentido del gesto de "cerrar los ojos", casi el *leitmotiv* de varias poesías del libro: "a veces cierro los ojos"; "mientras cierro los ojos" (dos veces); "otras

---

narcisismo aleixandrino. Pero el símbolo con frecuencia asume significaciones más vastas y variadas, que van desde la imagen de la mujer-río y de la mujer-agua hasta ese "reconocerse" en la mujer y luego en el prójimo numeroso. (Cf. p. 87 del presente estudio. Ténganse en cuenta además el poema "Ante el espejo" y los versos de "En la plaza" citados en p. 210.) En cuanto a las remisiones de expresiones, imágenes y frases en que el poeta se recuerda a sí mismo, etc., vea el lector lo que ya hemos escrito a propósito de la concentración semántica y metafórica de Aleixandre (cf. p. 136).

358. *OC-HC*, p. 710 ("Ten esperanza").

359. Ibid., p. 722 ("El visitante").

veces, cerrados los ojos, desciende mi boca..."; "a tu lado, cerrando mis ojos"; "cerrando los ojos"; "has cerrado los ojos"; "cierra los ojos"; etc.[360] Se trata probablemente de la actitud más idónea para expresar la resignación a la caducidad del amor. Pero en la segunda parte del libro (en las secciones "La realidad" y "Los términos") nace, como contrapunto, primero la negación ("no cierro los ojos") y luego su contrario: "con mis ojos abiertos", "hemos abierto los ojos", etc. También como contrapunto parece que están colocadas dos composiciones, "En el bosquecillo" y "Difícil". La primera, que es un plácido poema amoroso, vivamente descriptivo, empieza con el verso:

> Así la vida es casi fácil. La vida no es tan difícil,[361]

y la segunda, también un poema de amor, con los siguientes versos:

> ¿Lo sabes? Todo es difícil. Difícil es el amor.
> Más difícil su ausencia. Más difícil su presencia o estancia.
> Todo es difícil [...].[362]

El gusto por la repetición o por emparejar adverbio-adjetivo, ya presente en *Sombra* ("Ligera, graciosa-

360. Lo encontramos en los poemas siguientes: "Mano entregada" (p. 686), "La frontera" (p. 689), "Otra no amo" (dos veces, p. 691), "Nombre" (p. 696), "El visitante" (p. 722), "La oscuridad" (dos veces, p. 728), etc.

361. *OC-HC*, p. 745.

362. Ibid., p. 777.

mente leve…"; "Ah, triste, ah inmensamente triste"),[363] engendra, en algunos casos, aunque raros, en el cuerpo de *Historia*, versos con epanalepsis:

Dulce es, acaso más dulce, más tristísimamente dulce;

Siempre leve, siempre aquí, siempre allí; siempre.[364]

O bien da lugar a un sutil y refinadísimo juego de remisiones, como entre las poesías "Mano entregada" (ME) y "La frontera" (LF):

ME: Es por la piel secreta, secretamente abierta, invisiblemente entreabierta,

LF: Piel preciosa, tibia, presentemente dulce, invisiblemente cerrada;

ME: tu delicada mano silente, por donde entro despacio, despacísimo, secretamente en tu vida,

LF: Cuán delicadamente beso despacio, despacísimo, secretamente en tu piel.

O también, en el interior de un mismo poema (LF):

a) la *delicada* frontera que de mí te *separa.*
Piel preciosa…

b) detrás de tu *frontera preciosa*, de tu mágica *piel* inviolable,
separada de mí por tu superficie *delicada…*

363. *OC-SP*, p. 562 y p. 564.
364. *OC-HC*, pp. 684-685 ("Como el vilano").

En fin, esas remisiones tan cercanas (y me he limitado a citar sólo las más evidentes) provocan, por contrapunto, en un tercer poema, "Otra no amo" (ONA), otras combinaciones de signo inverso. En LF la piel era una frontera inviolable e invisible; en ONA, en cambio:

> Me asomo entonces a tu fina piel, al secreto visible
> de tu frente donde yo sé que habito [...].

Y más aún: en ME era la piel de la mano que gemía:

> [...] de tu porosa mano suavísima que gime [...];

en cambio, en ONA, es la piel lo que hace gemir:

> mientras gimo, mientras secretamente gimo de otra
> piel [...].

La frecuencia misma de todas las características formales hasta ahora mencionadas, y en particular la incidencia de esa última especie de embriogénesis de signos y símbolos, otorgan a *Historia del corazón* la difusa aureola de manierismo de que hablábamos. Pero, como el círculo de la creación literaria hay que explicarlo en todas las direcciones, creo que puedo afirmar que son dos, según mi parecer, las causas fundamentales del fenómeno. En primer lugar existe el hecho —en parte ya señalado— de que el cambio del punto de vista del poeta, la nueva "visión" general de su poetar, cae en el interior del libro y le da aspecto de obra de transición y de crisis efectiva. La otra dimensión —e importantísima— que asume dicha visión o concepción es la de contar (o comunicar) una experiencia subjetiva y, raras veces (algo se vislumbra en las secciones "La mirada extendida" y "La mirada infantil"), una experiencia objetiva (o retrato); pero tal dimensión no es todavía una disposición creativa, no ha llegado todavía al punto de su autodeterminación. Y he ahí el porqué de la falta de compensaciones estructurales del libro y su inestabilidad y precariedad lingüística. En segundo lugar existe el hecho de que la memoria, que ya afloraba en *Sombra*, ha tomado en *Historia* la supremacía sobre todas las cosas, ha roto el círculo mágico de la poesía absoluta y metafísica, ha establecido —tras un choque— los nexos entre sentimientos y realidad temporal, y ha contribuido al descubrimiento y a la conquista de los límites humanos. Si de hecho el poeta merodea, sin tregua, en torno a un léxico reducido pero completamente suyo, y si continúa cultivando una memoria minuciosa de su propio metaforismo y de sus propios estilemas, ello se debe precisamente al predominio que en su fantasía ha alcanzado la memoria en sentido lato. Todo eso me parece que lo ha intuido bien R. Gullón, quien ha escrito: "*Historia del corazón*, como todos los de Aleixandre, es el libro de movimientos elementales, pero, a diferencia de los demás, en él la visión fue reemplazada por el recuerdo; la imaginación cedió a la memoria, aunque la remembranza sea imaginativa y tienda a vivir de su propio fuego, al modo que en los poemas de otra época la imaginación arrancaba y se nutría de la memoria".[365]

365. R. Gullón, *op. cit.*, p. 231.

Capítulo 7

"EN UN VASTO DOMINIO": LA DIMENSIÓN PROFUNDA Y MUDABLE DE LA MATERIA

Justo en el punto en que acaba *Historia del corazón* empieza el siguiente libro de versos: *En un vasto dominio* (1958-1963). No se trata de una mera cuestión de contigüedad cronológica, ya que, es más, entre el final de la composición del primero (1953) y el principio de la composición del segundo libro (1958) pasan unos buenos cinco años. La unión entre *Historia* y *En un vasto dominio*, desde el punto de vista evolutivo, se funda más bien en precisos factores. Mientras en el primero, por ejemplo, el concepto de "historicidad" estaba concedido a un rescate de la memoria y por consiguiente tenía todavía (como en el mismo título del libro) señas personales, o era apenas un descubrimiento de relación y una parcial conquista de "límites", en el segundo la intención de Aleixandre de "enfrentarse con el vivir histórico" [366] a menudo se mide

366. En *MP*, 3.ª ed., aumentada, Madrid, 1968, p. 215. (Presentación de *En un vasto dominio*.)

con un pasado impersonal y se cuaja en una visión que en cualquier caso ha perdido toda señal evocativa, toda tonalidad elegíaca, todo residuo estrictamente privado. Un ejemplo más: la breve parte que en *Historia* estaba bajo la calificación de "Mirada extendida", en el nuevo libro se convierte en tendencia a más vastos horizontes (es a lo que alude el título), o mejor aún, centro de inspiración e instrumento de avance cognoscitivo.[367] Pero esos y otros caracteres se pueden reducir a dos líneas maestras, una complementaria de la otra, de *En un vasto dominio*: el ejercicio integral de la poética de la "comunicación" (enunciado en el poema-prólogo, "Para quién escribo") y la búsqueda de una dimensión narrativa en el interior del discurso poético. Una de las consecuencias de la poética profesada ahora escrupulosamente es —como ya hemos visto— [368] la remoción del "yo" lírico y por lo tanto la supremacía de la tercera persona del singular y del plural. Y otra es precisamente el desarrollo de la disposición a la narración.

Tal disposición parece que al fin triunfa con *En un vasto dominio*, cuyas varias partes, ya lo hemos dicho, se titulan sintomáticamente "capítulos", y donde la medida temporal asume una importancia considerable, dado que el poeta ha decidido introducirse en la historia, tras la experiencia memorial de *Los encuentros* (1954-1958), serie de retratos de escritores conocidos

367. Acerca de la sobresaliente función de la "mirada" en el libro que estamos examinando, véase más adelante.

368. A ese respecto, véase lo que he escrito en pp. 184-186 del presente volumen.

en el curso de su vida.[369] Además, la contigüedad con *Historia* y con las prosas de *Los encuentros* parece que pretende poner al lector ante una segunda decisión de nuestro poeta: la de tratar por separado el elemento rigurosamente evocativo (tan significante en *Historia*), ahora relegado a la prosa, y la disposición narrativa y directamente testimonial, ahora (pero sólo ahora) predominante en la escritura en verso. Sin embargo, esas decisiones son casi aparentes (he dicho dos veces "parece"): sea porque los propósitos no se realizan nunca rígidamente en la poesía de Aleixandre, sea porque hay que aclarar qué es lo que debe entenderse, en el caso específico, por narración y disposición narrativa.

Sin duda Aleixandre, en el nuevo libro, *representa* el cuerpo humano como "proyecto de la materia"[370] y como materia en devenir (capítulo I), *describe* tipos y paisajes de la provincia española (capítulo II), *imagina y cuenta* irónicamente escenas e historias de la existencia ciudadana y burguesa (capítulo III), *refiere* sus encuentros y choques con el pasado histórico y con el mundo re-creado de la pintura (capítulos IV y V), en fin, *presenta*, en algunos "retratos anónimos", el con-

369. A pesar del tono y del lenguaje fundamentalmente líricos y de la naturaleza puramente subjetiva e "interpretativa" del libro, no examinaré *Los encuentros*. De todas formas vale la pena notar que, en la presentación, Aleixandre escribe: "Las evocaciones, de tratamiento vario, están todas intentadas a una luz temporal: arraigadas precisamente en un 'aquí' y un 'ahora', cruce del encuentro, noble palabra que, con su rico sentido, también significa hallazgo" (*OC*, p. 1153).

370. C. Bousoño, *Sentido de la poesía de V. A.*, Introducción a *OC*, pp. 53-54. "El hombre —escribe Bousoño— fue un 'proyecto' de la materia progresiva, el resultado de su milenario tesón, esfuerzo y aventura."

traste entre personajes vistos en "cuadro" y personajes tomados en "vida" (capítulo VI); no obstante, su *representar*, *describir*. *contar* o *referir* es casi siempre alusivo, con frecuencia —respecto a la realidad objetiva— elusivo, y nunca meramente transcriptivo.

Si efectivamente se repasa la obra en sus aspectos y momentos más minuciosos, o sea, en su microestructura, hasta remontarnos a su estructura general y a sus significados, nos damos cuenta de que el tipo especial de poesía narrativa que utiliza Aleixandre esconde una ambigüedad sustancial.

Empezando por el uso de la tercera persona, que el poeta utiliza para designar objetos e individuos destinados a la descripción. Ciertamente ese uso es generalizado y predominante, pero no exclusivo. De momento, la primera persona, o sea el "yo" del poeta, aparece dos veces: en el poema-prólogo ("Para quién escribo") y en un pliegue imperceptible de otra composición ("La sangre"), donde se lee el verso siguiente:

> *Digo* que si el latido empuja [...],

que es simplemente la respuesta a una imagen ofrecida en los versos iniciales:

> Mas si el latido empuja
> sangre y en oleadas lentas va indagando [...],[371]

371. "La sangre", *OC*, p. 810. (La cursiva es mía.)

que hay que juzgarla pues como una expresión incidental o puramente discursiva.

No son, en cambio, nada incidentales o discursivas otras desviaciones del uso generalizado de la tercera persona: el "nosotros" extensivo, el "tú" retórico o vocativo, el "vosotros" imperativo o interrogativo, e incluso las formas reflexivas o impersonales del verbo. Damos sólo tres ejemplos, tomados de todo el arco del libro:

> Así, *hemos visto* crecer
> la pierna fuerte
> o la pierna templada [...].
> No *confundáis* la piedra
> con una pierna humana [...].
>
> ("La pierna") [372]

> *Se ha visto* al docto profesor que no entiende
> hablar largamente de lo que no entiende.
> Y *se le ha visto* sonreír con la elegancia de la marioneta [...].
> Oh, *miradle* en lo sumo.
> Él flota y sonríe [...].
>
> ("El profesor") [373]

> ¡Oh, sí, *mirad* a la pareja inmóvil
> ahí en esa ventana de la ciudad pequeña [...].
> La pareja está amándose sobre el alféizar, ríe.
> Nada *se oye* [...].
>
> ("La pareja") [374]

372. *OC-VD*, p. 813. (La cursiva es mía.)
373. Ibid., p. 878 y p. 879.
374. Ibid., p. 909.

Tales formas, bastante frecuentes, evidencian un hecho harto relevante: la presencia mal disimulada del autor, el cual parece buscar, en cierto modo, la participación o incluso la complicidad de quien lee o escucha.[375] Se trata, como veremos, de un indicio primario del que por el momento sólo se deriva que el poeta tiende espontáneamente a superar la norma de la pura descripción o del objetivismo.

Otros indicios, todos complementarios, nos los ofrecen el variado empleo de verbos y modos verbales que expresan una apariencia de juicio y de interpretación (*pensar*, *parecer*, *creer*, *decir*, en las formas impersonales y reflejas: *se diría*, *piénsase*, *parecía*, *creeríase*, etc.) o que denotan oído (*se oye*, *se siente*, etc.), o la regular proliferación de adjetivos y pronombres demostrativos, como *este* o *ese* (de arraigada costumbre en Aleixandre) y de adverbios de lugar, como, principalmente, *ahí* y *aquí*. Ofrecemos algunos ejemplos:

> [...] Su estatura, pequeña. *Se diría*
> que, cuadrado y compacto, surgido de la tierra, no
> distinto del todo,
> no deseara alejarse de su origen [...].
>
> ("Félix")[376]

375. En los poemas de Aleixandre se encuentra a menudo algo de "recitado", en el sentido más llano y sencillo. Aquí, en particular, se nota en las frecuentes interjecciones o interrupciones "habladas", de lo que trataré más adelante.

376. *OC-VD*, p. 842. (La cursiva es mía.)

Se ha visto al viejo triste, cansado de existir, quizá nunca de amar, pasar despacio.
A veces *alguien piensa* [...].
("Historia de la literatura") [377]

[...] En su origen los hierros,
esos que *aquí miramos* [...].
("Antigua casa madrileña") [378]

[...] Y ahora *aquí*, con los años, ahora *este* piso habita, y alto sobre *esta* plaza
vívida. Y los días.
Si le miráis, no le veis ahora en pie, la mano sobre la mesa y los ojos *allá*, muy más *allá*, en sus luces.
Oh, no, muy más *acá*, *aquí*, muy más *aquí*. *Aquí*, en lo justo [...].
("Quinto par" – "Vida") [379]

Otro aspecto de alejamiento y desviación de la dimensión de la narración lo dan las numerosísimas exclamaciones, interrogaciones, negaciones, correcciones y roturas que Aleixandre introduce a cada paso. Incluso en una composición como "Castillo de Manzanares el Real", dedicada a José Ángel y Emilia Valente, donde él figura como "tercero" al lado de sus dos invitados ("Estos tres, una mujer, dos hombres...") y donde por lo tanto llega a contarse en tercera persona, no ha podido evitar el insinuar en algunos momentos una huella de su participación (me-

377. Ibid., p. 927.
378. Ibid., p. 888.
379. Ibid., pp. 955-956.

diante interrogaciones e interjecciones), a pesar de la vistosa andadura narrativa, como se ve en este pasaje:

> Los arcos dolorosos no sostienen techumbre: ramas verdes
> salen y palio dan al altar ido.
> Qué profusión de vida y muerte mata
> y resucita, despide y cita, y triunfa y llama.
> Con impudicia y esplendor el todo gime.
> ¿Profanación? Una unidad no humana, y más que humana,
> casi espanta. El hombre ha vuelto el rostro
> aquí dentro. ¿Hay un dentro? Oh, ya es selva.[380]

Se diría que con esa y otras semejantes (frecuentes) interrupciones el poeta quiere que *En un vasto dominio* adquiera una fisonomía inquieta e incluso dificultosa (luego veremos los motivos); pero es cierto que tales interrupciones introducen en la urdimbre lingüística y estilística del libro una inconfundible agitación e impiden una lisa y llana representación de las cosas y de las personas visitadas. A eso hay que añadir la tendencia a introducir en los versos matices y serpenteos (también en "Castillo de Manzanares el Real", por ejemplo, se cuentan hasta nueve adverbios como *acaso*, *casi*, *quizás*), cuando no negaciones a lo poco antes aseverado (*pero no*, *mas no*), lo que es, por otra parte, un antiguo y ya comentado uso de Aleixandre.[381] Pero sobre todo hay que añadir el acuciante y casi desbor-

380. Ibid., p. 894.
381. Cf. las pp. 143-146 del presente volumen.

dado recurso a las acumulaciones por sucesivas analogías, que se desarrolla en la obra tanto en forma de repetición en cadena, como en forma de epímones y de epanadiplosis. He aquí tres casos de esta última técnica, tomada de tres fragmentos distintos:

> Solo el hombre, con tela,
> tela más que vivida, casi ya herrín o terrón
> burdo,
> burdo, grato a los dedos
> como los desmigados terrones que ellos ciernen.
>
> ("Pastor hacia el puerto") [382]

> Solo al caer la tarde suenan voces,
> las solas voces de este pueblo extenso.
> Llegan, se anuncian, por esa calle advienen.
> Mozos. Ocho, diez, doce, quince mozos,
> y vienen y hablan alto, y van ligeros.
> Llegan del campo destocados, ciertos,
> cuchilla al hombro, y hablan, hablan, gritan,
> ríen o juran [...].
>
> ("Esquivias: bello nombre") [383]

> Quizá nunca fue niña: anciana,
> vieja: vieja vida vivida, y aún en su ojo turbio y
> neto,
> vividera [...].
>
> ("Cuarto par (*Óleo*)") [384]

Si con las insistentes intrusiones e interrupciones el resultado que obtiene el poeta es el de poner continua-

382. *OC-VD*, p. 841.
383. Ibid., p. 906.
384. Ibid., p. 948.

mente en duda, en crisis o en abandono el discurso objetivo, con la técnica de la repetición (a veces subrayada con vistosas aliteraciones), el resultado es, como se puede ver, el de volver enrarecida o nebulosa la prevista representación de lo real, o sea, el de demorarse tanto en el descriptivismo como para salvar sus límites "naturalísticos" y dedicarse a una especie de transcripción expresionista.[385] Dos resultados, al fin y al cabo, en su ambigüedad, paralelos.

De ellos se deduce sin embargo, como en los demás casos hasta ahora examinados, una enésima pero parcial desviación del flujo narrativo de *En un vasto dominio*. Una verdadera ruptura y un gran salto cualitativo, en sentido semántico y estructural, se observan en cambio en todo un sector especial de la obra. Volvamos a la primera serie de ejemplos dados, y a aquel indicio que hemos considerado fundamental.[386] Ya por aquellas muestras se podía comprobar la abundante frecuencia de los verbos pertenecientes al campo visual, o sea a una bien determinada categoría (*mirar*, *contemplar*, *ver*): una frecuencia, por otra parte, que abarca todo el libro. Esos verbos remiten a la función sobresaliente que el poeta asigna a la mirada y que se evidencia siempre que, en la sección de sus "retratos anónimos" y en las demás composiciones de argumento pictórico (piénsese que Velázquez se evoca por

385. Acerca de los contactos de Aleixandre con el expresionismo ya he hecho algunas observaciones en el presente volumen (pp. 63-64 y p. 122 con sus notas respectivas). Habría que profundizar un poco más el tema, y tal vez tenga ocasión de hacerlo más adelante.

386. Cf. p. 227.

tres de sus obras, *Las Meninas*, *Los borrachos* y *El niño de Vallecas*,[387] mientras que todos los "óleos" parecen referirse a la gran retratística española del siglo XVII), él emplea el "tú" o el "vosotros" para llamar la atención de sí mismo y del lector sobre la doble esencia del objeto pintado, el cual presupone una continua relación entre la cosa observada y el observador. Así, por ejemplo, están descritas las "sombras" del rey y de la reina, en el espejo, que aparecen al fondo de "Las Meninas":

> Donde tú estás que miras, ellas, las dos figuras,
> aquí tendrían que estar, oh, sobre-estar,
> a tu lado, sin vérselas.
> Y se ven sólo al fondo del otro reino, sumas, coronadas, en vidrio de un espejo o unas aguas.
> Y tú que lo contemplas casi arrojas la piedra
> por romper el espejo: ¡ahora el gran cuadro a oscuras![388]

387. El último "óleo" de la serie de los retratos ("Impar") lleva como subtítulo "El niño de Vallecas" (*OC-VD*, p. 957). En otra poesía, "Cabeza dormida" (*OC-VD*, p. 869), se lee: "Cabeza de plata mate, ¿dónde vista?; sí, un día, velazqueña, en un lienzo. / 'Los Borrachos', 'Vallecas', 'Coria', 'Breda' [...]".

388. *OC-VD*, p. 926. Como es sabido, *Las Meninas* de Velázquez siempre ha atraído la atención de los críticos de arte tanto por las relaciones espaciales que el cuadro inaugura como por su carácter de "pintura dentro de la pintura" (paralelo a famosos ejemplos de "teatro dentro del teatro"). Y no sólo de los críticos de arte: en los polos opuestos de tal atención quisiera recordar la amplia y admirable "refundición" de Picasso (que es de 1956, expuesta ahora en el Museo Picasso de Barcelona) y las primeras páginas de *Les mots et les choses* de Michel Foucault (que es de 1966, por lo tanto posterior a la poesía de Aleixandre). También Foucault, en su detallado análisis semántico del cuadro, hace una

Y con una adhesión más intensa se representa la figura de un "caballero" anónimo, al final del poema dedicado a su retrato:

Si lo miráis podéis dudar de casi todo
menos de su presencia ante esa puerta.
Detrás el tiempo va a girar despacio,
empujando ese quicio, y una luz blanca va a brillar
despierta.
La ropa cierta podéis tentar, esa cadena
dorada, la tibieza del rostro. Oh, sí, mirad, empujad
y romped ahí ese muro del aire, y entrad dentro.
("Primer par (*Óleo*)") [389]

En ambos casos el que observa se siente espontáneamente inducido o directamente invitado a un papel activo: [390] "Y tú que lo contemplas casi arrojas la piedra por romper el espejo"; "La ropa cierta podéis tentar, esa cadena dorada, la tibieza del rostro"; "Oh

---

observación parecida a la de Aleixandre, a propósito del espejo del que emergen las figuras del rey y de la reina: "Au milieu de tous ces visages attentifs, de tous ces corps parés, ils sont la plus pâle, la plus irréelle, la plus compromise de toutes les images: *un mouvement, un peu de lumière suffiraient à les faire s'evanouir*" (*op. cit.*, p. 29; la cursiva es mía). Sobre el mismo tema véase el ensayo "El espejo de Las Meninas" de Antonio Buero Vallejo, ahora en el volumen *Tres maestros ante el público (Valle-Inclán, Velázquez, Lorca)*, Madrid, 1973. En fin, por lo que se refiere a las relaciones entre pintura y teatro, y sobre todo entre pintura y "espacio teatral", deben estudiarse las alusiones que se hallan en el libro *Scénographie d'un tableau* de Jean-Louis Schefer (París, 1969).

389. *OC-VD*, p. 936.

390. Es lógico suponer que quien observa es el poeta mismo o también que es el poeta quien insinúa a sí mismo o a otros la invitación a que me refiero.

sí, mirad, empujad y romped ahí ese muro del aire, y entrad dentro". Más aún: es tanta la vibración interior y la vida profunda de la cosa representada, que ella misma consigue hacerse activa:

> El caballero extiende
> su mano, en pie, la aplica apenas
> sobre el tablero y casi
> sonríe [...]
> . . . .
> Cortés te llama, y casi él se responde. Mas acércate
> y verás que pregunta. Mira: sálvale.
>
> ("Quinto par (*Óleo*)") [391]

La "salvación" de la figura y del cuadro, o sea, del objeto retratado, está pues confiada al observador. Sólo el observador puede responder a la pregunta, a la acuciante pregunta de la materia pictórica, la cual pide precisamente que la salven de su (¿aparente?) apariencia, mediante la mirada, de la cual, por otra parte, ha nacido.

Por un lado, la participación del observador y el poder de la mirada; por otro, la pregunta del objeto observado, es más, su "enorme demanda":

> En esa material suma orgánica, se adelanta diario
> el más humilde ser, también quizá el más próximo:
> el mastín que a tu mundo incorpora mediatamente el
> mundo donde tú aún no respiras.
> La distancia, ese supremo arte del pintor que respeta,
> está aquí tensa, al borde,

391. *OC-VD*, p. 954.

y late con diafanidad, en su filo, ahora ya casi
equívoco,
frente a ti humano mismo, que eres ya de otro reino.
Nunca tu más pedido, tú la sola, la suprema respuesta a la enorme demanda.
Y casi salta o mira ese can que establece con tu ser la
atadura.
Realidad: fácil copia. Oh, verdad: más profunda.
("Las Meninas")[392]

En esos versos se puede reconocer, en su totalidad o en su punto cumbre, el salto cualitativo de que hablaba antes. De ellos, además, se pueden sacar tres tipos de consideraciones, válidas para toda la obra:

a) En primer lugar, no es casual que el salto se produzca precisamente durante la descripción de la figura del mastín, y que lo suscite tanto su colocación avanzada ("se adelanta diario"), como su "diafanidad" casi equívoca, o sea, en el límite del "reino" del observador. Respecto a la profundidad del cuadro, comparable a la profundidad de un escenario, esa figura emerge clarísima y parece acercarse al proscenio, es más, al borde de la escena, casi en contacto con el espectador de la imaginaria platea. De modo que las dos fuerzas a las que hace poco aludía (la participación del observador y la pregunta del objeto observado), aunque ahora suscitadas por la materia pictórica, expresan ya una tendencia a trascenderla, hasta referirse a la

392. Ibid., pp. 924-925. Nótese, además, en ese trozo, como en los que acabo de citar, la frecuencia de ciertas formas de indeterminación y de ambigüedad: los numeroso *casi* y *quizás* que pueblan los versos.

materia en general (también aquí, por otra parte, las varias figuras-comparsas que atestan el cuadro-escenario son "material suma orgánica").

Y es precisamente esa tendencia la que ilumina con una luz difusa el contexto de *En un vasto dominio*, y garantiza su carácter principal. Del cual tenemos otra clara prueba en el poema-epílogo ("Materia única"), donde Aleixandre llega a hacer que coincida su tarea de poeta con una especie de asidua "provocación" de la materia. En ella es sintomático en ese sentido el uso del verbo *tentar*, más cercano al étimo latino *temptare*, estimular.[393] Si en el primer verso, en forma indicativa, el verbo denota todavía una indagación, o más bien un informe de indagación:

Esa materia tientas
cuando, carmín, repasas
la sonrisa de un niño [...],

en la última estrofa *tentar* (precedido de *tocar*, *insistir*, *mojar*) se resuelve en abierto imperativo:

A siglos, le abriría
aquel guerrero. Y tocas,
y Atila pasa; insistes,
y en él nos mira el bardo;
y más, y en sus ropajes
está el tirano, y lucen
sus ojos. ¿Mira el niño?
Oh, virgen: llega y pasa.

393. Habíamos encontrado ya el verbo en una poesía citada en la p. 233: "La ropa cierta podéis tentar...".

Todo es materia: tiempo,
espacio; carne y obra.
Materia sola, inmensa,
jadea o suspira, y late
aquí en la orilla. Moja
tu mano, tienta, tienta
allí el origen único,
allí en la infinitud
que da aquí, en ti, aún espumas.[394]

Medidas casi con el mismo ritmo ondulatorio que las acompaña ("jadea o suspira, y late / aquí en la orilla..."; "...que da aquí, en ti, aún espumas"), las imágenes de esos versos —y no sólo de ésos, y no sólo de esa poesía— [395] parecen sucederse como diapositivas accionadas por un resorte a distancia ("Y tocas / y Atila pasa; insistes, / y en él nos mira el bardo..."). Forman una admirable sucesión y superposición de retratos de cuerpo entero, muy distintas entre sí, que el poeta evoca rápidamente y luego se disipan: como si sólo a su pupila —y en ello radica una de las claves del libro— [396] le estuviera concedida la facultad de superar

394. *OC-VD*, p. 963.

395. Véase el uso de términos como *onda* (en su doble acepción de onda de aire y de agua), *ondear*, *ondular*, *ola*, *oleada* y *oleaje*, en las poesías "Materia humana", "El brazo", "La sangre", "El tonto", "En el cementerio", "Las Meninas" e "Impar". Esos términos a menudo limitan con otros del mismo campo connotativo: *vibrar*, *latir*, *orilla*, *espuma*, y, naturalmente, *mar*.

396. Por otra parte, lo declara abiertamente el poeta en las palabras de presentación al libro: "La materia es única y en la pupila del poeta se hace suceso hasta desembocar, por un proceso espiritualizado, en el advenimiento del hombre" (*MP*, 3.ª ed., aumentada, p. 215).

el tiempo y de anular el espacio, estableciendo así la ideal copresencia de los fenómenos. Al proceso visual, y a la mirada del observador y de lo observado,[397] se confía pues el descubrimiento del carácter continuo, casi eterno e infinito, de la materia.

b) La segunda consideración, que brota del mismo núcleo poético, revela —y es una prueba más del contexto gnoseológico de toda la poesía y de la poética aleixandrina— la supremacía que confiere el escritor al concepto de *verdad* con respecto al de *realidad*, concisamente expresado al final de la citada estrofa:

Realidad: fácil copia. Oh, verdad: más profunda;

pero esporádicamente presente en todo el primer capítulo sobre el cuerpo humano, donde el vientre es "verdad, verdad creciente"; o "el pelo crespo inicia / la verdad humana"; o el interior del brazo es "estrecho cauce [por donde] sube toda / la delgada verdad que aquí se aquieta"; [398] y en varios puntos sintomáticos del libro; [399] mientras que la realidad es sólo "rea-

397. Nótese que todos los retratos, escogidos por Aleixandre o por él imaginados, miran a quien los mira. En el caso de los retratos de autor, podría establecerse una cuádruple acción de la mirada: la que va del cuadro al autor, la que va del cuadro al observador, la que va del autor al cuadro y la que va del observador al cuadro.

398. *OC-VD*, p. 805 ("El vientre"), p. 818 ("La cabeza") y p. 828 ("El interior del brazo").

399. En los poemas "El sexo" ("su materia consiente / una verdad durable"), *OC-VD*, p. 418; "Tabla y mano" ("[...] Y duerme la materia. Es noche. Una / sola verdad, confusa. Y solidaria"), p. 854; "Las meninas" (dos veces "verdad profunda"), pp. 924-925; "Impar" ("[...]

lidad afligida" que "sin límites no existes" y, sin duda, "realidad limitada" o "fácil copia".[400]

Paralelamente o como derivación, en todo caso en el mismo (permanente) contexto neoplatónico, se coloca el concepto de *materia*. El cual recibe con *En un vasto dominio* un incremento y una radicalización. El criterio eleático de "el mundo todo es uno" y el heracliteo del "todo pasa", que, a la altura de *La destrucción o el amor*, pesaban profundamente sobre la poesía aleixandrina y le conferían aquel aura inconfundible de totalidad, se encuentran aquí en el vario articularse y fluir de la "materia única", de la que se recorta la "materia humana". Pero, siguiendo en el ámbito de esa concepción, parece como si Aleixandre quisiera resucitar la remota doctrina de la metempsicosis. No es otro, de modo especial, el sentido que asumen las parejas homólogas de retratos anónimos, donde el *óleo*, el cuadro antiguo, se verifica en un equivalente retrato de persona actual, en *vida*, casi como si la materia humana se le mostrara a Aleixandre como un magma único en eterma metamorfosis y reencarnación. Y no es otro tampoco, por ejemplo, el sentido del poema "En el cementerio", un pequeño cementerio de pueblo donde vivos y muertos se confunden, en contacto con la tierra:

> Materia genesíaca, igual, que cubre al hombre, al
> mundo.

---

con tanto amor que más verdad sería..." y "todo él envuelto en verdad, / que es amor"), pp. 957-958.

400. *OC-VD*, pp. 821-822 ("El ojo: pestaña, visión").

Y nace, y crece, y muere. No muere. Nadie muere.[401]

En fin, una significación que de ahí se deduce adquiere, en ese campo, el término "incorporación" ("Primera incorporación", "Incorporación temporal" e "Incorporación temporal", son los títulos del primero, del cuarto y del quinto capítulos de *En un vasto dominio*), que indica, al parecer, o bien las formas que emergen del "universo existido" o bien la adhesión del poeta al espectáculo de la materia *in fieri* (como un identificarse con ese flujo continuo), o también, con sutil ambigüedad, las dos cosas juntas.

c) La tercera consideración, que además nace de ese último plexo conceptual, concierne al substrato connotativo del libro. A una concepción totalizadora del ser debe corresponder, en efecto, un conjunto de caracteres lingüísticos y estilísticos de la misma medida metafórica, es decir, capaz de altas formas de estilización. Le daré esta definición general: tendencia al poetar sinecdótico y metonímico; que consiste en un continuo fijarse en lo particular como revelación constante de lo universal y en lo universal como imagen trascendida de lo particular. Sigue siendo la "mirada extendida", pero que se aleja ora del mastín del cuadro de Velázquez, ora de una pareja a la ventana, que

401. Ibid., p. 862. Otros muchos ejemplos se podrían citar. Los más convincentes se encuentra en la composición "Materia humana": "[...] Como ese gobernante sereno que fríamente condena, allá en la lejanísima noche, y respira ahora también en la boca pura de un niño" (*OC-VD*, p. 804).

tiene como fondo una ciudad llena de gente pero sustancialmente muda: [402]

La pareja en la sombra ríe y ríe. El alféizar.
Cristalino se escucha su reír sin suceso.
Sobre un fondo purísimo de silencio absoluto,
la pareja en la noche
aquí está o aquí estaba, o estará o aquí estuvo.[403]

Pero se expresa más directa y claramente, por ejemplo, en las varias concreciones simbólicas del poema-prólogo:

No escribo para el señor de la estirada chaqueta, ni
para su bigote enfadado, ni siquiera para su alzado índice admonitorio entre las tristes ondas de música.
Tampoco para el carruaje, ni para su ocultada señora [...],[404]

o, otro ejemplo, al atribuir valor "compendioso" a las palabras de un hombre (en este caso Lope de Vega):

Oh, libertad humana que encarnación exige
por todos, y en un hombre se reconoce a veces,

402. Poco antes de los versos que voy a citar puede leerse, a propósito de la sombra y de los hombres en la ciudad: "Oh, la sombra en la noche piadosa que *los calla*, / que verazmente *muda* cubre las gentes —humo—, / que así los unifica con un beso en la frente [...]" (*OC-VD*, p. 910; la cursiva es mía). Y antes todavía: "qué silencio", "marcha callando", "mudísimos se ignoran...".

403. *OC-VD*, p. 911.

404. Ibid., p. 797.

de todos, para todos, por la palabra misma.
Por la común palabra que, dicha en uno, rueda
allá, hasta el mero límite: la condición humana.[405]

Se comprende que, siguiendo esa tendencia al poetizar sinecdótico —que denota aspiración al discurso totalizador, retórica de las generalidades esenciales—, el poeta corre el riesgo de ir a parar a una zona de pura declamación, de oratoria o incluso de usualidad ("Es estar engañado estar más muerto"; "En esa ciudad muerta hay polvo vivo"; "Son los guerreros un fragor de espadas. / Música eterna en una noche blanca [...]"); [406] pero se trata de un riesgo que Aleixandre —como ya dijimos en su momento— ha empezado a correr ya desde la época de *Sombra del Paraíso*, lo cual significa que cierta solemnidad de los absolutos existenciales y cierta elocuencia de lo positivo humano constituyen ya un carácter permanente de su historia de escritor.

Por otra parte, para medir la constancia e incluso la cohesión de esa historia —y también para salir del ámbito de las consideraciones hasta ahora expuestas— hay que señalar con qué insistencia Aleixandre, en *En un vasto dominio*, vuelve a los elementos acostumbrados de su repertorio temático, analógico y metafórico.[407] Es como si dialogase continuamente consigo

405. Ibid., p. 902 ("Lope en su casa").
406. Ibid., p. 915 ("El engañado") y p. 917 ("A una ciudad resistente").
407. C. Bousoño (Prólogo a *OC*, 1968, pp. 50 y s.) ha creído ver en esa característica una síntesis de las dos fases, es más, de los dos "sis-

mismo y con sus fantasmas. Por ejemplo, al enumerar la serie de destinatarios de su poetar, en "Para quien escribo", no puede evitar el incluir términos recurrentes de su discurso:

> [...] Y para esas aguas, para el mar infinito.
>
> Oh, no para el infinito. Para el finito mar, con
> su limitación casi humana, como un pecho vivido.
>
> (Un niño ahora entra, un niño se baña, y el mar,
> el corazón del mar, está en ese pulso.)
>
> Y para la mirada final, para la limitadísima
> Mirada Final, en cuyo seno alguien duerme [...].[408]

Nótense las distintas procedencias de cada fragmento. D·l "mar infinito", que se remonta claramente a *Sombra del Paraíso*, se pasa a "no para el infinito", que luego llegó a ser un dato estable del poetizar-pensar aleixandrino y se encuentra ya en *Pasión de la Tierra* ("Soy la forma y no el infinito" era la frase personalizada de entonces, donde "forma" equivalía ya a "limitación"); [409] mientras que el "finito mar" recuerda la

---

temas" precedentes de Aleixandre: el que tendía a la "unicidad material" del universo (de *Ámbito* a *Nacimiento último*) y el que se centraba en la "índole histórica del hombre" (*Historia del corazón*). En realidad, dado que —como ya hemos visto— los dos "sistemas" nunca se presentaron completamente separados en Aleixandre (a pesar del "cambio" efectivo constituido por un buen sector de *Historia*), si *En un vasto dominio* tiene el aspecto de *summa* poética, ello se debe especialmente a las razones que estamos examinando.

408. *OC-VD*, p. 799.

409. La frase, tomada del poema en prosa "La forma y no el infi-

imagen del niño ("un niño ahora entra"), en una relación que pertenece precisamente a la sección autobiográfica (o descriptiva) de *Historia del corazón*; también al mismo libro alude deliberadamente la "Mirada final", título y postulado de la poesía conclusiva de *Historia*. Otro ejemplo: la representación de la mano, que tanto espacio abarca en la obra presente (véanse las poesías "El brazo", "La mano", "Mano del poeta viejo" y "Tabla y mano"), tiene amplios antecedentes en *Sombra* ("Las manos") y en *Historia* ("Mano entregada"), donde la mano de la amada era ya "transparente, tangible, atravesada por la luz" [410] y donde ya la delicada carne y piel de la mano escondían el "duro hueso",[411] prefigurando precisamente la visión materializada y dinámica de las manos de *En un vasto dominio*. No sólo esto. En la poesía "Cabeza dormida" se observan tres evidentes remisiones a *Historia*. Dos están ya en el primer verso:

> Estaban todos ahí, diseminados, agrupados, en un
> rincón de la vieja plaza del pueblo [...],[412]

que repite casi el principio de la composición "El

---

nito", estaba formulada del siguiente modo: "Soy la quietud sin talón, ese tendón precioso; no me cortéis; soy la forma y no el infinito" (*OC-PT*, p. 197).

410. *OC-SP*, p. 515.

411. Léanse los versos siguientes: "A veces cierro / mis ojos y toco leve tu mano, leve toque / que comprueba su forma, que tienta / su estructura, sintiendo bajo la piel alada el duro hueso / insobornable, el triste hueso adonde no llega nunca / el amor [...]" (*OC-HC*, p. 686).

412. *OC-VD*, p. 869.

poeta canta por todos" ("Allí están todos...") y la doble adjetivación de "A la salida del pueblo" ("Pero todos agrupados, diseminados...").[413] La tercera recuerda el motivo central de la composición "El viejo y el sol" de la obra anterior:

> Respiraban en la quieta plaza, sentados o echados sobre los bancos, con el sol en la piedra.
> Al sol de la piedra [...].[414]

Como resulta de estos informes y de otros que se pueden alegar,[415] el mayor número de "rescates" procede de *Historia del corazón*, el libro —ya lo hemos visto— más próximo, en todos los sentidos, a *En un vasto dominio*.

Pero la influencia más compacta —y no sólo el recuerdo de aislados términos lingüísticos y metafóricos— le llega a *En un vasto dominio* de una obra remota en el tiempo: *Espadas como labios*. Todo el capítulo "Ciudad viva, ciudad muerta" (de sólo seis poemas), título tomado de una de sus composiciones, está directamente relacionado con la parodia del mundo aristocrático, burgués y filisteo de aquellas lejanas

413. *OC-HC*, p. 716 y p. 714.

414. *OC-VD*, p. 869. "El viejo y el sol" se halla en las pp. 725-726 de *OC-HC*.

415. Por ejemplo, la poesía "La pareja" de *En un vasto dominio* procede de uno de los motivos temáticos centrales de *Historia*. Lo mismo puede decirse del poema "Tabla y mano", donde la "Mano rugosa [...] / Que nació matando / la mano niña que ella fue, suavísima [...]" procede del motivo fundamental de "El niño y el hombre" de *Historia*; etc.

páginas, añadiéndole a lo sumo un leve toque caricatural e incluso polémico. En los dos poemas iniciales, inspirados en el ambiente un tanto absurdo y artificioso del melodrama –"Bomba en la Ópera" y "Escena V: La bofetada"–, encontramos la misma vena grotesca y expresionista de *Espadas*; además, con una abierta tendencia a lo macabro. Sobre todo en la primera, donde la mentira se tiñe de sangre (que sin embargo sigue siendo "falsa" como si fuera pintura) y vuelven a aparecer aquellas mutilaciones a lo Buñuel-Dalí que habíamos conocido ya en *Pasión de la Tierra*:

> [...] Rotos muñecos en los antepalcos.
> Carnes mentidas cuelgan en barandas.
> Y una cabeza rueda allá en el foso
> con espantados ojos. ¡Luces, luces!
> Gritos de los muñecos que vacían
> su serrín doloroso. ¡Luces, luces!
> La gran araña viva se ha apagado.
> Algo imita la sangre. Roja corre
> por entre pies de trapo [...].[416]

La segunda garantiza además la contraposición de carácter social inherente en el título del capítulo: la escena de la bofetada que provoca la "muerte chiquita" de la condesa Matilde y la sombra muerta que se mueve entre la música son, en efecto, confrontadas polémicamente al mundo "desnudo" (por lo tanto auténtico, según el viejo *topos* aleixandrino) de la casi presupuesta "ciudad viva":

416. *OC-VD*, p. 874.

Mientras que por las calles pasa el frío
con forma de mujer, con forma humana,
suena contra las puertas verdaderas
y golpea, amenaza, gime, impreca,
cae en sombras. Ciudad de los helados
días, entre la niebla sin ventura.
Ciudad de sombra muerta, entre la música.
Mientras suena un pasar de pies desnudos.[417]

La tercera composición ("Dúo") parece en cambio, con su carácter alegre, una continuación de "Salón" de *Espadas*: en sus versos hexasílabos no sólo se nota una vuelta al uso del ritmo "danzado" y rápido de los heptasílabos de "Salón", sino también una acentuación caricaturesca del clima *modernista* o *liberty* del primitivo poema:

Bigotillo sutil:
doble, sí, un caracol.
Ondulante el tupé.
"Canotier" para el sol [...].[418]

Observaciones análogas, de semejanza con *Espadas*, suscitan otras composiciones del grupo: así "Ciudad viva, ciudad muerta", con su tono surreal-visionario, como "El entierro", que vuelve a utilizar el acostumbrado motivo funerario en formas humorísticas y macabras. Incluso la composición "El profesor" —parodia de una aburrida y vacía conferencia erudita— que

417. Ibid., p. 876.
418. Ibid., p. 877.

a simple vista pudiera parecer, como retrato, que tiene alguna afinidad con "el bulto grueso, casi de trapo, dormido, caído, del abolido profesor" de "La clase" de *Historia del corazón*,[419] más bien resulta derivar de dos versos de "El más bello amor", una de las mayores creaciones de *Espadas*, donde, tras haber afirmado "Pero comprendí que todo era falso", el poeta escribía:

> Falso lo del falso profesor que ha esperado
> al cabo comprender su desnudo [...].[420]

En fin, para las repercusiones que de las obras de Aleixandre anteriores recibe el tema, hay que dedicar una particular atención a tres o cuatro poemas de *En un vasto dominio*, en los cuales la "figura" del árbol, con sus cualidades materiales (o inmateriales), se transforman en motivo-clave y casi en símbolo: "Tabla y mano", "El álamo", "Figura del leñador" e "Idea del árbol". En todas estas composiciones, excepto en la última, se ve al árbol como materia que se desarrolla y se transforma, y por lo tanto como símbolo de una vitalidad real e incesante. En todas, además, excepto en la última, su presencia mudable acompaña la existencia del hombre, en un movimiento reconfortante y solidario. En la poesía "Tabla y mano", desde los orígenes vegetales del objeto, se mezclan y se incorporan y en-

419. *OC-HC*, p. 758. En cambio, tal vez pueda establecerse un parentesco entre el profesor de "La clase" y el del retratado en "Don Rafael o los Reyes visigodos" (*OC-RN*, p. 1020).
420. *OC-EL*, p. 269.

tran en simbiosis, hasta el punto que llegan a ser "una sola verdad, confusa. Y solidaria";[421] en "Figura del leñador", a pesar de afimarse que "el leñador es hombre, no un árbol", se dice sin embargo que él "se multiplica, tiene, / no dos ramas, un ciento, un hirviente ramaje, / que un viento removiese, fragoroso, arrasado, / mientras aquellas sus ondeantes ramas / contra otras ramas hieren, derriban, ¡oh: se cumplen!";[422] y en "El álamo", el árbol es "abuelo siempre vivo del pueblo" y es también "el único cielo" de los habitantes del pueblecito.[423] Solamente en "Idea del árbol", el poeta, en un lúcido retorno platonizante y metafísico, rechaza, claro que con menos decisión que en el poema gemelo de *Mundo a solas*,[424] toda dimensión antrópica del árbol:

> Pero un árbol no es lengua, aunque también trabajosamente se yergue.
> No es hombre, aunque casi es humano. La fantasía del hombre no podría inventar la materia del árbol.
> . . . .
> Pero el árbol es una idea y es anterior a la idea.
> . . . .
> Una palabra no la diría: la palabra es humana.[425]

421. *OC-VD*, p. 854. También la composición "La pierna" (ibid., p. 812) se inicia con una comparación con el árbol.

422. *OC-VD*, p. 867-868. (Pocos versos antes se lee: "[el leñador] emerge y pronto arbóreo también [...]".)

423. Ibid., pp. 855-856.

424. *OC-MS*, pp. 443-444. Véanse también las pp. 122 y 123 del presente volumen, en donde se trata el mismo tema.

425. *OC-VD*, p. 931.

En el círculo limitado de estas cuatro composiciones se puede, pues, observar cómo conviven en *En un vasto dominio* tendencias diferentes y a veces opuestas. En el caso específico, la que esquemáticamente llamaremos "humanizante", que tiene su principio en *Historia del corazón*; y la "deshumanizante", que procede de *Mundo a solas*. Pero las contradicciones internas del libro —como ya se ha visto varias veces— no acaban ahí. Residen en su discurso conceptual e ideal, ya que la misma voluntad obstinada de perseguir, hasta el más mínimo detalle y la más pequeña impresión, la faz variable de lo real, en el fondo se basa en una "confianza" en la materia y en el mundo material, que en algunos momentos el poeta no advierte o no consigue justificar.[426] Permanecen, esas contradicciones, en el mismo contexto semántico-estilístico de la obra, ya que junto a una *imagery* de claro sello surrealista o de compleja procedencia expresionista, Aleixandre sigue cultivando formas objetivantes, descriptivas y evocativas a su modo, que llegan hasta la reconstrucción de remotas situaciones de vida, admirablemente reintegradas en la imaginación, como en "Lope en su casa" o en "Historia de la literatura". Claro que Aleixandre sigue siendo, por así decirlo, siempre él mismo, tanto en sus fecundas o infecudas ambigüedades como en sus recursos de patente elocuencia y en sus salidas de gran originalidad expresiva; pero todo contribuye a mantener sumida también esta obra en una general atmósfera de manierismo, o sea, de estudiada repetición

426. Véase lo que escribo más adelante, p. 253 y n. 427.

de acostumbrados módulos, de mitos profesados por largo tiempo y de fantasmas varias veces frecuentados.

Capítulo 8

"POEMAS DE LA CONSUMACIÓN": LA EXTREMA CIENCIA DEL VIVIR EN IMÁGENES ESENCIALES

Visto en la perspectiva de una obra reciente (*Poemas de la consumación*, 1968), *En un vasto dominio* aparece como el último gran homenaje a lo real (cognoscible o probable), o sea, como la cita del poeta con sus menos abstractas presencias vitales. (En este sentido, como veremos, ningún cambio aporta *Retratos con nombre* de 1958-65, y el "retrato" anterior, aislado, dedicado a Picasso, de 1961, que se mueven substancialmente por el trazado del libro precedente y que por consiguiente se pueden leer como apéndice, aunque significativo, de *En un vasto dominio*.) Hay que subrayar que el lugar más nítido de ese encuentro está precisamente en el primer capítulo dedicado a la representación del cuerpo humano ("Primera incorporación"), donde Aleixandre considera al hombre como el producto más alto de la materia, a la cual otorga (ahora) la máxima confianza desde el momento que le asigna un papel de intrínseca perfectibilidad.[427] No es un azar, pues, que esa parte sea casi la única libre de todo manierismo, porque en ella Aleixandre no necesita recurrir a su auténtica retórica ni a su espléndida mitografía. Pero indudablemente es un hecho considerable el que —gracias a su dictado esencial— se hayan encontrado analogías formales entre "Primera incorporación" y *Poemas de la consumación*, y que se puedan verificar todavía nuevos puntos de contacto.[428]

427. Ingeniosa, pero insuficiente, me parece, en ese sentido, la fórmula discurrida por C. Bousoño: la de los tres fracasos en la evolución de la materia (Prólogo a las *OC*, pp. 61 y s.). Escribe Bousoño: "La materia, por transformación sucesiva, llegó a hacerse espíritu, vocablo: hombre ('La oreja, la palabra'). Pero he aquí que tropieza, en su asunción perfectiva, con tres órdenes de obstáculos que le impiden su cabal desenvolvimiento: la estructura injusta de la sociedad, el convencionalismo desvirtuador y los errores de la naturaleza misma, que en su derroche creador se complace a veces en engendrar tristes caricaturas de hombres, los anormales y deficientes [...]". Y aquí cita Bousoño el poema "El tonto" y otros por el estilo; del mismo modo que para las injusticias sociales cita las figuras de pobres seres al margen del vivir humano; y para la crítica a los convencionalismos, las composiciones de "Ciudad viva, ciudad muerta". En realidad, sólo en "Primera incorporación" parece verse la materia en su potencialidad vitalista, según las directrices panteístas y neopaganas del primer Aleixandre; mientras que en el resto de la obra el poeta vuelve a su concepto arraigado de los "límites" humanos y mortales, en sentido claramente existencialista o neoestoico, aunque iluminado —esta vez— por una solidaridad distinta y una piedad humanitaria.

428. Vicente Molina Moix, en un breve ensayo general sobre "Vicente Aleixandre: 1924-1969", *Cuadernos Hispanoamericanos*, n.º 242 (febrero 1970), p. 295, observa que algunas "innovaciones sintácticas" que Leopoldo de Luis (*Cuadernos Hispanoamericanos*, n.º 231 [marzo 1969]), había notado en *Poemas de la consumación*, como el uso de verbos en distintos tiempos, ya están presentes, como "anticipos", en el capítulo I de *En un vasto dominio*, y cita a ese respecto dos fragmentos,

Además, tal coincidencia parcial entre dos series de poemas de intención y signo distintos, si no opuestos, indica que están situadas en la cumbre de dos experiencias expresivas a las cuales el poeta accede a través de profundas opciones humanas y de marcados giros de poética,[429] ya caracterizados por una madurez —una verdadera *ripeness*— que no tiene únicamente motivaciones biográficas.

Obsérvese el clima y estado de ánimo de donde emanan, o que presuponen, las semblanzas "rebuscadas" en el recuerdo de *Los encuentros* y gran parte de las de *Retratos con nombre*: una predominante aura memorial y evocativa que se remonta a las páginas de *Sombra del Paraíso* (en cuanto a los recuerdos de la infancia) y que ahora se va afirmando cada vez más como exigencia de una atenta reflexión sobre el pasado. Y es precisamente ese desenterrar el *temps retrouvé* el que determina en Aleixandre el tránsito al discurso más obstinado sobre el vivir y sobre el morir, que va a ser el centro emotivo-especulativo de *Poemas de la consumación*.

Sin embargo, a un nivel más circunstancial, entre 1958 y 1965 —es decir, a partir de los "Retratos

---

uno del poema "La mano" y otro del poema "Amarga boca": "Boca que acaso supo / y conoció, o no sabe, / porque no conocer es saber último". Pero aquí también está presente la dialéctica "conocer" y "saber" que es la base del contexto profundo de *Poemas* (cf. Guillermo Carnero, "'Conocer' y 'saber' en *Poemas de la consumación* y *Diálogos del conocimiento* de Vicente Aleixandre", *Cuadernos Hispanoamericanos*, n.º 276 [junio 1973]). Sobre ese tema trataré más adelante.

429. Por lo que se refiere a los cambios de poética, véase el presente volumen, pp. 184-191.

anónimos" y de otros perfiles sueltos de *En un vasto dominio*— Aleixandre se revela, tanto en la prosa como en el verso, con una vocación de buen retratista,[430] hábil tanto en los rasgos minuciosos o en los detalles precisos como en la "figuración" abstracta,[431] que tiende a captar el sentido más íntimo de una fisonomía. Y si son dos las clases en que se pueden dividir y ordenar los *Retratos con nombre* —genéricos y específicos—, es sobre todo en los primeros en donde persiste el empeño descriptivo y en todo caso objetual de *En un vasto dominio*. En efecto, se refieren a semblanzas y presencias vivas y reales, casi instantáneas arrancadas del movimiento continuo de la historia o más bien de la crónica cotidiana, o también, más concretamente, det fluir de una calle de ciudad o de pueblo.[432] La imagen del movimiento continuo la sugiere a veces el apremio de las olas ("como en la mar las olas", está escrito en "Diversidad temporal", y la metáfora se repite de distintas formas a lo largo del poema y del libro), otras el caprichoso soplar del viento (y no sólo en la composición "En el viento"); y olas y viento pa-

430. También una sección de *Nacimiento último*, titulada "Retratos y dedicatorias", dejaba presentir esa vocación; pero entonces eran predominantes las dedicatorias, y los pocos retratos no tenían todavía el carácter "pictórico" de *Retratos con nombre*; a lo sumo, ambos anticipaban algunos de los retratos específicos (como se verá).

431. "Figuración" es el término que usa, en ese sentido, el propio Aleixandre (*OC*, p. 992).

432. Dos de las composiciones del libro tienen casi el mismo principio: "Éste que veis pasar fue un hombre oscuro" ("Manuel, pregonero") y "Ésta que veis pasar María la llaman" ("María, la Gorda"). *OC*, pp. 987 y 1014.

rece que quieren marcar, separar y mezclar los "destinos diferentes" de los seres humanos.[433] En tal contexto, el nombre del hombre o de la mujer que personaliza cada uno de esos "destinos" tiene poca importancia: uno puede llamarse incluso "Francisco López", pero diferenciarse y tener una razón de ser efectiva en cuanto que es "este albañil"; o viceversa, la "Niña a la ventana" puede interpretar su papel como tal y luego tener un nombre cualquiera (Asunta); o también seguir siendo anónimo, como "Un ladrón", cuya figura le interesa al poeta porque en ella nota la decadencia física de un individuo antaño todo ligereza y aguada habilidad; o, en fin, vivir la propia historia como "Manuel, pregonero" o "Marcial, el regresado", más sobresalientes por su particular ocupación o existencia que por su respectiva identidad.[434]

> La historia a veces calla
> los nombres [...].
>
> No, no quedan los nombres.
> Unos tienen leyenda. Otros son sólo el viento
> y en él el polvo mismo que se incorpora un día
> en nuevos cuerpos bellos, o en el mar va a perderse.[435]

433. Cf. "Diversidad temporal" (que es la poesía-prólogo), *OC*, p. 975; y "En el viento" (que introduce otra sección del libro), *OC*, p. 1007. El viento vuelve a aparecer en otras dos composiciones: "Sin nombre" y "Un ladrón" (*OC*, pp. 1039 y 1045).

434. Poesías que se hallan respectivamente en las pp. 1009, 1052, 1045, 987 y 1024 de *OC*.

435. *OC*, p. 1039-1040.

Muy distinta es la naturaleza del otro amplio grupo de retratos, los que he calificado de específicos, y que tienden a representar personas conocidas y muy concretas, y además cercanas a la vida privada e intelectual del poeta. Son cuatro los caracteres que toman en el libro: el primero es la dedicatoria, el homenaje e incluso la carta (como la dirigida a Camilo José Cela),[436] debidos a una circunstancia determinada (cumpleaños, muerte, etc.); el segundo, una especie de homenaje implícito, en forma mimética, que se verifica siempre que Aleixandre imita (y también en la versificación) a un poeta (Jorge Guillén —II—, Gustavo Adolfo Bécquer, Gerardo Diego, etc.); el tercero, la simple evocación, estrictamente personal ("El abuelo", "Mi hermana Sofía", "Don Rafael o los reyes visigodos" —que se enlaza con el tema del viejo profesor de *Historia del corazón*— y "Mi perro"). Para el homenaje directo Aleixandre utiliza el *tú* coloquial (en el cumpleaños de Alberti, en la muerte de Carles Riba, etc.); pero el verdadero retrato lo realiza sólo cuando usa la tercera persona y objetiviza el "sujeto" que él escoge —y en esto estamos ante el cuarto carácter de los *retratos*—: por ejemplo, en "Un escultor y sus hierros (Ángel Ferrant)"; en "Dos caminantes (Amparo y Gabriel Celaya)"; en "Ojos humanos (Gregorio Marañón)"; etc.[437]

436. El título de la composición es "Formentor (Carta a Camilo José Cela)", *OC*, p. 1054.

437. Los dos primeros caracteres considerados ya se podían distinguir en *Nacimiento último* ("Retratos y dedicatorias") y en "Nuevos retratos y dedicatorias" de *Poemas varios* (1927-1967), *OC*, p. 1125 y s.

Algunos poetas amigos, que ya figuraban en *Los encuentros*, vuelven a aparecer en *Retratos* (son concretamente siete).[438] No obstante la distinta función, incluso semántica, de los dos libros, en casi todos estos retratos, ahora recortados en versos concisos, se nota ese primer tratamiento y evocación inicial. Lo cual demuestra, en primer lugar, la índole íntimamente lírica de la prosa de *Los encuentros*, pero sobre todo la marca profunda, en el universo aleixandrino, del efectivo recuerdo en general y del recuerdo visual en particular, así como —dado que es la prosa la que alimenta y hace pura la poesía, y no viceversa— la preeminencia de la segunda sobre la primera, según Aleixandre. A veces, imágenes enteras se trasladan de la escritura en prosa al verso, con las ramificaciones que siempre adquieren sus imágenes líricas (es lo que Bousoño ha definido "peculiar aspecto arborescente de las imágenes aleixandrinas".[439]

Las más vistosas pertenecen a los respectivos "recuerdos" de Altolaguirre. Aleixandre escribe en prosa: "[...] Porque el que no haya conocido a Manolito Altolaguirre en sus veinte años, poeta y codirector de *Litoral*, no ha conocido lo que todos los que entonces le conocieron *decían* que era: *un ángel, que de un tras-*

El tercero estaba presente ya en *Historia del corazón*; y, en fin, el cuarto, en *En un vasto dominio*.

438. Según el índice de *Los encuentros*: Jorge Guillén, Carles Riba, Gerardo Diego, Dámaso Alonso, Rafael Alberti, Manuel Altolaguirre, Gabriel Celaya.

439. C. Bousoño, *op. cit.*, p. 123.

piés hubiera caído en la tierra y que se levantara aturdido, *sonriente... y pidiendo perdón*".[440] Y en poesía:

> [...] Pero ¿por qué camino había llegado?
> Leyendas diferentes
> *decían*
> *que había caído de un traspiés a la tierra* —¿desde dónde?—,
> y que cuando *se incorporaba*
> al lado estaba de cada uno, sin que nadie supiera cómo,
> *y se alzaba y sonreía, y nos pedía perdón.*[441]

De los versos ha desaparecido el vocablo *ángel*, aunque parece que a él se alude en "caído a la tierra" y en "al lado estaba de cada uno" (como ángel de la guarda): de todas formas aflora a lo largo de la composición.[442]

En cambio, son especialmente visuales los elementos que transitan desde el "encuentro" hasta el "retrato" en las evocaciones de Gerardo Diego y de Jorge Guillén. Sobre el primero Aleixandre escribe, en prosa: "Si os acercabais más, os sorprenderíais: sería un rostro por el que una mano hubiese pasado de arriba abajo, borrando calladamente las facciones, de-

440. *OC*, p. 1227.

441. Ibid., p. 1033 (he señalado en cursiva las coincidencias, en ambas composiciones, de los términos empleados).

442. *OC*, p. 1034. Nótese el uso de la forma paratáctica en los versos. Otro caso en que coinciden: "Ay, Manolito sabía mucho" (prosa); "[...] sabía tanto" (poesía).

jando sólo el movimiento apurado, silente, de unas pestañas sutiles",[443] que en los versos resulta:

Quedan esas pestañas
ligeras que abanican.[444]

Para el segundo (Jorge Guillén), la ósmosis de términos e imágenes es todavía más tupida, hasta el punto que la poesía tiene casi el aspecto de una paráfrasis de la prosa.[445] Y es significativo que Aleixandre declare (en prosa): "La primera vez que le vi no fue en la abierta meseta", y que la poesía se titule precisamente "En la meseta".

En el fondo, de todas las composiciones dedicadas a los amigos pocas están fechadas en el presente y por consiguiente se refieren a la más reciente o última "figuración" del personaje: así, Guillén está "erguido

443. *OC*, p. 1195.

444. Ibid., p. 1031. Hay que subrayar todavía que tanto la prosa como la poesía concluyen con la imagen de las nubes.

445. He aquí algunos términos repetidos o análogos o cercanos (pongo entre paréntesis la versión en verso): "bañada la frente en la altura" ("esa frente / mojada amanecía"); "más desnuda la frente" ("una frente desnuda"); "cabellos lasos" ("apenas pelo breve en cima fina"); "bajo una luz vertical que bajase sin mácula" ("delgado siempre, puja hacia arriba, hacia luz / [...] norma / hecha de sol en puridad"); "un cielo hecho más que nunca de proximidad, a la medida humana" ("El firmamento absuelto, mas, resuelto / en bóveda completa [...] / más humano, porque mirado está del hombre esbelto"); etc. Del mismo modo, si en la prosa que se refiere a D. Alonso dice que su amigo era "gran caminador" y "gran madrugador sano en el monte", en la poesía se ve la imagen de D. Alonso que camina "desde el amanecer / salir a luz, entre pinar, cantueso, / por entre las encinas, rozando jaras, / pisar el monte vivo, con pie firme y marchar [...]".

aún", casi como la primera vez que lo había encontrado ("había erguido su cuerpo del todo..."); la "mejilla pálida" o la "mejilla callada" de Dámaso Alonso, hoy, es una clara referencia a la "mejilla carnosa" de entonces; el "retrato" de Carles Riba, que empieza con las palabras "la última vez que yo te vi", parece casi enlazarse con la correspondiente prosa, donde se habla de un primero y de un segundo encuentro; y en los versos dedicados a Alberti,

> Después la luz o sangre, el viento, el trueno,
> los muertos, Rafael, tú los miraste,[446]

hay casi una fijación de la primera visión del Alberti pintor: "Tinta verde del campo, tinta roja de la *sangre*, y tinta cárdena de la ira y tinta negra de la *muerte*".[447]

El hecho de que este sector del libro se relacione directamente con la prosa abiertamente evocativa de *Los encuentros* es una afirmación más de que el elemento vehiculador de *Retratos* es la memoria con sus facultades activas y solidarias. En la memoria confluyen tanto los retratos específicos como los retratos genéricos; gracias a la memoria (además inventiva) adquieren forma precisa rostros a menudo evanescentes en el pasado (y ahí actúa la selección que Proust definió como *phenomène de mémoire*); si la memoria participa, toda semblanza se colorea de tonos positivos y sobre todo cordiales (a este nivel el homenaje ya no es un pretexto ocasional); y, en fin, en la línea de una me-

446. *OC*, p. 986.
447. Ibid., p. 1218 (la cursiva es mía).

moria hecha absoluto toda individualidad se transmuta en destino y sirve para marcar consideraciones profundas. Nótese, por ejemplo, la función de los varios planos y fondos donde se encuadra el retrato aleixandrino (la referencia pictórica es obligatoria para el poeta). Cuando concluye el retrato del abuelo con los versos:

> Antonio fue su nombre. Aún le recuerdo
> a la orilla de Málaga, y su espuma; [448]

o el de Riba con los siguientes:

> Al fondo,
> divisable,
> la cosa tuya —Cataluña—:
> golpeaba el mar.
> Aún oigo
> golpear, fatal,
> como la mar,
> tu verbo; [449]

y cuando (limitándonos a un solo dato aparentemente exterior) titula un grupo de poesías "Cuatro retratos a un mismo fondo" (que es el fondo del circo, ya aludido otras veces en el recurrente adjetivo "redondo" y otros términos semejantes), y los retratos de Guillén, de Alberti, y de Max Aub, "En la meseta", "Allende

448. Ibid., p. 978.
449. Ibid., pp. 990-991.

el mar" y "En la ciudad" respectivamente,[450] resulta claro que el poeta coloca siempre al hombre en el paisaje, ya porque el paisaje (lugares, cosas, circunstancias) es, para él, parte activa y determinante del destino humano, ya porque es un punto de contacto y de complicidad entre lo otro y él mismo, entre la persona fijada en el retrato y su propia memoria.

Y he aquí que, sometiendo todos estos retratos a la acción y, a veces, a la erosión de la memoria, Aleixandre se acerca cada vez más a su esencial y obstinado discurso sobre la ciencia del vivir (y del morir), que es el "tema" de *Poemas de la consumación*. No se trata sólo de reflexiones generales, como la que, entre otras, le sugiere el arriesgado ejercicio sobre el alambre de "Un equilibrista":

> De pronto es el vivir, que es ápice de los ojos.
> ¿Miran vivir los que le ven, o asida
> está la vida a un solo soplo que es eterno?
> Suspenso el pie, ¿la vida se levanta
> como un milagro temporal, o es cierta
> su eternidad aquí mostrada en vilo?
> Tan quieta es su verdad, tan firme en sí y por todos.[451]

Y no se trata simplemente de inflexiones autobiográficas, presentes además en el poema "Cumpleaños (au-

450. Pueden considerarse lugares escogidos, es decir, fondos legítimos y pertinentes, incluso los indicados en otros títulos: "En el viento", "En verdad", "En negro y blanco", etc.

451. *OC*, p. 997-998.

torretrato sucesivo)", donde se leen versos de este tipo:

> Otra cuenta mayúscula. La serenidad concentrada.
> El enorme saco de la verdad por primera vez sobre
> el hombro [...],[452]

sino que se trata también y sobre todo de anticipos de naturaleza estilística y semántica que, por canales precisos, conducen al libro *Poemas*. Estos se puede captar, por ejemplo, en ciertas innovaciones de sintaxis "irregular"[453] o en ciertos anacolutos que brotan de una evidente voluntad de concisión, como sucede en los versos finales de la poesía dedicada a la hermana "que nació muerta":

> Sofía, hermana, niña
> que un niño oyó: Mi hermana
> que no habló, y aún te escucho.[454]

O también en el uso inequívoco del verbo "consumir", presente en la última composición de *Retratos*, "A mi perro":

> Desde mi sucederse y mi consumirse [...],[455]

que anuncian tanto el mismo título del nuevo libro como el adjetivo "consumibles" aplicado a los viejos,

452. Ibid., p. 993.
453. Una vez más me refiero al artículo de L. de Luis citado en n. 428.
454. *OC*, p. 1019.
455. Ibid., p. 1060.

en oposición a los jóvenes,[456] o incluso el verbo "consumirse" (una vez más en forma reflexiva) de la composición "Límites y espejo":

> [...] Oh, si vivir es consumirse, ¡muere![457]

(naturalmente, en la idea, o más bien, en la ponderada adquisición de la idea del "consumirse" hay mucho más que un movimiento semántico; pero de eso se hablará más adelante).

En fin, el caso más sorprendente de trasvase entre ambas obras es el hecho de haber tomado (con función distinta) un verso completo

> (Pasada el alma, en pie, cruza aún quien vive)

del poema "En verdad (Dámaso Alonso)" para pasarlo a la composición "Los años" de *Poemas de la consumación*.[458] En la primera el verso ponía fin a la conclusión final sobre la integridad ejemplar y sobre la límpida fe en la verdad del poeta amigo: una reflexión abstracta nacida de una concreta evocación del hombre:

> Vivir, vivir. Sentidos, pensamientos,
> acciones. El mundo: su verdad. La flecha cierta.
> Pasada el alma, en pie, cruza aún quien vive.

456. *PC*, p. 17 (el poema se titula "Los viejos y los jóvenes").
457. *PC*, p. 76.
458. *OC*, p. 1012, y *PC*, p. 15.

En la segunda, en cambio, el mismo verso, colocado al final del poema, está al servicio de una pura meditación sobre el tiempo que transcurre, esta vez fijada en la relación entre un *él* envuelto por los años en una "turbia claridad redonda" (o "fanal odiado", o "vidrio o aire redondos", o "cono perpetuo", o "muro extraño"), y "los otros [que], libres, cruzan, ciegan". La experiencia personal y el carácter subjetivo del discurso, aunque estén enmascarados bajo la forma gramatical de la tercera persona del singular, se diluyen precisamente en la consideración final:

Pasada el alma, en pie, cruza aún quien vive,

quitándole, en este caso, el carácter sentencioso que tenía en el texto primitivo.

El empleo de un verso, tan definido y rígido, en dos ocasiones cercanas y diferentes y con función distinta, denota ciertamente en Aleixandre una notable fidelidad a su campo expresivo y, al mismo tiempo, una gran ductilidad. Y decir ductilidad es poco: parece como si el poeta hubiera descubierto —con una intuición que coincide con algunas investigaciones semiológicas actuales— la intrínseca disponibilidad de significación de los signos lingüísticos según su posición.

Casi se puede sacar la misma conclusión de otro importante trasplante (dos versos enteros y un hemistiquio), realizado a mayor distancia; se trata de la composición "Vida" de *La destrucción o el amor*. Los dos versos son:

Para morir basta un ruidillo.
El de otro corazón al callarse.[459]

Versos que reaparecen idénticos en la poesía "Cumple" de *Poemas de la consumación*.[460] También por esta vez con una colocación distinta. Del mismo modo sucede con el hemistiquio "tarde o pronto o nunca", que aflora como verso inicial de la poesía "Rostro tras el cristal".[461]

Se debe hablar, a propósito de las numerosas referencias interiores de *Poemas de la consumación* (que hay que considerar numerosas en relación a la amplitud del libro), de la máxima economía de medios lexicales y lingüísticos y de una estrecha continuidad expresiva. Veamos:

La imagen surreal del mar lleno de espinas pasa de la poesía "Unas pocas palabras":

[...] y el mar, el mar al fondo, con sus lentas espinas,

a la poesía "Supremo fondo":[462]

[...] allá la mar, con un barco tan sólo,
bogando en las espinas como olas.

459. *OC*, p. 345.

460. *PC*, p. 38. (El primero de los dos versos también influye claramente sobre el que se puede leer en la poesía "Como Moisés es el viejo", que dice: "Para morir basta un ocaso", id., p. 19.)

461. *PC*, p. 78.

462. Ibid., p. 34 y p. 49. En "Luna postrera" (p. 54) la imagen de la luna se transforma en pez "de todas las memorias, de las espinas tristes".

Por tres veces aparece la imagen de las hojas que caen y que el viento esparce creando una ilusión de nueva vida. (Y por consiguiente una imagen canónica, dado que se habla de la muerte.) La primera vez en "El pasado: Villa Pura" —"Las hojas han caído, o de la tierra al árbol / subieron hoy / y aún fingen / pasión, estar, rumor [...]"—; la segunda vez en "Si alguien me hubiera dicho" —"Y hasta las hojas reflejadas caen. Se caen, y duran. Viven"—; y por tercera vez en "Pensamientos finales" —"[...] Como las fenecidas hojas caen y vuelven / a caer, si el viento las dispersa"—.[463]

El verso shakespeariano "Vivir, dormir, morir; soñar acaso" (*Hamlet*), que figura como dístico y fuente de inspiración del poema "El poeta se acuerda de su vida", se repite en "Ayer", con un leve cambio de posición de los términos:

> Dormir, vivir, morir [...].[464]

En fin, las composiciones contiguas "Cercano a la muerte" y "Ayer" se transmiten un amplio contingente de imágenes y de términos (además de un verso igual). La primera se cierra con estos versos:

> La majestad de la memoria es aire
> después, o antes. Los hechos son suspiro.
> Ese telón de sedas amarillas
> que un soplo empuja, y otra luz apaga.

463. Ibid., pp. 28, 57 y 104.
464. Ibid., pp. 82 y 87.

Y la segunda se abre con éstos:

> Ese telón de sedas amarillas
> que un sol aún dora y un suspiro ondea.
> En un soplo el ayer vacila, y cruje.[465]

Pero la gran economía de medios léxicos y lingüísticos y de todo el campo expresivo de Aleixandre, en esta fase, se reconoce a simple vista. Las metáforas que emplea en *Poemas de la consumación* están basadas en un número muy limitado de palabras-clave o palabras-vehículo (de metáfora), entre las cuales cabe citar los grupos *besos-labios*, *mar-espumas*, y *viento-aire* (que se amplía hasta *soplo*, *suspiro*, etc.).

Quede claro que todas las observaciones hasta ahora realizadas (y otras más que se podrían añadir) derivan del carácter especial de *Poemas de la consumación*. Esta poesía de precisa confesión y de concentrada meditación ontológica y gnoseológica (como siempre, ante el "ser" se plantea Aleixandre el problema y la desgarrada búsqueda del "conocer" y "reconocer") es el fruto tanto de una visión más urgente, pero serena, de la muerte, como de un clamoroso pero contenido ensimismamiento. De ahí, precisamente, su carácter compendioso, y por compendioso, de recapitulación y de exhumación. Toda la obra poética precedente que va de *Espadas como labios* a *Sombra del Paraíso*, y en cierto modc a *En un vasto dominio*, parece revivir en

465. *PC*, pp. 86 y 87. La palabra *telón*, en análoga disposición metafórica (*telón* = memoria), se encuentra en los versos finales de "El pasado: Villa Pura": "Velar, vivir. No / puedo, / no debo / recordar. Nada vive. Telón que el viento mueve / sin existir. Y callo".

medio y dentro de los versos de *Poemas*, ya en forma elíptica y esotérica, ya en forma explícita y directa (como ya hemos visto). Con *Poemas* no estamos sólo ante el retorno de metáforas de sabor o tipo superrealista ("el barro como un guante", "como un alga tus besos", "estrellas como los peces altos", "luna de madera", etc.),[466] y no sólo ante el recobro de algunas expresiones del tradicional repertorio visionario del poeta ("la caricia del agua en la boca sedienta", "pájaros y clamores, soledad de más besos", "su recuerdo son peces putrefactos al fondo", "la desdecida luna soñolienta", "en un pecho desnudo muere el día", etc.),[467] sino que estamos ante la exhumación, aunque con un objetivo distinto, de enunciados y motivos de la meditación poética aleixandrina precedente.

A esta última categoría pertenecen los siguientes enunciados y motivos, puestos de manifiesto aquí y allá por la numerosa proliferación de términos cualificantes: el nombrar como signo del ser (véanse sobre todo las poesías contiguas "Tienes nombre" y "Nombre o soplo");[468] el conocimiento entendido como

466. *PC*, respectivamente en pp. 27, 30, 39 y 54.
467. Ibid., respectivamente en pp. 36, 50 (2), 54 y 75.
468. Ibid., pp. 100 y 101. Ya he mostrado, en pp. 162 y 163 del presente estudio, la frecuencia del tema de las *palabras* en *Poemas*. Añado ahora otros puntos también indicativos en ese sentido: las poesías "Como la mar, los besos" y "Felicidad, no engañas" y los versos finales de "Presente después". Además del término *palabra* hay que tener presentes otros términos homólogos, como *sonido*, *nombre*, *soplo*, *eco*, *emblema* y el verbo *decir* (cf. el poema "Si alguien me hubiera dicho", pp. 57-59).

conciencia de los límites o del límite (véanse las poesías "Límites y espejo" y "El límite"); [469] el redescubrimiento de la soledad existencial (señalada por la amplia presencia del modo adverbial *a solas*); [470] el resurgir de la actitud narcisista (de la cual es claro indicio el término *espejo*); [471] y, en fin, el sentido de la muerte estrechamente unido al del nacimiento según la antigua fórmula aleixandrina de la muerte como "nacimiento último" (y de este motivo se encuentran huellas en todo el libro).[472]

Pero mientras en el pasado todas estas proposiciones eran fuente y estímulo de sentimientos telúricos y primigenios, de optimismo y vitalismo, o, de rechazo, de una visionariedad pesimista y trágica, y de una soledad sin salvación posible,[473] ahora parece que sobre

469. Ibid., respectivamente en pp. 75 y 92. Entre los términos que se enlazan a ese enunciado, además de *límite* (id., pp. 19, 49 y 63), hay que considerar los vocablos *término* (título además de una poesía, p. 41) y *borde* (cf. pp. 30, 35 y 92).

470. Ibid., pp. 18, 21, 33, 42, 54, 75, 81, 91, 104.

471. Véase una vez más la poesía "Límites y espejo" y la poesía "Horas sesgas" ("Y si metí en el agua un rostro no me reconocí. / Narciso es triste"), en las pp. 20-21.

472. Subrayo que "Nacimiento último" es el título de una poesía de *Espadas como labios* y de un libro completo de Aleixandre. (Sobre las alusiones a ese motivo, véanse las pp. 31, 32, 53, 58, 77, 81, 93, 98 y 103.) Leopoldo de Luis, art. cit. (cf. nota 428), a propósito de eso escribe: "Para Vicente Aleixandre la muerte es un segundo y definitivo nacimiento, interpretación panteísta que enlaza con el erasmismo español del siglo XVI [...]". A ese respecto el crítico recuerda una frase de Bernardo Pérez de Chinchón, en la dedicatoria a su versión (1535) de la *Preparatio ad mortem*.

473. Véase lo que he escrito en este volumen acerca del libro *Mundo a solas* (pp. 109-125).

ellas ha caído el manto de un antiguo y enraizado estoicismo, en este caso revisado a partir de nuevos postulados, tomados en forma varia de la filosofía existencialista y de la fenomenología.[474] Y con una consecuencia inevitable: la desparición de algunos de los más tumultuosos y misteriosos fantasmas poéticos con los que hasta entonces se relacionaba. Por otra parte, lo que predomina en *Poemas* es una mirada límpida y severa; Aleixandre ya no tiene defensas; observa su propia decadencia física y la muerte inminente desde lo alto de una vejez confesada y desde lo alto de una definitiva conquista de *ripeness*.

Desde ese punto de vista, los *Poemas de la consumación* podrían fácilmente llevar como subtítulo *Il Taccuino del vecchio*, título de una de las últimas obras de Ungaretti. Las poesías de Aleixandre, como las de Ungaretti, están escritas en el umbral de esa "consumación" que es la vejez, anticipación y presentimiento de la muerte. Pero la analogía con el poeta italiano no termina ahí. Se diría que, al escribir

> [...] Recordar es obsceno;
> peor: es triste. Olvidar es morir,[475]

Aleixandre tenía presente en la mente el hemistiquio de Ungaretti:

> la carità feroce del ricordo;

474. Volveré a tratar ese tema más adelante, al hablar de *Diálogos del conocimiento*.

475. *PC*, p. 105.

y que en la poesía titulada (sintomáticamente) "Como Moisés es el viejo", ha parafraseado casi *Il Taccuino.* Véanse los versos del poeta español:

> Como Moisés en lo alto del monte.
>
> Cada hombre puede ser aquél
>
> . . . .
>
> Para morir basta un ocaso.
> Una porción de sombra en la raya del horizonte.
> Un hormiguear de juventudes, esperanzas, voces.
> Y allá la sucesión, la tierra: el límite.
> Lo que verán los otros;[476]

que recuerdan los del poeta italiano:

> Un attimo interrotto,
> oltre non dura un vivere terreno:
>
> Se s'interrompe sulla cima a un Sinai,
> la legge a chi rimane si rinnova,
> riprende a incrudelire l'illusione.[477]

Sin embargo, la relación entre ambos es sólo parcialmente significativa; a lo sumo, sirve para iluminar un contraste: Ungaretti piensa en la Tierra Prometida; Aleixandre, no. Es más, Aleixandre cree siempre que el vivir (aun observado desde la sombra de la in-

476. Ibid., pp. 18 y 19.
477. Esos versos forman parte de "Ultimi cori per la Terra promessa", que abren *Il Taccuino del vecchio* (cf. *Vita d'un uomo. Tutte le poesie*, Milán, 1969, p. 275). A la misma antología (p. 274) pertenece el hemistiquio arriba citado.

minente muerte) es un "hormiguear de juventudes, de esperanzas, de voces"; mientras que Ungaretti ante la continuidad de la vida "riprende a incrudelire l'illusione" (esperanza *versus* ilusión). Más que a Ungaretti, el Aleixandre de *Poemas* —como se ha sugerido— se asemeja al Montale de los momentos más concisos y epigráficos.[478]

En el fondo, el libro que Aleixandre ha escrito, como en una lenta destilación, entre 1966 y 1968, se presenta como un "camino de perfección" de laica religiosidad, como una progresión espiritual hacia certezas completamente terrenas y materiales y, al mismo tiempo, como un gradual y riguroso sondeo cognoscitivo de sucesos: del descubrimiento manifiesto de la "consumación" de la materia humana, de la decadencia física y de la impúdica vejez,[479] hasta el pasado recorrido con la mirada del viejo,[480] hasta la más es-

478. La sugerencia, o sea, la remisión a Montale, se lee en la introducción ("L'ultimo Aleixandre") de Francesco Tentori Montalto a la traducción italiana de *Poemas de la consumación* (*Poesie della consumazione*, Milán, 1972). "Si veda, specialmente nel libro, la quarta sezione, dove riappare l'antica, inspirata lingua aleixandrina; ma con che nuova leggerezza! diciamo pure modernità d'accento, che richiama alla mente certo Montale: anche per l'inedita sentenziosità da epigrafe, per un suono di commiato che tocca profondamente; e gli esempi corrono per tutto il libro. (L'accenno a Montale va completato dicendo che la poesia di Aleixandre va qui verso l'essenzialità, e quasi severità, che non le era consueta; trova un diverso, solenne scandire e un sillabare che, seppure memori di Machado, possono, al lettore italiano, rammentare in qualche misura appunto Montale, e con lui Luzi e Ungaretti...)"

479. Ese descubrimiento se concentra sobre todo en la primera sección del libro y en particular en la poesía "Rostro final" (*PC*, pp. 22-23).

480. En la segunda sección del libro, de marcado carácter autobio-

tricta "preparación" a la muerte, a la digna muerte, en el sereno olvido. El último poema del libro es la límpida conclusión de este camino de resultados lineales: tiene por título "El olvido" y pasa de un "tú" autoparenético, es más, autosuasorio, a un "él" objetivado, alejado (ya que la muerte es ausencia):

No es tu final como una copa vana
que hay que apurar. Arroja el casco, y muere.

Por eso lentamente levantas en tu mano
un brillo o su mención, y arden tus dedos,
como una nieve súbita.
Está y no estuvo, pero estuvo y calla.
El frío quema y en tus ojos nace
su memoria. Recordar es obsceno;
peor: es triste. Olvidar es morir.

Con dignidad murió. Su sombra cruza.[481]

A pesar de su rigurosidad y trazado evidentemente lineal (casi como si se contara una historia), y a pesar de su naturaleza, si no precisamente antirromántica,[482] ciertamente con escasez de las acostumbradas expresiones neorrománticas, el libro *Poemas* queda, parcial-

---

gráfico, y además en el poema "El poeta se acuerda de su vida" (ibid., p. 82).

481. *PC*, p. 105. Subrayo que en un poema anterior ("El límite", p. 92) el poeta había escrito: "La dignidad del hombre está en su muerte".

482. De "visión antirromántica" de la muerte habla José Luis Cano en su breve ensayo sobre el libro, ahora en *La poesía de la generación del 27*, Madrid, 1973², p. 186.

mente, envuelto en un difuso halo de ambigüedad o de arcano, derivado de algunos de sus principales caracteres secundarios.

El primero de ellos consiste en el hecho de que Aleixandre quiere transcribir fielmente las contradicciones del ser y del conocer, y además los conflictos no resueltos que sobrecogen al hombre ante la muerte. Un ejemplo de esa transcripción minuciosa lo da el verso *Está y no estuvo, pero estuvo y calla*, del poema recién citado. Según la versión de Tentori Montalto, Aleixandre lo explica de este modo: "En el cáliz de la memoria, al término de la vida, se siente el brillar de la vida, el calor que ya quema como la nieve. En los dedos que sostienen el cáliz se siente ese calor, ese esplendor que quema, pero como la nieve (porque va a morir), está y *no estuvo*, porque fue una realidad efímera; pero todavía se siente, por eso se dice que *está*; y *calla* porque apenas fue real, no existe, fue como un sueño. De ahí las contradicciones: *está* porque se recuerda, y *no estuvo* porque fue un sueño; pero *estuvo* porque era la vida misma y tuvo realidad; y *calla* porque ya no existe".[483] Otro caso parecido, que es además procedimiento que ya he advertido en Aleixandre,[484] nos lo ofrece el total o parcial mentís de afirmaciones que había hecho anteriormente:

No insistas. La juventud no engaña [...],[485]

483. *Op. cit.*, pp. 8-9. Pero nótese que Aleixandre utiliza el verbo *estar* y no el verbo *ser*.

484. Cf. pp. 140-147 del presente ensayo.

485. *PC*, p. 75. (Se trata del verso inicial del poema "Límites y es-

que refleja el sentido de los versos iniciales de otra poesía, donde se dice:

> La juventud engaña
> con veraces palabras [...]; [486]

o la aseveración "saber es conocer" que aparece en el poema-*intermezzo* "Conocimiento de Rubén Darío" [487] y que contradice el verbo inicial de "Un término", donde estaba escrito: "Conocer no es lo mismo que saber".[488] Y otros muchos casos más se podrían señalar.[489]

Una segunda fuente de ambigüedad, respecto a la marcha de lúcida búsqueda e interrogación del libro en conjunto y de la última sección en particular, la constituyen algunos "nocturnos" que, con sus contras-

---

pejo".) La relación con el poema precedente parece notarse en el imperativo (¿autoimperativo?) inicial: "No insistas".

486. Ibid., p. 69 ("Algo cruza").

487. Ibid., p. 66.

488. Ibid., p. 41. En la poesía "Sin fe", que va a continuación, el poeta se pregunta: "¿Saber es conocer?" (Más adelante trataré de la dialéctica "saber-conocer", verdadera urdimbre del libro.)

489. Un caso de contradicción evidente lo señala J. L. Cano en la p. 186 del libro citado en n. 482. En los poemas "Beso póstumo" y "Quien hace vive" aparece al revés una constatación presente en un poema anterior ("Visión juvenil desde otros años"). En los dos primeros el beso es visto como la memoria del amor y como algo que no muere ni aun después de la desaparición de los amantes; en el último, en cambio, se afirma que el beso acaba, como se acaba el amor. Pero Cano atribuye tales incongruencias a "la visión en buena parte alucinante del libro, como fruto de un alma compleja y contradictoria, en que delirio y realidad cruzan sus caminos y sus luces". Cano destaca también que el beso es uno de los motivos más importantes del libro.

tes de luz imprevista y de sombra densa, enlazan con la más estricta tradición de la poesía mística española.[490] La composición "Cueva de noche" —alucinada y relampagueante como un cuadro del Greco— interpreta esa tendencia del modo más completo y severo. Pero no es casual que las dos o tres composiciones ("Canción del día", "Sin fe", etc.) en que afloran imágenes casi ascéticas y visionarias coincidan con concretos y aislados momentos de éxtasis amoroso. Y no debe confundirnos el que precisamente el poema de apertura, "Las palabras del poeta", tan significativo en otros aspectos,[491] parezca anunciar un libro distinto, por su naturaleza, a *Poemas de la consumación*. Léanse los siguientes versos:

Todo es noche profunda.
Morir es olvidar palabras, resortes, vidrios, nubes,
para atenerse a un orden
invisible de día, pero cierto en la noche, en gran
abismo.
Allí la tierra, estricta,
no permite otro amor que el centro entero.
Ni otro beso que serle.
Ni otro amor que el amor que, ahogado, irradia.[492]

Aparte el hecho, no sin importancia, de que el poeta declara exactamente lo contrario ("Morir es ol-

490. Ese detalle también lo subraya Tentori Montalto (cf. la citada introducción, p. 8).
491. Cf. pp. 151-152.
492. *PC*, pp. 12-13.

vidar...") de lo que declarará en el poema final ("Olvidar es morir"), el sentido de los versos alude tal vez al reencuentro de un "centro"[493] y de un "orden" sobrenatural, y sin duda a una concepción metafísica del amor (¿amor divino?): un amor capaz de sobrevivir "en la noche, en el gran abismo".

En realidad —y ésta es la tercera y última fuente de arcano de *Poemas*—, estos y otros datos demuestran que han sido varias las líneas generadoras de la obra, si bien todas sucumben respecto a la línea directiva y principal ya descrita. Se puede descubrir —tras el resultado último, o sea, tras el libro en su realidad efectiva— una gestación compleja e incluso dolorosa. De lo cual son señal evidente las fuertes contradicciones que he señalado y otras disonancias no menos patentes.[494] Por ejemplo, me parece sintomático que a un grupo de composiciones entonces inéditas Aleixandre pusiese por título *En gran noche*: un sintagma, de sabor casi místico, tomado de la composición de *Poemas*, que es además una de las primeras que escribió.[495] La elec-

493. Me refiero una vez más, ahora con más precisión, al significado profundo de la obra de Hans Sedlmayr, *Verlust der Mitte*, citada en p. 68 del presente estudio. Desde ese punto de vista —el punto de vista doctrinal de Sedlmayr es el católico— toda la obra de Aleixandre, desde *Espadas como labios* hasta *Poemas de la consumación*, puede interpretarse como una inagotable "búsqueda del centro".

494. Por los mismos motivos que ya he encontrado a propósito de *Sombra del Paraíso* (cf. pp. 143-146 del presente volumen), Aleixandre no suprime las contradicciones y disonancias, sino que incluso las convierte en poesía. Por otra parte, eso responde a su "poética de intuiciones libres" (ibid., p. 191).

495. Se trata de ocho poemas ("Horas sesgas", "Canción del día noche", "Involución", "Sin fe", "Quién fue", "Luna postrera", "Pensa-

ción del título definitivo del libro, el cambio de los títulos de otras poesías suyas, y la supresión de alguna de ellas,[496] son hechos que demuestran que la intención y fantasía del poeta se movieron luego en otra dirección, que el libro se fue configurando hasta la estructura actual en oleadas consecutivas y que tal vez al principio pretendía ser sólo una reflexión sobre el amor y sus vicisitudes emprendida desde la última estación, desde la vejez.

Los numerosos poemas sobre la edad juvenil y sobre las razones primordiales del existir que aparecen en la segunda, tercera (sobre todo) y cuarta sección; y las que, en la cuarta y quinta sección, toman en consideración las razones profundas del vivir (del conocer) y del morir (del saber) —seguramente escritas más tarde— han desplazado decididamente el eje de la obra. A este punto, también las composiciones de inspiración amorosa —de las cuales, como se ha obser-

mientos finales" y "El olvido") publicados en *Revista de Letras*, Universidad de Puerto Rico en Mayagüez, en marzo de 1969 (pero la entrega debe de ser de varios meses antes). No existe, que yo sepa, ninguna lista de las fechas de composición de cada una de las poesías, pero alguna fecha se puede establecer por su publicación en revistas. Por ejemplo, se remontan a la primavera de 1966 otros ocho poemas cedidos a la revista florentina *Il Quartiere*, n.ºs 27-28, que yo presenté. El título completo era "Los años", y el grupo comprendía "Los años", "Sólo dos dimensiones", "Rostro final", "Como Moisés", "Las palabras del poeta", "Postrera palabra", "Se enamoró" y "Amor: sin fin".

496. Cambio de títulos: de "Como Moisés" a "Como Moisés es el viejo"; de "Postrera palabra" a "Por fin"; de "Se enamoró" a "Canción del día noche"; de "Amor: sin fin" a "Sin fe"; y de "Con fe" a "El cometa". Poesías suprimidas: "Sólo dos dimensiones" e "Involución" (y me he limitado a controlar sólo las revistas citadas y un número de *Ínsula*...).

vado,[497] no se excluye el ansia ontológico-gnoseológica— se han agregado al proyecto resultante. De este modo se explica la evocación de Rubén Darío, colocada casi simétricamente en el centro del libro, a modo de *intermezzo*: evocación ejemplar y emblemática no sólo como imagen de un poeta capaz de intuir oscuras verdades y oscuras sabidurías, sino también como ser humano dotado de una experiencia vital completa ("Quien a ti te miró conoció el mundo").

El solo hecho de citar versos como los que concluyen la poesía "Conocimiento de Rubén Darío",

> Saber es conocer. Poeta claro. Poeta duro.
> Poeta real. Luz, mineral y hombre:
> todo, y solo.
>   Como el mundo está solo,
> y él nos integra,[498]

significa, de hecho, aclarar las motivaciones vitalistas e inmanentes, características también del reciente poetizar aleixandrino, e indicar el punto en el cual la dialéctica saber-conocer (urdimbre intrínseca de *Poemas*) alcanza su meollo y su cima problemática y expresiva.

Sobre ese argumento trataré en el próximo capítulo, sobre todo teniendo en cuenta que su libro siguiente, *Diálogos del conocimiento* (1974), integra, poética y filosóficamente, el tema.

497. "El amor es, para Aleixandre, junto a las manifestaciones de los sentidos, una necesidad, desde la ignorancia, de conocer." Así, ha escrito Guillermo Carnero en p. 4 del citado artículo (cf. n. 428).

498. *PC*, p. 66.

Capítulo 9

"DIÁLOGOS DEL CONOCIMIENTO": PARA UNA TIPOLOGÍA DE LA CONTRADICCIÓN

Entre la publicación de *Poemas de la consumación* (1968) y la de *Diálogos del conocimiento* (1974) –dos libros compuestos casi sin solución de continuidad y limítrofes en muchos aspectos– Aleixandre da a la imprenta, en 1971, una antología de su *Poesía superrealista.* Acerca de la naturaleza de esa antología y de las otras tres que la han precedido, todas ellas a cargo del mismo Aleixandre, vale la pena hacer algunas consideraciones, aunque el tema pertenezca al discurso en torno a la evolución de su poética, que ya he desarrollado, en gran parte, en el capítulo V.[499]

Veamos de qué se trata. El poeta ha antologado su obra en cuatro ocasiones. La primera vez en 1956, con la selección *Mis poemas mejores*; la segunda, en

499. El análisis de las "modalidades y desarrollos internos de la poética aleixandrina", desarrollado en ese capítulo, llega hasta 1968 e incluye algunas consideraciones sobre la antología *Presencias* (cf. pp. 148-149).

1960, con un florilegio de *Poemas amorosos*; una tercera vez con el volumen *Presencias*, en 1965; y una vez más, en 1971, con *Poesía superrealista.* La primera antología hay que interpretarla, lógicamente, como una guía de sus preferencias personales a lo largo de su producción: es, pues, un índice de sus mejores logros, de *Ámbito* a *Retratos* (de esa antología se hicieron tres ediciones, la última en 1968). La segunda se atiene a una temática concreta que, aunque no muy importante, puede servir para destacar la riqueza de su amplia inspiración erótica y amorosa y para constatar sus preferencias e interpretaciones particulares. La tercera, *Presencias*, corta toda la actividad del escritor hasta *Retratos* siguiendo la vertical de lo "objetivo" ("contemplando desde la altura de estas fechas el conjunto de mis versos he observado la continuidad con que mi poesía muestra —buena parte al menos de ella y desde su arranque mismo— una cierta tendencia a la objetividad").[500] Y, en fin, la cuarta antología, *Poesía superrealista*, casi en contraposición con la tercera, secciona su producción con el también corte vertical de las opciones y modalidades superrealistas que la hubiera calificado.

Con la misma intención con que evitaba declararse partidario de una "poesía realista" en una época en que era tan común esa definición (prefiriendo la expresión "tendencia a la objetividad" o la constatación de la "desaparición del yo"), Aleixandre, en la nota preliminar a la nueva antología, rechaza la etiqueta de su-

500. "Nota preliminar" a *Presencias*, p. 7.

perrealista "ortodoxo" para sí e intenta hacer que coincidan *su* superrealismo con el "irracionalismo", según su expresión, de los recientes *Poemas de la consumación* y de algunos de sus *Diálogos del conocimiento*, entonces inéditos.[501] La posición de Aleixandre no era entonces (*Presencias*) ni ahora (*Poesía superrealista*) una posición de prudencia o de distanciamiento, sino más bien de moderación justa por parte de un escritor de innegable individualidad y de realizada experiencia autónoma. Ahora bien, las dos elecciones divergentes se prestan a algunas objeciones y consideraciones sobre los criterios particulares y generales con que Aleixandre juzga su propio trabajo.

Me parece fácil observar —a propósito de *Presencias*— que la mayor parte de las composiciones de su-

501. He aquí lo que escribe Aleixandre en la "Nota preliminar" de *Poesía superrealista*: "Alguna vez he escrito que yo no soy ni lo he sido un poeta estrictamente superrealista, porque no he creído nunca en la base dogmática de ese movimiento: la escritura automática y la consiguiente abolición de la conciencia artística. ¿Pero hubo, en este sentido, alguna vez, en algún sitio, un verdadero superrealista? Asociaciones de elementos verbales en que estalla la lógica discursiva, o aproximaciones que obedientes a otra coherencia más profunda, trastornan, en aras de la expresión, su consuetudinario sentido, pueden encontrarse, y creo que de hecho se encuentran a todo lo largo de mi trabajo poético, con variable intensidad y desde su misma iniciación. Esta secuencia irracionalista es la que he intentado representar en la presente selección. La mayor contribución la prestan los libros más cercanos al superrealismo estricto (desde *Pasión de la Tierra* a *Mundo a solas*), pero el cauce, con intermitencias, continúa a través de otras obras hasta abrirse especialmente en la última publicada, *Poemas de la consumación*, y en alguna pieza de la aún no acabada *Diálogos del conocimiento.* El irracionalismo de estas últimas poesías enlaza con el superrealismo de la etapa inicial y lleva a este irracionalismo a unas más alzadas fronteras".

puesta naturaleza "objetiva" —tanto en *Historia del corazón* como en *En un vasto dominio*— son casi siempre fruto de un parcial acercamiento de los fantasmas ideales de Aleixandre a personas y cosas reales, ya que éstas aparecen a menudo deformadas por la luz oblicua de la memoria o despojadas en su esencia de una especie de energía abstractiva.[502]

Por otra parte, es también bastante fácil objetar —a propósito de la antología *Poesía superrealista*— que mucho más cerca del superrealismo (pero ¿existe un más o un menos para tales definiciones?) de los *Poemas de la consumación* y de los *Diálogos del conocimiento* parecen las poesías de la sección "Ciudad viva, ciudad muerta" de *En un vasto dominio*, que, en cambio, no están incluidas en la antología; y que el "irracionalismo", tantas veces invocado por Aleixandre, es un molde demasiado amplio para que se pueda adaptar al un poco más estrecho de la estética surrealista.[503]

502. Véase, a ese respecto, lo que escribí en las pp. 212-213 del capítulo VI o en las pp. 238-239 del capítulo VII, donde hay una alusión al "neoplatonismo" de Aleixandre. De "platonismo" habla también Leopoldo de Luis en "Aleixandre: sus *Diálogos del conocimiento*", *Cuadernos Hispanoamericanos*, n.º 289-290 (julio-agosto 1974), p. 325.

503. Ciñéndome al campo de área hispánica, ya he tenido ocasión de señalar (n. 73, p. 63) la extensa interpretación del fenómeno surrealista llevada a cabo por Paul Ilie en el libro *The Surrealist Mode in Spanish Literature*, traducido y publicado en España en 1972 (Taurus, Madrid). Por el contrario, Stefan Baciu se basa en el juicio estrecho y a veces sectario de André Breton en su mediocre *Antología de la poesía surrealista latinoamericana* (Joaquín Mortiz, México, 1974), donde hace una especie de división casi fiscal entre "surrealistas" y "surrealizantes", incluso entre los españoles. La monografía más correcta y precisa sobre este tema me parece la de C. B. Morris, *Surrealism and Spain, 1920-1936*, Cambridge University Press, Oxford, 1972.

Pasando al campo de los más recientes desarrollos de la poética aleixandrina y teniendo en cuenta sus varios escritos autoexegéticos,[504] me parece difícil aceptar la designación de "irracionalismo" o de "irracionalidad" que aplica a su última producción. En primer lugar, porque me parece que confunde lo que pertenece a la poética y lo que es inherente a la filosofía, ya que no resulta muy exacto llamar indistintamente irracional —como hemos visto y veremos— a la concepción que se esconde tras los *Poemas* y los *Diálogos*, mientras que puede ser más exacto usar la definición para la compleja mezcla verbal de tales libros, si bien tal vez sería más correcto hablar de modalidades lingüísticas de sugestión múltiple y de sabor casi experimental, vacilantes entre imaginismo, hermetismo y expresionismo.[505] En segundo lugar, porque la división un tanto exterior entre "objetividad" e "irracionalismo" (y sigo usando términos de Aleixandre), además de moverse en planos no homólogos, puede comprometer la recta comprensión de la unidad original del conjunto de su obra y anular, en cierta medida, su continuidad substancial.

504. Comprenden, que yo sepa, las notas preliminares a *Presencias* y a *Poesía superrealista*, y la entrevista concedida a José Luis Cano, publicada en *Triunfo* el 16 de marzo de 1974, a la cual me referiré más adelante.

505. Sobre tal mezcla verbal y tales modalidades lingüísticas, así como sobre las sugestiones poéticas que hay tras el último libro de Aleixandre, trataremos más adelante. De momento baste señalar que encuentro evocado el nombre de Trakl en un agudo artículo de Pere Gimferrer, "La poesía última de Vicente Aleixandre", *Plural* (mayo 1974). [Este artículo se halla incorporado al prólogo del mismo Gimferrer a *Antología total*, Seix Barral, Barcelona, 1975. *N. del Ed.*]

Llegados aquí, sólo nos queda tomar en consideración el diálogo "Dos vidas", situado casi simétricamente en el centro del último libro, del mismo modo que "Conocimiento de Rubén Darío" se encuentra en el centro de *Poemas de la consumación.* Igual que esta composición,[506] el diálogo se refiere de hecho a la disposición y aptitud a poetizar, o sea, en cierto modo, a la poética. En él dialogan, por así decirlo, dos poetas jóvenes, indicados respectivamente como "Joven Poeta Primero" y "Joven Poeta Segundo". El atributo de "jóvenes" hace suponer la presencia implícita de un tercer personaje mudo: el poeta viejo. En realidad, en el diálogo se confrontan no dos vidas, sino dos modos de vivir y de entender el vivir, no dos poetas poco probables, sino dos modos de sentir y de poetizar. Y precisamente porque el diálogo tiene lugar bajo la oculta mirada del poeta viejo, tal vez me equivoque, pero me parece casi obvio deducir que los dos poetas jóvenes no son sino el pasado dual y conflictivo del poeta viejo (en esa naturaleza dual y conflictiva está el secreto —como veremos— de todos los *Diálogos del conocimiento*). Para uno de los dos, el Poeta Joven Primero, todo el universo parece que se resuelve en números, en símbolos, en esencias, en abstracciones, y

506. Cf. pp. 190-191 del presente libro. En la disposición de los 14 diálogos (divididos en 7 grupos) se puede también observar, si no exactamente una simetría, por lo menos un cuidado orden distributivo. En una posición claramente simétrica están el primer grupo ("Sonido de la guerra" y "Los amantes viejos") y el cuarto grupo ("Después de la guerra" y "Los amantes jóvenes"), mientras que los grupos netamente opuestos están colocados, de cuatro en cuatro, a caballo del diálogo "Dos vidas" (que forma "grupo" por sí solo).

consigue percibir, gracias precisamente a su poder de abstracción, la superación de los límites, y por consiguiente la libertad, la pureza, la desnudez, el vacío, la nada:

> La carne es el vestido, y yo desnudo
> quiero saber, reinar exento y libre.[507]

En cambio, para el otro, el Joven Poeta Segundo, la vida es luz, palabras, tiempo, carne, besos, estrellas, otros hombres, etc., y "el mundo un sendero / para el conocimiento", así que "todo expresa / una verdad tangible: una materia"; y él, al contrario que el Poeta Primero, puede decir: "en mi limitación me siento libre".[508]

En fin, en los dos poetas jóvenes hay que reconocer, bajo un acentuado perfil, las dos maneras, a menudo simultáneas y coexistentes o intercaladas en el tiempo, de la precedente poesía de Aleixandre; y cuando me dedique al reconocimiento de las influencias intertextuales, es decir, de los varios pasos en que Aleixandre recuerda visible y conscientemente a sí mismo, se podrá constatar, según las palabras y los sintagmas, hasta qué punto son "autobiográficos" estos dos poetas jóvenes.

Con todo esto, ¿qué se puede argüir sobre el plano general de la poética? Que el último verdadero descubrimiento del Aleixandre actual parece ser precisa-

507. *DC*, p. 98.

508. Cito algunos fragmentos sueltos del diálogo, y precisamente algunas palabras e intervenciones del Joven Poeta Segundo.

mente la asimilación de la dualidad, la inclusión de la ambigüedad, la superación de la contradicción dentro de la contradicción, ya a nivel de conocimiento, ya a nivel de concepción, ya a nivel de expresión.

Así he llegado, por un atajo, al corazón de *Diálogos.* Pero, además de por los motivos hasta ahora alegados, el diálogo "Dos vidas" es significativo por otra razón: por el hecho de que constituye uno de los varios lazos que unen *Diálogos* con *Poemas de la consumación.* Si bien es verdad que la poesía "Conocimiento de Rubén Darío" —como ha observado un crítico— [509] es casi el puente que une las dos obras, es también verdad que "Dos vidas" —tal vez el primer "diálogo" que compuso Aleixandre— [510] se puede considerar como su exacta equivalencia, como el muelle, por así decirlo, que acoge el puente. El ideal

509. Gimferrer, en el artículo citado, afirma que en este poema "convergen varios de los motivos característicos de la última etapa aleixandrina", y aventura la hipótesis de que no se ha incluido en *Diálogos*, quedando sólo en *Poemas*, precisamente porque no está escrito en forma dialogada. Gimferrer escribe además que el tema del poema es el conocimiento, o sea "el tránsito de los sentidos a la mente", y observa que "el mundo que contempla Rubén (asimilable, pues, al cuerpo con quien nos fusiona el deseo: erotismo cósmico y personificación animista, antropomorfización del mundo o ampliación visionaria del cuerpo) abre una oscuridad que es claridad, y consume los ojos con su incandescencia".

510. Y efectivamente ha sido publicado aparte, como *plaquette*, por la librería de viejo "El Guadalhorce" de Málaga en 1967, un año antes de publicarse *PC.* Otros diálogos aparecieron por separado en revistas o cuadernos, pero todos ellos en época posterior: "Los amantes viejos", en febrero de 1968; "La maja y la vieja", en agosto de 1970; "Los amantes jóvenes", en septiembre-diciembre de 1970; "Sonido de la guerra", en 1971; "Aquel camino de Swan", en mayo de 1971; "El lazarillo y el mendigo", en noviembre de 1971.

poético, antes en la persona de Rubén, se ha desdoblado ahora en los dos poetas ejemplares.

Según esta perspectiva podemos opinar que *Diálogos* nace de la fecunda dialéctica inherente en *Poemas*, y casi de la insatisfacción de la voz única —aunque tan ambigua y ambivalente— que razona en ellos. Es más, remontándonos a *Retratos*, es lícito descubrir que entre éstos y *Poemas* y *Diálogos* hay una especie de corriente triangular de intensa exploración ontológico-gnoseológica. Efectivamente, la línea que iba de los personajes emblemáticos de *Retratos* a los conflictos emblemáticos pero interiorizados de *Poemas*, converge ahora, en sentido inverso, en *Poemas* y *Diálogos*: Aleixandre —contento del sondaje realizado— se acerca de nuevo a los personajes y a los tipos, no sólo por su disposición para representar símbolos, sino también por la oportunidad que le ofrecen de explicar modos opuestos y distintos de vida, de experiencia y, por consiguiente, de acercamiento cognoscitivo.

De catorce diálogos, por lo menos ocho se desarrollan entre personajes que simbolizan o simplemente albergan formas antinómicas de vida, de experiencia y de conciencia: "La maja y la vieja", "El lazarillo y el mendigo", "Diálogo de los enajenados", "Después de la guerra", "Dos vidas", "Misterio de la muerte del toro", "La sombra" y "Yolas el navegante y Pedro el peregrino". Y otros cuatro entre figuras e individuos que expresan tendencias, posiciones o ideologías distintas: "Sonido de la guerra", "Los amantes viejos", "Aquel camino de Swan" y "Quien baila se consuma".[511] De modo que cuando J. L. Cano le pregunta a Aleixandre: "¿La técnica, nueva en tu obra, del diálogo significa acaso un intento de ahondar aún más en la complejidad y en la diversidad de la existencia, en su trasfondo último?", el poeta contesta significativamente: "La técnica del diálogo tiene el sentido de ofrecer refractada en perfiles contrastantes la realidad que se considera en ese momento. Creo que hay aquí, en este libro mío, como raíz última, una visión perspectivista del mundo. Y ocurre, además, que al coincidir en el lector el cruce de las dos perspectivas dialogantes, se produce un efecto sintético que

511. Leopoldo de Luis, en el artículo citado, ha intentado hacer una "clasificación aproximada" de los personajes de cada diálogo en *rebeldes* y *conformistas*, o más bien, en *progresistas* y *tradicionales*, según sus "actitudes o su manera de mirar el mundo". En el primer grupo coloca: el soldado (de "Sonido de la guerra"), la maja, el lazarillo, el acólito (de "El inquisidor, ante el espejo"), el dandy (de "Diálogo de los enajenados"), el poeta segundo, la muchacha (de "Después de la guerra'), el director de escena (de "Quien baila se consuma"), Yolas el navegante, el niño (de "La sombra"), Marcel (de "Aquel camino de Swan"), los dos amantes (de "Los amantes viejos" y "Los amantes jóvenes"). En el segundo grupo: el brujo (de "Sonido de la guerra"), la vieja (de "La maja y la vieja"), el mendigo, el inquisidor, el amador (de "Diálogo de los enajenados"), el poeta primero, el viejo (de "Después de la guerra"), el bailarín (de "Quien baila se consuma"), Pedro el peregrino, el padre (de "La sombra"), Swan y las dos amantes, la vieja y la joven, de los diálogos amorosos. Aunque un poco arbitraria, y por consiguiente no siempre aceptable, la clasificación se justifica porque "a los personajes del primer grupo solemos oírles las razones de la esperanza, de la libertad, del esfuerzo, del entusiasmo, aunque no esté todo ello exento de dolor. A los segundos, solemos oírles las razones de la desolación, del fatalismo, de la renuncia, del sueño, de la vida irreal, aunque no esté todo ello exento de belleza".

expresa acaso esa complejidad y diversidad de que hablas".[512]

Sin embargo hay que decir —y lo ha aclarado el propio Aleixandre— [513] que sus "diálogos" son, en el fondo, monólogos a dos, es decir, confesiones o soliloquios a dos,[514] y que en muy pocos casos hay en ellos un intercambio o contacto entre los personajes hablantes.[515] La situación en que se entabla el diálogo está ya fijada *a priori*: o por sugestión literaria ("La maja y la vieja", de Goya o de *La Celestina*; "Los amantes jóvenes", de los amores de Calisto y Melibea, también de *La Celestina*; "Aquel camino de Swan", de Proust; "El lazarillo y el mendigo", de *El Lazarillo de Tormes*; "Yolas el navegante y Pedro el peregrino", de una contraposición inspirada en la tradición alegórico-religiosa); o por sugerencia y determinación del título

512. En la citada entrevista, concedida a José Luis Cano.

513. "Desde el punto de vista de cada uno de los personajes —declara Aleixandre en la entrevista citada—, los diálogos son, en efecto, monólogos, soliloquios, pues el 'sitio' de los diálogos es precisamente el lector. Es en el seno del lector donde los monólogos dialogan, donde se convierten en verdaderos diálogos. Se trata de un efecto de 'cruce', que trae consigo, por su irracionalidad, irisaciones o chispas significativas que se añaden al cuerpo semántico del poema con no menor necesidad que éste."

514. Sólo en tres diálogos se presentan fugaces "apariciones" con la breve tarea de comentario: el pájaro y la alondra, en "Sonido de la guerra"; el viento, al final de "Después de la guerra"; y el público, en "Misterio de la muerte del toro".

515. La única composición en que los personajes dialogan, aunque no sea exactamente eso, es "El lazarillo y el mendigo". Ligeras muestras de contacto entre los hablantes encontramos en "La maja y la vieja", "La sombra" y "Aquel camino de Swan". (Tanto el niño de "La sombra" como Marcel usan el *tú* cuando se dirigen al otro, pero no precisamente para hablarle o contestarle.)

("Sonido de la guerra", "Después de la guerra", "Los amantes viejos", "Dos vidas"); o, en fin, por imposición de un símbolo, usado para dar significado decisivo a la composición ("La sombra", "Quien baila se consuma"). Los demás elementos, de referencias difíciles, como en un diálogo filosófico o en una escena alegórica, quedan fluctuantes en la vaguedad, ya por las escasas alusiones ambientales (bosque, campos, plaza de toros, orilla del mar, etc.), que a veces afloran en didascalias esenciales ("ante el espejo", "en el jardín", "fuera del jardín", etc.), ya por las poquísimas prendas de ropaje atribuidas a los personajes con papel fijo (el Dandy, Swan, el Bailarín, etc.). De este modo, el diálogo de Aleixandre oscila vertiginosamente entre reminiscencias de *debates* y contrastes medievales (quizás el de "Misterio de la muerte del toro" recuerda algunos títulos),[516] y la técnica del monólogo interior y de los monólogos paralelos enriquecidos por el *stream of consciouness* de la novela del siglo XX.[517] Del primer

516. La definición "misterio" deriva del teatro neolatino, adoptada después por el teatro medieval inglés y francés (y español: recuérdese que el título original del *Auto de los Reyes Magos* era *Misterio de los Reyes Magos*). Resulta curioso observar que en "El lazarillo y el mendigo" el autor vuelve a la forma escénica, o por lo menos dialogada (teatro medieval francés o de tradición folklórica española), de la que al parecer se ha originado el *Lazarillo*, precisamente partiendo de los personajes del niño y del ciego (cf. Marcel Bataillon, *Novedad y fecundidad del "Lazarillo de Tormes"*, Salamanca-Madrid, 1968, pp. 27 y s.).

517. Una alusión a esa influencia en *Diálogos* la encuentro en una de las preguntas de J. L. Cano a Aleixandre, en la citada entrevista: "¿Hasta qué punto cada poema de tu libro es un diálogo? ¿No se trata, más bien, de monólogos paralelos, técnica que suelen usar a veces los novelistas?"

origen conservan el carácter cerrado y alegórico, y por lo tanto ideológico (cada tipo es figura de algo); del segundo toman la naturaleza alógica y casi obsesiva que aflora de estratos subconscientes, con efectos ambiguos.

Veamos dos ejemplos significativos de uno y otro origen. Todo el diálogo "Yolas el navegante y Pedro el peregrino" está construido sobre una antilogía neta: Yolas es mar-estrella-luz; Pedro es tierra-piedra-sombra. Basta citar un pasaje de uno de los dos hablantes para reconocer no sólo tal secuela de símbolos sino también la naturaleza retórica e incluso el tono ritual de su elocución:

Pedro el peregrino

> Padre, tú eres la piedra. O más: la piedra es, sólo.
> Piedra sola y eterna, que ella basta, y perdura.
> Ella canta. Yo no veo a los pájaros sino a su sombra
>   en tierra.
> Y si miro a los cielos cuando azules y ciertos,
> siento el sueño precioso de la tierra en la altura.
> Es mi destino. Marcho por una piedra pura
> hasta el confín sin términos.[518]

518. *DC*, p. 138. También en "La maja y la vieja" parece aflorar el motivo celestinesco de la vieja que incita a la joven a gozar libremente de los bienes que le ofrece la juventud. Por otra parte, no es casualidad el hecho de que la vieja sea uno de los personajes más caracterizados (casi naturalísticamente caracterizados) del libro, como se puede ver por su habla repleta de refranes: "Mas de qué vale el oro si se pierde en las manos"; "Sólo en un bello estuche el diamante deslumbra"; "Cuando un silencio pasa es que un ángel se ha ido", etc.

Como ejemplo de la segunda modalidad, mucho más corriente, tomo un trozo de "Los amantes viejos", uno de los diálogos más acongojantes, más reñidos y al mismo tiempo más herméticos del libro:

Él

El mar me dice que hay una presencia.
La soledad del hombre no es su beso.
Quien vive amó, quien sabe ya ha vivido.
Esas espumas que en mi rostro azotan
¿son ellas, son mi sueño? Extiendo un brazo
y siento helada la verdad. No engañas
tú, pensamiento solo
que eres toda
mi compañía. La soledad del hombre está en los besos.
¿Fueron, o he sido? ¿soy, o nunca fueron? Soy quien duda.[519]

Esta alternancia de interrogaciones ansiosas, de proposiciones que casi se anulan recíprocamente ("La soledad del hombre no es su beso", "La soledad del hombre está en los besos"), de movimientos anímicos ora abiertos a la realidad exterior ("el mar me dice...", "esas espumas...", "extiendo un brazo..."), ora a la realidad interior de afirmaciones apodícticas con apariencia de aforismos ("quien vive amó, quien sabe ya ha vivido"),[520] constituye precisamente la urdimbre fundamental de *Diálogos.*

519. Ibid., pp. 20-21.
520. Se trata de las mismas formas sentenciosas que ya se observa-

Diálogos que son, pues, en gran parte, monólogos interiores en verso. O sea, representaciones gráficas de una realidad existencial cuya estructura lógica está separada equitativamente entre tautología y contradicción.

Por eso, quien ha dicho que en *Diálogos* se advierte la presencia de algunos asertos de Wittgenstein,[521] ha dicho algo muy parecido a la verdad. Recuérdese el enunciado del *Tractatus logico-philosophicus*: "La tautología deja a la realidad todo el espacio —infinito— lógico; la contradicción llena todo el espacio lógico sin dejar ningún punto a la realidad. Ninguna de las dos puede pues determinar la realidad".[522] Podemos aferrar simultáneamente tautologías puras o falsos afo-

---

ban en *Poemas de la consumación.* L. de Luis ha recogido en un preciso inventario "las varias formas de poesía gnómica que en el libro se encuentran" (cf. art. cit., pp. 319-320).

521. A propósito de los versos de "Conocimiento de Rubén Darío": "El que algo dice dice todo, y quien / calla está hablando", P. Gimferrer, art. cit., escribe: "En su aparente paradoja, esta conclusión nos evoca la también aparente y secretamente turbadora obviedad del aserto de Wittgenstein: 'De lo que no se puede hablar, mejor es callarse'. No me propongo hacer un uso abusivo de Wittgenstein —o de Heidegger, que a su vez también consentiría aquí paralelismos— pero me parece innegable que el último Aleixandre, y en particular el de *Diálogos del conocimiento*, se propone hablar, precisamente, de aquello que se resiste a ser nombrado. De ahí esta esgrima ininterrumpida de enmascaramientos y desenmascaramientos verbales, de proposiciones que, imposibles en el plano de los hechos objetivos, existen sólo por el poder de las palabras, son puros entes del lenguaje, y crean un tumulto que equivale al silencio y lo suscita".

522. Ludwig Wittgenstein, *Tractatus logico-philosophicus*, p. 39 (trad. de la versión it., Turín, 1968; trad. cast., Alianza Editorial, Madrid, 1965.)

rismos,[523] por un lado, y transcripciones mixtas de la contradicción, por otro, por ejemplo en estas dos intervenciones del Soldado en "Sonido de la guerra":

No estoy dormido. No sé si muero o sueño.
En esta herida está el vivir, y ya
tan sólo ella es la vida.
Tuve unos labios que significaron.
Un cuerpo que se erguía [...].
. . . .
Soñé, y la mano dibujaba el sueño,
el deseo. Tenté. Quien tienta vive. Quien conoce ha
muerto.
Sólo mi pensamiento vive ahora.
Por eso muero. Porque ya no miro,
pero sé [...].[524]

y más adelante:

[...] Pienso, no hablo.
Siento. Alguna vez sentir fuera vivir.
Quizás hoy siento porque estoy muriendo.
Y la postrer palabra sea: Sentí.[525]

O también en estas cuatro frases consecutivas de Él en el diálogo "Los amantes viejos":

523. De falso estilo aforístico habla, por ejemplo, Gimferrer en art. cit.: "El más singular y visible [rasgo] posiblemente sea la tendencia a la concatenación de aforismos de sentido ambiguo, a menudo alógico, que además en muchas ocasiones se excluirán mutuamente puestos en relación con el contexto" (p. 24).

524. *DC*, p. 12.

525. Ibid., p. 14.

. . . .

Su lengua fría aquí me habla, y, muda,
es ella quien me dice: "amor", y existo.

Qué insistencia en vivir. Sólo lo entiendo
como formulación de lo imposible: el mundo
real. Aquí en la sombra entiendo
definitivamente que si amé no era.
Ser no es amar, y quien se engaña muere.

Nadie se mueve, si camina, y fluye
quien se detuvo. Aquí la mar corroe,
o corroyó, mi fe. La vida. Veo...
Nada veo, nada sé. Es pronto, o nunca.

La majestad de este silencio augura
que el pensamiento puede ser el mundo.
Vivir, pensar. Sentir es diferente [...].[526]

Pero mientras las puras tautologías y las puras contradicciones "no pueden determinar la realidad" porque son o demasiado escasas o demasiado excesivas con respecto al "espacio lógico", en este caso, donde todo el espacio quiere ser *alógico*, estas frases incompletas y estos informes y ambiguos balbuceos —a pesar de, o tal vez por, la fuerza de su apariencia tautológica y contradictoria— consiguen dibujar un complicado mapa de lo real; y también porque los personajes que pronuncian esas frases están anclados hasta tal punto en su desgarradora y alienada condición como para

526. Ibid., pp. 22, 23 y 24. Parece una tautología, casi inspirada en Wittgenstein, la pronunciada por el Bailarín (id., p. 144): "Yo soy quien soy, pero quien soy es sólo / una proposición concreta en sus colores".

expresar la amplia problemática del ser en una inevitable forma desgarradora y alienada. Y por otra parte es aquí donde se descubre que la función dialogante no es una mera suma de monólogos, sino un enfrentamiento dialéctico superior. En efecto —y limitándonos a los ejemplos hasta ahora mostrados—, como respuesta a las palabras de desesperación supersticiosa del Brujo y como respuesta al solitario idealismo de Él, está la vana sensiblería de Ella; y ambos, Él y Ella, advierten la presencia amenazadora de la muerte —la hora de la verdad—, como el Soldado y el Brujo advierten la presencia amenazadora de la guerra, que es metáfora de una destrucción continua e infinita ("La guerra fue porque está siendo", dice el Brujo).[527]

Además, cuando uno de los hablantes, el amante viejo (que se supone más cerca de la sensibilidad del autor, o, de todas formas, más cerca del contexto vibrante de *Poemas de la consumación*), afirma, en los versos ya citados, que sólo comprende su insistencia en vivir "como formulación de lo imposible", es decir, como una ilusoria llegada al "mundo real", parece indicar claramente un punto de observación de aquel complicado mapa del ser y del conocer al que alude Aleixandre cuando, como explicación de todo el libro, afirma que la realidad "es inmensa y hasta inconmensurable", de modo que "la riqueza del mundo sólo puede decirse desde la multiplicidad".[528] Dicho de

527. *DC*, p. 15.

528. En la citada entrevista con J. L. Cano. La frase completa es: "Mi nuevo libro pretende expresar la realidad de la vida, y al decir la realidad quiero decir la verdadera realidad. Y no me parece que a la rea-

otro modo, la conciencia, quebrada y fragmentaria, de la multiplicidad de lo real, filtrada por la mirada del viejo —y aquí es válida la frase de Shakespeare, tan del gusto de Pavese, *ripeness is all*—, habla ya con duro desaliento por boca del Lazarillo y del mendigo, ya a través de la confesión desolada y feroz del Inquisidor, ya con las voces "sin mañana" del Viejo y la Muchacha supervivientes de la destrucción atómica ("Después de la guerra" es, en ese sentido, el diálogo más angustiante), ya en el comentario del refinado y sufrido artífice Marcel o del otro artífice, el cínico y taimado Director de escena, y así sucesivamente.

Pero, como el grupo de estas personas hablantes es bastante limitado (catorce diálogos dan sólo la cifra de veintiocho voces o poco más) y la elección de éstas implica sólo una zona estrecha de caracterizaciones y de situaciones-límite, la tarea de ofrecer una representación adecuada a lo real múltiple parece que está encargada sobre todo a dos elementos centrales, y limítrofes, del libro: la deformación simbólica de las figuras en diálogo y la forma sintética de los temas tratados.

Deformación simbólica. He dicho antes que Aleixandre en *Diálogos* se acerca a los personajes precisa-

---

lidad se la pueda calificar con uno solo de esos nombres. La realidad es, por definición, inmensa y hasta inconmensurable. Y lo inconmensurable es [...] muchas cosas. La realidad resulta siempre excesiva. Es justamente lo que nos excede en muchos modos. Ante ella caben infinitas actitudes y maneras de reacción. Por eso este libro sólo podía escribirse en forma de diálogos. Cada personaje nos dice 'algo' de la realidad: acaso opuesto a lo que otro afirma, pero no menos verdadero. La riqueza del mundo sólo puede decirse desde la multiplicidad".

mente por su disponibilidad a representar símbolos, que muy a menudo se imponen hasta tal punto que pueden dar un significado decisivo y títulos a algunos poemas. Lo que quiero añadir ahora es que tales símbolos aparecen casi siempre deformados por una luz especial de memoria cruda o de meditación extrema: casi como un flujo de rayos ultravioleta que revela las entrañas, a veces monstruosas, del ser. Como un ejemplo de los más evidentes pueden citarse las palabras del Inquisidor que, frente al espejo, declara, en un delirio de destrucción:

> Una mujer, un niño
> arder pueden. Hermosa
> su verdad cuando ardiendo [...].[529]
>
> Qué salvación del mundo
> ardiendo. Hoguera entera
> que otorgaría mi mano
> para salvar, muriendo,
> matando [...].[530]

O también las palabras del Amador, en quien vuelve a surgir —deformado— el antiguo motivo aleixandrino del mito-símbolo de Narciso:

529. *DC*, p. 57.

530. Ibid., p. 58. Si el uso del verso heptasílabo, breve, limitado a este diálogo, recuerda cierto modo icástico y conciso de Jorge Guillén, que también ha tratado un tema análogo, el motivo de la confesión ante el espejo nos trae a la memoria una composición de Rafael Alberti, "El espejo y el tirano", de *Poemas escénicos* (Buenos Aires, 1962), un libro de raíz satírica que tiene una ligera analogía con los *Diálogos* de Aleixandre. Nótense, en los versos citados, las varias aliteraciones y rimas internas: *arder-verdad*; *cuando-ardiendo*; *mundo-ardiendo*; *hoguera-entera*, etc.

[...] Yo nací cuando sentí un deseo.
Me erguí, junto a unos juncos. Quise beber. El agua
era un espejo donde bebí mi rostro. Me levanté, cuán triste,
con un sabor a olvido, de algo que supe pero no en mi vida.
Después, siempre que me enajeno recuerdo súbito lo que supe, y odio
o amo. Y en los cuerpos me entierro. Cavo en lo oscuro: tierra. Y su sabor cuando me alzo queda
sobre mi lengua, a solas.
En un sabor a arena me enajené, y no he vuelto.[531]

Cada personaje se autodefine en base a un dato sensorial. De ahí la gran proliferación de sinestesias en el libro, como si fuera una corriente ininterrumpida y mixta de sensaciones táctiles, olfativas, visuales, etcétera.[532] Mientras, como ya hemos visto, para el Amador el momento de la alienación coincide, desde su nacimiento, con un sabor concreto a tierra y arena,

531. Ibid., pp. 65-66. Una alusión concreta a Narciso, como en *Poemas de la consumación*, se encuentra en las palabras iniciales del Joven Poeta Primero (p. 95), pero el término *espejo* se repite a lo largo de todo el libro (cf. pp. 21, 25, 95, 97, 117, 118, 128, 138).

532. En general, se trata de sinestesias simples, como "olores daba el color" (p. 74), "oigo la luz sonar" (p. 78), "otras luces escucho" (p. 117), etc., pero más a menudo se trata de sinestesias complejas, sutiles y difusas, como la del Toro al entrar en la plaza: "Se abre la luz. ¿Ya es de noche? Pero ciegan los oros. / Con furor semejante todo es chorro en mi belfo. / Qué confusión de olores. Pero a muerte infinita [...]" (p. 107). También Gimferrer (art. cit., p. 26) toca ese argumento cuando escribe: "Los sentidos se desplazarán: si en "Horas sesgas" de *Poemas de la consumación* el poeta escuchaba a una sombra, en *Diálogos del conocimiento* la muchacha de "Después de la guerra" oirá el sonido de la luz".

para Swan la ficción del vivir se traduce en una sensación compleja (y en una adecuada sinestesia), que concluye en el vacío:

> Como un frac yo pasé, sin mi máscara, solo,
> ante el grandioso espejo en que viví, y lo quise.
> Pues si amé fue por eso: porque no amé y lo supe.
> Vivir: sólo una excusa. Pero sufrí, y me valga.
> Valer. Mientras sufrimos por lo que no queremos
> a quien no quiere amamos, y la rosa es estéril.
> Y si se aspira un alma no hay olor. Un perfume
> en el pomo reluce, pero siempre vacío.[533]

Al mismo proceso de de-formación —punteado de violentas e incongruentes crasis— está sujeto otro motivo, ya presente en la fase inicial de Aleixandre: el de la desnudez del cuerpo, que hace recordar otras desnudeces más ásperas y despiadadas. El motivo se desarrolla según un registro que procede del superrealismo y llega decididamente al expresionismo, como se ve en las palabras de la Maja:

> Ah, mi desnudo cuerpo bajo la ropa blande
> como bandera al viento.
> Para todos, y ciegos,[534]

en las del Dandy:

> [...] La desnudez es un orden innoble. Me recuerda
> vagamente a los huesos, pues la carne es un aire

533. *DC*, pp. 118-119.
534. Ibid., p. 37 ("La maja y la vieja").

casi inmóvil en que los huesos quedan,
están. Por eso amar desnudo es bello, pero no suficiente.
Bello, como los huesos conjugados de los amantes.
Muertos.
Muertos, pues que se estrechan. Lo que suena es el hueso,[535]

y en las del viejo, tan amargas:

Toco mi frente. Un hueso solo o piedra.
Piedra caída, como estas piedras mismas.
¿Rodó de dónde? Y aquí quedó, parada.
Tiento mi barba, dolorosa, un río
que cae y no llega, pende, y tiembla
como un pavor [...].[536]

Forma sintética de los temas tratados. Por un efecto de concatenación y al mismo tiempo de sublimación, el libro parece más bien concentrarse en un tema único que se ramifica en seis o siete subtemas (vida, muerte, juventud, vejez, soledad, alienación, guerra, etc.), o sea, en un núcleo temático bastante compacto que se dispone a la representación más amplia posible de lo real (¿real objetivo? ¿real pensado?), precisamente porque tal representación se ofrece en el grado más difuso, abstracto y mítico. Aun después de una mirada superficial a los títulos y de un rápido exa-

535. Ibid., p. 65 ("Diálogo de los enajenados").
536. Ibid., p. 75 ("Después de la guerra").

men semántico, se nota que el tema central, como en *Poemas*, es el del amor: el amor considerado todavía como acto de relación y conocimiento. No importa que se presente bajo el desesperado perfil de la negación (frustrada relación entre padre e hijo en "La sombra") o de la duda más radical (como el personaje de Lazarillo); y que bruscamente pase de la fase expansiva a la reprimida, o de su momento creativo al decididamente destructivo: el amor es siempre quien implica, bien la experiencia vital frustrada de los amantes viejos, bien el destino ya marcado (dividido por un muro) de los amantes jóvenes, bien las soledades opuestas del Amador y del Dandy, bien las dos concepciones contrapuestas (vivir-crear) del Joven Poeta Primero y del Joven Poeta Segundo, etc. Efectivamente, si el impulso amoroso es solitario o alienado, el vivir se tiñe entonces de un sentimiento narcisista o incluso idealista; y si tal impulso resulta ilusorio y efímero (por ejemplo, en las páginas de la memoria proustiana o en la escena donde "se consuma" la danza final), entonces el vivir se configura como máscara, apariencia (*apparaître*, contra *être*, según la fórmula de Sartre), o como sueño y quimera.[537] Pero el amor que se expresa en *Diálogos*, aunque frustrado, interrumpido o violentado, es siempre amor como acto de conocimiento y de relación; y como óptima prueba

537. La mayor frecuencia de los términos *quimera*, *máscara*, *sombra*, *fantasma*, *excusa*, *mentir*, etc., se concentra en los diálogos "Aquel camino de Swan" y "La sombra"; pero los mismos términos, sueltos (y *sueño* y *soñar*), encontramos en las pp. 12, 15, 21, 36, 37, 53, 55, 56, 58, 63, 64, 85, 86, 87, 98, 100, 112, 136, 144, 146, 147.

se pueden citar las palabras del Niño (en "La sombra"):

Y yo anhelo una sombra, tener lo que no tuve nunca.
La conciencia creadora, de la que yo naciera;
pero no fue mi origen. Porque el azar me impuso.
Padre, si tú no me pensaste, ¿por qué ardió la quimera?
Un humo soy de un sueño que él no tuvo. Y aliento.
Pero tiento y no toco tu vida. Ah mentido
padre que no quisiste pero aquí me arrastraste.
Impuro, pues mi origen no fue el sueño de un hombre.[538]

En efecto, se puede explicar de varias maneras contextuales qué es la sombra que anhela el Niño: en primer lugar, y sobre todo, por medio de la frecuente coincidencia de este vocablo con "sueño" y "quimera"; luego, por medio del amplio y profundo uso que de él hace el Viejo en "Los amantes viejos" ("Aquí en la sombra entiendo definitivamente que si amé no era"), así como del término homólogo "oscuridad" ("Pero la oscuridad puede pensar"; "la oscuridad es toda ella verdad"); y, en cierto modo, mediante el uso restrictivo y dogmático que de él hacen Pedro el peregrino ("Voy caminando solo rumbo a la sombra donde Dios reina") y el Inquisidor ("Pues Dios es sombra").[539] La sombra, pues, para el Niño,

538. *DC*, p. 129.

539. Las citas las hemos entresacado de las pp. 23, 24, 26, 136 y 56, respectivamente, de *DC*. Para las coincidencias de *sombra* con *sueño*, *quimera*, etc., véase n. 537. El significado represivo y absoluto que el In-

se junta, positivamente, con la "conciencia creadora": con un orden amable y consciente, que es el contrario del "azar" con que el padre lo ha engendrado.

Y es así como una vez más se evidencia y refuerza el contexto (hecho metáfora) de Aleixandre acerca de la dialéctica conocer-saber y que *Diálogos* toma de *Poemas.* En un breve estudio, ya citado,[540] Guillermo Carnero ha hecho un esmerado cuadro semántico del cruce de los verbos *conocer* y *saber* tal como aparecen en las intensas páginas de los dos libros, partiendo, precisamente, de la concepción de Aleixandre sobre el amor. "El amor —ha escrito— es, para Aleixandre, junto a las manifestaciones de los sentidos, una necesidad, desde la ignorancia, de conocer [...] Ese conocimiento no es exclusivo del hombre, porque se da no sólo a nivel racional sino sensitivo: la experiencia sensible, aun desprovista de conciencia, aporta conocimiento, y por eso el toro conoce, en su experiencia del toreo y de la muerte: *Ese toro conoce aunque muera* ('La maja y la vieja'). Conoce aunque la sea imposible elevar a otro nivel distinto del de la sensibilidad su experiencia, por limitación de su naturaleza y porque su experiencia sensible precede inmediatamente a su muerte. El verbo *conocer* tiene en el contexto aleixan-

---

quisidor atribuye al vocablo *sombra* sirve para comprender hasta qué extremos puede llegar.

540. Se trata del estudio ya citado más arriba, en n. 428: " 'Conocer' y 'saber' en *Poemas de la consumación* y *Diálogos del conocimiento*", *Cuadernos Hispanoamericanos*, n.º 276 (junio 1973). Hay que tener en cuenta que el ensayo de Carnero es anterior a la publicación en volumen de *Diálogos del conocimiento*, y que tal ensayo se aplica sólo a los siete diálogos que aparecieron en revistas antes de 1973.

drino un valor imperfectivo reforzado por el mismo valor de otro verbo que le está, en ese mismo contexto, estrechamente vinculado: el verbo *mirar*. *Conocer* y *mirar* encarnan el proceso no terminado, la aspiración no satisfecha, el camino no concluido [...] Cuando el proceso cognoscitivo ha terminado, el que lo emprendió se encuentra provisto de una sabiduría: conocer es una actividad y saber es un resultado inmóvil. Esa sabiduría viene con la edad, y puesto que la vejez es incompatible con la vitalidad y la sabiduría se adquiere una vez que el camino del conocimiento ha sido recorrido, esa sabiduría se opone a la vida: *Quien duda existe. Sólo morir es ciencia* ('Sin fe', de *Poemas de la consumación*); *Ignorar es vivir. Saber, morirlo* ('Ayer', de *Poemas de la consumación*)." [541]

Sin embargo, Carnero descuida, o por lo menos no subraya lo suficiente, dos hechos importantes pertenecientes al fenómeno que ha analizado y que yo he resumido en una sola cita: primero, la atracción que Aleixandre sigue sintiendo hacia la actividad cognoscitiva, aunque imperfecta e insatisfactoria, como signo de la vitalidad del hombre y de su inagotable búsqueda

541. Guillermo Carnero, art. cit., pp. 4, 5 y 6. En su investigación, el crítico individualiza también dos series de términos "en función de los cuales se expresa y ordena la visión del mundo del último Aleixandre": *Conocer — Juventud — Vida — Mirar* (= experiencia de los sentidos); y *Saber — Vejez — Muerte — Ver* (= conclusiones de pensamiento). Pero el mismo Carnero advierte que "conocer" y "saber" tienen además "un significado extensivo ocasional" y que por consiguiente el sistema que describe puede venirse abajo. Por otra parte —como hemos visto—, habría que tener en cuenta otros términos contrapuestos, como *luz* y *sombra* (para *ver* y *mirar*), etc.

(bajo el tema de los jóvenes y de la juventud); segundo, la presencia, en su sistema poético, de la contradicción (fuente de una fértil dialéctica), tanto a nivel de la mirada contrariada y desencantada del viejo (*Poemas*), pleno de turbios espejismos, como —y más aún— a nivel del choque entre varios estados del ser y de la conciencia que personifican sus desalentados personajes (*Diálogos*). Es más, hay que decir claramente que, en su último libro, la contradicción dialéctica entre conocer y saber se ha instalado como sistema mismo del texto. Véase al respecto el fragmento final sobre la muerte en el diálogo "Los amantes viejos":

Él

La oscuridad es toda
ella verdad, sin incidentes
que la desmientan. Aquí viví, y he muerto.
Calla: Conocer es amar. Saber, morir.
Dudé: Nunca el amor es vida.

Ella

Está al llegar, y acabo. Tanto esperé y he muerto.
Supe lo que es amar porque viví a diario.
No importa. Ya ha llegado. Y aquí tendida digo
que vivir es querer y siempre supe.[542]

En el plano del conocimiento, que es además el determinante, el momento de la contradicción, ya enraizado en *Poemas* bajo forma de desgarradora dialéctica

542. *DC*, p. 26.

interior, se ha quebrado en los personajes antinómicos de *Diálogos* y ha tomado el carácter estable de una abierta y porfiada tipología de la contradicción.

Tan porfiada que puede desvelar, como hemos visto, numerosas reiteraciones, coincidencias y analogías a lo largo de toda la maraña lingüística y semántica de *Diálogos.*[543] Hay que demostrar y poner en evidencia varios pasajes e influencias intertextuales entre *Diálogos* y *Poemas*, e incluso, en algunos casos, entre *Diálogos* y poesías de libros anteriores de Aleixandre.

A este último grupo pertenece el verso

> vivir, vivir, el sol cruje invisible,

que procede de una composición de *La destrucción o el amor* ("Vida"), y que Aleixandre ya había utilizado poniéndolo como verso final en una composición de *Retratos con nombre* ("Una amazona").[544] El verso vuelve a aparecer, transformado ("Creer, vivir. El sol cruje hoy invisible"), en el diálogo "Dos vidas",[545] pero, dado su carácter de compleja sinestesia, puede si-

543. Además de las ya citadas en las páginas en que trato de tautología y de contradicción, señalo la insistente repetición de la palabra *estrellas* en todo el discurso de Ella en "Los amantes viejos". La palabra se articula luego en una imagen compuesta, que pasa del diálogo "Después de la guerra" ("Todo es oscuro, pero como siento latir a las estrellas en mi mejilla") al diálogo "Dos vidas" ("[...] vi las estrellas, su inescrutable signo palpitando como otros labios sobre mi mejilla"). Cf. *DC*, pp. 76 y 99.

544. Respectivamente en *OC*, p. 345 y p. 1001.

545. *DC*, p. 37 y 100.

tuarse perfectamente en el conjunto sinestético de su obra reciente. También al mismo grupo pertenece el hemistiquio

Como en la mar las olas

que ya aparecía, por dos veces, en el libro *En un vasto dominio* [546] y que ahora vuelve a aparecer ligeramente distinto ("Como el mar en las olas") al final del diálogo "La maja y la vieja".[547]

En cambio, las tres alusiones a tres antiguos títulos de su obra literaria tienen un tenue carácter manierista, casi de juego o gracia literaria. Un verso de "Después de la guerra" alude a *Mundo a solas*:

Tierra a solas me siento, sin humanos;[548]

a *Espadas como labios*, en un verso de "Los amantes jóvenes":

Espadas como flores para los labios fríos,[549]

y a *La destrucción o el amor* en un verso de "Misterio de la muerte del toro":

La destrucción o el amor en las negras arenas.[550]

546. *OC*, pp. 921 y 975. Ya P. Gimferrer, en art. cit. en n. 505, había observado el nuevo uso de ese verso, verso que más cambiado todavía aparece, curiosamente, como título de una composición en *Poemas del conocimiento*: "Como la mar, los besos" (p. 29).
547. *DC*, p. 38.
548. Ibid., p. 74.
549. Ibid., p. 87.
550. Ibid., p. 113.

Numerosos, significativamente numerosos —como hemos dicho—, son los estilemas, las imágenes y los sintagmas que pasan de *Poemas de la consumación* a *Diálogos del conocimiento.* Gimferrer[551] ya ha señalado cuatro: el verso inicial de "Quien hace vive" ("La memoria del hombre está en sus besos"), del primer libro, está parafraseado en "Los amantes viejos", del segundo ("La soledad del hombre está en sus besos"); y así sucede, respectivamente, con otros versos o hemistiquios de versos, como "Quien muere vive, y dura", que pasa a ser "Quien siente vive, y dura"; "Ignorar es saber. Saber, morirlo" pasa a "Conocer es amar. Saber, morir"; "La noche es larga, pero ya ha pasado" se transforma en "Larga es la noche, pero ya ha cedido".[552] Hay más ejemplos aún. La imagen de la vejez en *Poemas*:

> [...] donde estuvo la boca y falta. Allí una herida seca aún se abre y remeda algún son: un fuelle triste,[553]

se cambia, en *Diálogos*, de este modo, para describir la herida del Soldado:

> Sólo el aire del pecho suena. El estertor
> dentro de mí respira por la herida,
> como por una boca. Boca inútil [...].[554]

551. Gimferrer, art. cit., pp. 24-25.

552. Los "préstamos" de uno a otro libro se encuentran en las páginas siguientes: *PC*, p. 93 a *DC*, p. 21; *PC*, p. 93 a *DC*, p. 25; *PC*, p. 88 a *DC*, p. 26; *PC*, p. 82 a *DC*, p. 75.

553. *PC*, p. 23 ("Rostro final").

554. *DC*, p. 15 ("Sonido de la guerra").

Y la siguiente frase aforística atribuida a Rubén Darío, es decir, a las cualidades de exploración y de comunicación del poeta nicaragüense:

> El que algo dice dice todo, y quien
> calla está hablando. Como tú que dices... [...],[555]

se transforma, en la intervención final del diálogo "Los amantes viejos", en la frase:

> Calla. Quien habla escucha. Y quien calló ya ha hablado.[556]

Pero es más corriente la influencia de un endecasílabo en otro, como se nota en los casos menos complejos ya mostrados. Así, por ejemplo, el endecasílabo "La majestad de la memoria es aire", de *Poemas*, está parafraseado en el endecasílabo "La majestad de este silencio augura", de *Diálogos*.[557] Y más corriente todavía es el paso de sintagmas simples ("O tarde o pronto o nunca", de *Poemas*, a "Es pronto o nunca", de *Diálogos*; o de "cubre en noche", del primero, a "cubro en noche", del segundo; y así sucesivamente);[558] y de formas adverbiales ("a solas", "a ciegas", "sin bordes", "en sombra", etc.).

555. *PC*, p. 65 ("Conocimiento de Rubén Darío").
556. *DC*, p. 26.
557. Respectivamente en p. 86 de *Poemas* y en p. 24 de *Diálogos*.
558. Respectivamente en p. 78 de *PC* (verso que se halla idéntico en "Vida" de *La destrucción o el amor*, en *OC*, p. 345) y p. 23 de *DC*; y en p. 83 de *PC* y p. 78 de *DC*.

"Es difícil advertir —ha escrito Gimferrer— [559] que la mayoría de las veces tales referencias [...], más que a corregir, confirmar o desmentir la escritura anterior, se encaminan a introducir en ella la ambigüedad y lo plurivalente". Y más adelante: "la poesía del último Aleixandre es un arte combinatorio que procede por permutación, sustitución o superposición de un repertorio extremadamente parco de elementos. Lo verdaderamente sorprendente y admirable [...] es el hecho de que dichos elementos revistan un tal valor polisémico que su reaparición pase inadvertida al lector común y sea sólo perceptible para el analista".

Y esto confirma —desde un punto de vista de exégesis minuciosa y comparativa— que el carácter principal de *Diálogos del conocimiento* radica en la amplia polisemia de su profundo mensaje, en la ambigüedad compleja de su riquísima búsqueda y reconstrucción del ser.

559. Véase art. cit., pp. 25 y 27.

Capítulo 10

EL UNIVERSO Y SU PALABRA: OBSERVACIONES CONCLUSIVAS SOBRE LA OBRA POÉTICA DE ALEIXANDRE

Un perentorio retorno a sí mismo y un fuerte incremento de innovación. Con esos dos caracteres aparentemente discordes, y ahora incluso más acentuados, se presenta, pues —en la perspectiva genética hasta aquí perfilada por medio de "descripciones sincrónicas sucesivas"—,[560] la obra poética reciente de Aleixandre.

Lo que más sorprende, en este caso, es que el autor ponga ante los demás las cartas boca arriba sin ninguna reticencia o disimulo, es más, que se ofrezca al lector con un conjunto de propuestas y de opciones todas ellas explícitas: empezando por la que ha realizado con la antología *Poesía superrealista*, donde —al contrario de sus compañeros de generación, salvo tal vez La-

560. La expresión es de Roman Jakobson, y se halla en el ensayo "Lingüística y poética" (*Ensayos de lingüística general*, Seix Barral, Barcelona, 1974).

rrea— proclama una elección de campo bien precisa, inequívoca.[561] Tenía razón por lo tanto cuando, al empezar este estudio, anunciaba que quería prestar mayor atención a los aspectos innovadores del trabajo aleixandrino.

Por otra parte, siguiendo la pauta de la meditada adhesión —que entre los críticos ha sido unánime—[562] a los versos dramáticamente introvertidos y unívocamente dilemáticos de *Poemas de la consumación* y de *Diálogos del conocimiento*, es lícito proponer una línea de preferencia en el arco completo de la producción de nuestro poeta: la que une, por medio de un puente de densas adquisiciones lingüísticas (metalingüísticas) y metafísicas, *Pasión de la Tierra*, *Espadas como labios*, *La destrucción o el amor* y las dos últimas obras.

Realzar esa línea no significa subestimar la fase intermedia que va de *Mundo a solas* a *En un vasto dominio*, ni atentar contra la idea de la unidad general del mundo aleixandrino: significa más bien conceder privilegio al punto más agudo de tal unidad, al espacio supremo donde la palabra es al mismo tiempo nombre

561. La antología recoge además piezas inéditas de *Pasión de la Tierra*, halladas por el hispanista inglés Brian Nield (cf. "Nota preliminar", p. 8). Recuérdese lo que se ha dicho a propósito de ese libro y de su tardía publicación (cf. cap. 1, p. 33 y s.).

562. Además de las reseñas y artículos ya citados, recuerdo el largo artículo de José Olivio Jiménez publicado en *Ínsula*, n.º 331 (junio 1974); las reseñas de Joaquín Marco en *La Vanguardia* (26 junio 1974), de Martín Vilumara [= José Batlló] en *Triunfo*, n.º 614 (6 julio 1974), y el breve ensayo de Gustavo Martín Garzo, "Síntesis última de Vicente Aleixandre", en la revista *Trece de Nieve*, n.º 7 (primavera-verano 1974).

y mensaje, individualidad y universalidad, subjetividad y objetividad, "mente y materia".

Gimferrer ha dicho bien cuando, al afirmar el carácter unitario, o mejor, la esencia unitaria de la poesía de Aleixandre, la ha *descrito* así: "Cada ser, en la luz total —inseparable de la tiniebla total—, es idéntico a los otros, y todos son el poeta: el ojo que, ciego, se ve a sí mismo, la palabra que se designa al designar el mundo, la pasión erótica que se reencuentra en los cuerpos ajenos, la percepción que asume la unidad de mente y materia. Conocimiento de lo unitario, fragor y quietud de un cosmos hecho idea, de una idea que es el cosmos".[563]

Los ejemplos más sintomáticos de unidad y de cohesión del discurso aleixandrino son los que he ido mostrando a lo largo del presente estudio: la repetición de sintagmas y enunciados de un libro a otro, el volver a utilizar versos enteros a distancias irregulares en el tiempo y en el espacio: todo para formar una ur-

563. P. Gimferrer, art. cit., p. 27. Poco antes Gimferrer había escrito: "desde sus inicios —desde el ceñido dibujo perfilado de lo concreto, la definición del trazo y el contorno de la materia visible que caracterizaba a los poemas de *Ámbito*— la poesía de Aleixandre puede resumirse en una palabra: unidad. La imaginería frondosísima de *La destrucción o el amor*, *Pasión de la Tierra* o *Sombra del Paraíso* expresaba a un tiempo la disolución de la conciencia individual en el universo y el universo como imagen o proyección interior de dicha conciencia. La objetivación de la etapa de *Historia del corazón* y *En un vasto dominio* preanuncia el desdoblamiento en múltiples personajes de *Diálogos del conocimiento*, el desdoblamiento y exterior reconocimiento de éstos en las imágenes del cosmos (así, el viejo de 'Después de la guerra' se reconoce en un árbol)".

dimbre de remisiones y de "recuerdos" de connotación bastante marcada.

No creo ni con mucho haber agotado esa ejemplificación. A punto de concluir mi investigación, mostraré cómo se repite, a lo largo de un amplio arco de obras, una frase, que resumo en una sinestesia sencilla, considerada como constante o como media: *pisar luces* (enriquecida además por una serie de términos contiguos: *pie desnudo*, *sol*, *cielo*, *sandalia*, etc.).

Aparece ya en el primer libro de Aleixandre, *Ámbito*:

> Ebrio de luces, de noche,
> de brillos, mi cuerpo extiende
> sus miembros, ¿pisando estrellas?,
> temblor pisando celeste [...].[564]

Retorna en *Espadas como labios*:

> [...] ese decir palabras sin sentido
> que ruedan como oídos, caracoles,
> como un lóbulo abierto que amanece
> (escucha, escucha) entre la luz pisada.[565]

Y una vez más en *La destrucción o el amor*:

> luna de noche que pisan unos desnudos pies [...].[566]

564. *OC-AM*, p. 172 ("Posesión").
565. *OC-EL*, p. 247 ("Mi voz").
566. *OC-DA*, p. 352 ("Paisaje").

De nuevo, en forma transfigurada, en una composición ("El sol") de *Sombra del Paraíso*:

Leve, ingrávida, apenas,
la sandalia. Pisadas
sin carne. Diosa sola,
demanda a un mundo planta
para su cuerpo, arriba
solar. No cabellera
digáis; cabello ardiente.
Decid sandalia, leve
pisada; decid solo,
no tierra, grama dulce
que cruje a ese destello,
tan suave que la adora
cuando la pisa. ¡Oh, siente
tu luz, tu grave tacto
solar! Aquí, sintiéndote,
la tierra es cielo. Y brilla.[567]

Finalmente, se vuelve a encontrar en *Poemas de la consumación*:

Se enamoró del cielo, donde pisaba luces [...].[568]

(Nótese que la imagen aparece aquí en relación con una precisa evocación del pasado, libremente desarrollada en el poema "Canción del día noche", que comienza con el verso "Mi juventud fue reina".)

567. *OC-SP*, p. 552.
568. *PC*, p. 39.

Y en *Diálogos del conocimiento*:

> Sol que piso y reluce bajo mis pies desnudos [...].[569]

Pero ¿de qué fragmento de la experiencia real proceden la frase y su relativa imagen? Tal vez de la visión del mar "revivido" a través de la sensibilidad infantil (ése es el sentido de la composición "Mar del paraíso", a la que pertenecen los siguientes versos):

> Eras tú, cuando niño,
> la sandalia fresquísima para mi pie desnudo.
> Un albo crecimiento de espumas por mi pierna
> me engañara en aquella remota infancia de delicias.
> Un sol, una promesa
> de dicha, una felicidad humana, una cándida correlación de luz
> con mis ojos nativos, de ti, mar, de ti, cielo [...].[570]

Si ésa es la probable fuente de la imagen escogida como ejemplo (la anulación del reflejo del mar en el cielo, resuelto en una verticalidad que parte del pie desnudo), se puede comprender la mecánica que preside la formación de la *imagery* aleixandrina y la dinámica que hace que cuajen ciertas formas metafóricas y metonímicas. Mediante la caída de uno o más diafragmas que la hacían compuesta y articulada, se llega a la creación de una figura poética de nuevo cuño, alusiva e impertinente, capaz de actuar a lo largo de todo

569. *DC*, p. 86 ("Los amantes viejos").
570. *OC-SP*, p. 535.

el arco de la obra de nuestro poeta: núcleo, a su vez, de una compleja y vasta retórica que constituye precisamente la *langue* forjada por Aleixandre.

Para volver rápida y brevemente a un tema ya tratado, recuerdo que se ha escrito mucho a propósito de la imagen (considerada como unidad simple del amplio y complejo campo expresivo aleixandrino), de la "proliferación de las imágenes" y del "proceso visionario" que de ella deriva —como se puede ver en el análisis central de Carlos Bousoño, que sigue siendo la base más fértil de observaciones y sugerencias en ese sentido—.[571] Pero considero que mucho habría que escribir todavía en torno al desarrollo lingüístico y expresivo que va desde el nombre (el nombrar es desde *Espadas como labios* una constante de la "manera" aleixandrina) hasta el símbolo, y desde el símbolo hasta el conjunto de símbolos: todo para componer esa especial mitografía que es típica de Aleixandre y a menudo sólo de Aleixandre.

A veces el mito está tomado el repertorio clásico. El de Narciso —lo hemos demostrado— recorre toda la obra del poeta. Otros se pueden sacar de varios puntos.[572] Por ejemplo, el mito de Venus y de su nacimiento de las aguas ya está presente en *La destrucción o el amor*:

571. Cf. *op. cit.*, la parte titulada "La imagen", de p. 115 a p. 226.

572. "La mythologie classique —escribe Michel Gauthier, en el artículo varias veces citado— occupe, par exemple, une grande place dans le magasin d'images du poète" (p. 86). Y en n. 2 (p. 98) descubre las huellas de los mitos de Venus, Prometeo, Atlas, Júpiter, Ícaro, Damocles y Orfeo.

[...] playa o cuerpo dorado, muchacha que en la orilla
es siempre alguna concha que una ondas dejaron.

Vive, vive como el mismo rumor de que has nacido:
escucha el son de tu madre imperiosa;
sé tú espuma que queda después de aquel amor,
después de que, agua o madre, la orilla se retira.[573]

Y vuelve a aparecer al final —omito otros versos y trozos cronológicamente intermedios—,[574] en las palabras de Ella en "Los amantes jóvenes" (*Diálogos del conocimiento*):

Con el día nací. Con la espuma del mundo.
Un pétalo sellado para mis labios nuevos [...].[575]

Pero con más frecuencia se trata de algún mito recuperado de otras sugestiones o tradiciones y que él mismo vuelve a plasmar. Ése es el caso del mito (por otra parte limítrofe al de Venus) del mar-madre y de la tierra-madre (fórmula más frecuente), al mismo tiempo elevado y liberado —diríase— tanto de la etnología mágica como de la psicología de lo profundo.

573. *OC-DA*, p. 419 ("Hija de la mar").

574. Recuérdense los versos del poema "Casi me amabas": "Una concha de nácar intacta bajo tu pie, te ofrece / a ti como la última gota de una espuma marina [...]" (*OC-SP*, p. 522). Ya Bousoño (*op. cit.*, p. 64) había notado, a propósito del concepto del amor-destrucción en Aleixandre: "Sólo después del acto erótico se recobra la forma, perdida antes por ese misterioso contacto de vida y muerte. Entonces parece como si cada uno de los que se han amado naciese del otro, espuma y Venus a un tiempo mismo".

575. *DC*, p. 85 ("Los amantes jóvenes").

Tras un primer reconocimiento, parece que ese mito sigue sólo el curso lineal de una inspiración mediterránea y meridiana: tierra (o mar) como fuente de energía y de vida, y como figura de la amplitud que abraza y protege, o de la fecundidad (la tierra) a la que el hombre acude en un intento de identificación. Así resulta, por ejemplo, ya desde el título y del contexto de *Pasión de la tierra* y de poemas como "Nacimiento último" (*Espadas como labios*), donde se observan acentos de primigenio vitalismo:

> Soy esa tierra alegre que no regatea su reflejo [...].[576]

O de poesías como "Madre, madre" (también de *Espadas*),[577] o de la ya citada de *La destrucción o el amor* (donde se habla de "madre imperiosa" y de "agua o madre").

El resultado último de esa versión, en cierto sentido vitalista, del mito antropológico de la tierra-madre —nunca negado en la ininterrumpida "filosofía poética" de Aleixandre y seguido paso a paso en el presente estudio— [578] está en el diálogo "La sombra", el más amargo de los *Diálogos*, que tiene como interlo-

576. *OC-EL*, p. 257.

577. Ibid., p. 285.

578. Aun donde las palabras e imágenes parece que remiten a un recuerdo, estricta o vagamente biográfico, de la madre (cf. el presente estudio, p. 129 y n. 226), la poesía de Aleixandre concierne al símbolo esencial de la tierra o del mar. (Esta corrección se la debo al propio autor, en una carta del 14 de mayo de 1972). Nótese además que en el contexto es siempre *la mar*, en femenino.

cutores al Niño y al Padre y que concluye con estas palabras del Niño:

Madre, tierra común de que sólo he nacido.
A ti vuelvo, y a solas, y me entierro en tu seno.[579]

En la precedente "intervención" el mismo Niño, después de habèrse lamentado de no haber podido nacer de una "conciencia creadora", había dicho:

Se nace de una madre que jamás nos desprende.
Cual bóveda nocturna, sus estrellas, eternas,
y ella nos cubre y somos, si ser ella es ser, siendo,
pero no siendo [...].[580]

Por lo tanto, la tierra, la tierra-madre, es y sigue siendo el único refugio seguro, la única certidumbre a la que uno puede dirigirse en la vida. Esa certidumbre es algo de lo que se nace y a lo que se vuelve; es algo que nos protege "cual bóveda nocturna"; es algo que justifica nuestra existencia ("si ser ella es ser"); pero que permanece en una esfera metafísica ("siendo, pero no siendo"). La vida física es, en cambio, una ausencia ("la ausencia substancial del padre"), simbolizada en el "vaivén" del vivir, o sea, en el "azar", en la mera casualidad, del emparejarse.

Mirándolo bien, sin embargo, una segunda versión del mito se insinúa contemporáneamente en los versos aleixandrinos, una versión no ya ascendente y meri-

579. *DC*, p. 131.
580. Ibid., p. 129.

diana, sino descendente y nocturna: la, ya escatológica y mistérica, de la tierra o del mar (más la tierra que el mar) vistos en sus cualidades húmedas, solitarias, mudas, abismales, a veces tenebrosas, pero más a menudo dulcemente aniquiladoras. Casi se podría hacer una antología de poemas y trozos de poemas que llevan todos esa imagen de la profundidad de la tierra,[581] ya desde las últimas líneas del poema en prosa "Fuga a caballo" de *Pasión de la tierra*:

> Si me muero, dejadme. No me cantéis. Enterradme envuelto en la baraja que dejo, en ese bello tesoro que sabrá pulsarme como una mano imponente. Sonaré como un perfume del fondo, muy grave. Me levantaré hasta los oídos, y desde allí, hecho pura vegetación, me desmentiré a mí mismo, deshaciendo mi historia, mi trazado, hasta dar en la boca entreabierta, en el Sueño que sorbe sin límites y que, como una careta de cartón, me tragará sin toserse.[582]

O de estos versos de *Espadas como labios*:

> Bajo tierra los besos no esperados,
> ese silencio que es carbón, no llama.[583]

O de estos otros versos, también de *Espadas* (la com-

581. Además de las poesías citadas más adelante, recuerdo la "Canción a una muchacha muerta" (*La destrucción o el amor*), "Bajo la tierra" (*Mundo a solas*) y "Los amantes enterrados" (*Nacimiento último*), en *OC*, pp. 369, 449 y 614, respectivamente.

582. *OC-PT*, p. 207.

583. *OC-EL*, p. 251 ("Muerte").

posición se titula "En el fondo del pozo – El enterrado"):

Oh, sí, en este hondo silencio o humedades,
bajo las siete capas de cielo azul yo ignoro
la música cuajada en hielo súbito,
la garganta que se derrumba sobre los ojos,
la íntima onda que se anega sobre los labios.

Dormido como una tela
siento crecer la hierba, el verde suave
que inútilmente aguarda ser curvado.[584]

Para terminar con el poema "El enterrado", de *Poemas de la consumación*:

La tierra germinal acepta el beso último. Este reposo
en brazos de quien ama
sin tregua, conforta el corazón. Vida, tú empiezas.
Sábana de verdad que cubre el alma
dormida, mientras los brazos grandes no desmayan
jamás. Tenaz vivo del todo,
bajo un cielo inmediato: tierra, estrellas.[585]

Como fácilmente se puede notar, a esa interpretación descendente y nocturna de la mitología de lo primigenio pueden adaptarse también las palabras de Rilke: "Tal vez todo está regido por una vasta maternidad",[586] inherentes al símbolo de la tierra-madre.

584. Ibid., pp. 264-265.
585. *PC*, p. 98.
586. Cf. *Cartas a un joven poeta.* Trad. de la versión italiana.

Por otra parte, también es fácil suponer que la lectura de Rilke y en especial la de *Cartas a un joven poeta* (préstese atención a este otro paso: "quien comprenda y celebre correctamente la muerte, al mismo tiempo exalta la vida") haya influido notablemente en la fantasía poética aleixandrina y en su concepción escatológica. Ni siquiera la visión vuelta al revés del mito, la que parece formarse en la oscuridad profunda de la tierra, enciende en él una imagen pánica y aún menos apocalíptica de la muerte: es más, a medida que nos acercamos al presente de *Poemas de la consumación*, aparece menos transfigurada y turbada.

Finalmente, en el trasfondo de la adquisición aleixandrina de la muerte (y de la vida-muerte), que, respecto a la de Rilke, es fundamentalmente neopagana y en cualquier caso carente de connotaciones ante todo religiosas, es posible vislumbrar la sugerencia y el influjo de algunas proposiciones pertenecientes al psicoanálisis. A partir de aquel "principio del Nirvana" que, según Freud, podría actuar positivamente contra la represión de los instintos y conducir el alma humana a la progresiva aceptación de la muerte, entendida como la suprema inercia u homeostasis.[587] Y

587. He aquí cómo Norman O. Brown resume y comenta el pensamiento de Sigmund Freud siguiendo varias de sus obras: "Si el hombre pudiera poner fin a la represión y obtener la satisfacción de los instintos, el inquieto principio del placer volvería al principio del Nirvana, o sea a un equilibrio estable entre la tensión y la liberación de la tensión. Por lo tanto, si el principio del Nirvana 'pertenece a los instintos de la muerte' y el principio del placer pertenece a Eros, su unificación sería la condición de equilibrio y de reposo de la vida que es una vida plena, sin represiones y por consiguiente satisfecha de sí misma y que se afirma en

hasta llegar, en el mismo nudo problemático —quizás más cercano a las implicaciones poéticas de Aleixandre—, al concepto de *arquetipo* tal como lo formula Jung en su estudio sobre la estructura del inconsciente,[588] y a su afirmación según la cual la máxima esperanza del hombre consiste en confiar que "las aguas negras de la muerte son aguas de vida, la muerte con su frío amplexo es el seno materno, como el mar que, aun tragando el sol, lo da luego a luz extrayéndolo de su seno materno".[589]

Queda pues claro que, si de un extremo a otro de la obra de Vicente Aleixandre se repiten con ritmo intenso —más allá de la medida normal de la repetibilidad lingüística— palabras y sintagmas, y retornan con considerable frecuencia determinados símbolos y mitos, ello se debe a una indudable organicidad de su

---

vez de transformarse". (Traducción de la versión it., *La vita contro la morte. La concezione psicoanalitica della storia*, Milán, p. 143; trad. cast., *Eros y Tánatos. La concepción psicoanalítica de la historia*, Joaquín Mortiz, México, 1962.)

588. Los contenidos de la estructura del inconsciente —escribe Carl Gustav Jung en *Il problema dell'inconscio della psicologia moderna*, Turín, 1942, p. 141 (traduzco de esa versión)—, los arquetipos, "son como los fundamentos del alma consciente escondida en profundidad, o también —usando otra comparación— como sus raíces, que ha arraigado no sólo en la tierra en sentido estricto, sino también en el mundo. Los arquetipos son sistemas potenciales que son al mismo tiempo imagen y emoción. Se heredan con la estructura cerebral, es más, son su aspecto psíquico [...] Son de verdad la parte *ctónica* del alma —valga la expresión—, la parte por la que está pegada a la naturaleza, o en la que al menos aparece del modo más comprensible su unión con la tierra y con el mundo. En esas imágenes primordiales se nos presenta clarísimo el efecto psíquico de la tierra y de sus leyes".

589. Trad. it., *La libido. Simboli e trasformazioni*, Turín, p. 219.

mundo expresivo y a una estrecha copresencia de precisas sugestiones literarias, psicológicas y filosóficas, todas de signo universalista y totalizador. Pero es sintomático que allí donde los referentes conceptuales y especulativos aparecen en sus formas más abstractas (de *Sombra del paraíso* a una parte considerable de *Historia del corazón* y de *En un vasto dominio*) es donde el poeta más a menudo ensancha su *langue* en una dicción fluente y casi exorbitante, rica —como hemos visto— en interrogativos y exclamativos, en invocaciones y apóstrofes a sí mismo y a los demás. En cambio, en los primeros libros, incluido *La destrucción o el amor*, y en los dos últimos, donde los referentes conceptuales y especulativos son más limitados y en todo caso tienen como objeto un discurso más compacto sobre la vida y sobre la muerte, y donde el universo está encerrado en un horizonte de acuciante indagación, allí el poeta da a su palabra un peso específico y una concisión particular, hasta llegar a la síntesis y casi a la "consumación" de su escritura.

Sin embargo, sigue siendo siempre igual la relación con el lector o los lectores, igual la imagen que el poeta tiene de su destinatario: una especie de gran corazón al que se recurre y con el que nos confesamos, no sin momentos y tonos de parénesis y de predicación sosegada.

Finalmente —para concluir— hay que señalar el hecho singular de que en los últimos libros se adelanta, en el campo poético aleixandrino, una nueva actitud, que se evidencia claramente en los respectivos títulos. Se trata de lo siguiente: mientras los textos y los títulos de los libros anteriores aludían a una relación entre el poeta y lo ajeno a él (el poeta y su *Pasión de la tierra*; el poeta que expresa *Espadas como labios*; el poeta desgarrado entre *La destrucción o el amor*; el poeta envuelto en la *Sombra del paraíso*, etc., donde el primer término, el poeta, estaba siempre presente e irremediablemente implicado), en los textos y en los títulos de los tres últimos libros (*Retratos con nombre*, *Poemas de la consumación* y *Diálogos del conocimiento*) se perfila una voluntad de definición y de autodefinición, que es seguramente una retirada de meditación sobre su propia vida-poesía, y que por lo tanto, cotejándola con el *iter* precedente, puede entenderse como una tentativa suprema de escribir una poesía que sea al mismo tiempo, sutilmente, una especie de metapoesía.

piés hubiera caído en la tierra y que se levantara aturdido, *sonriente... y pidiendo perdón*".[440] Y en poesía:

> [...] Pero ¿por qué camino había llegado?
> Leyendas diferentes
> *decían*
> *que había caído de un traspiés a la tierra* —¿desde dónde?—,
> y que cuando *se incorporaba*
> al lado estaba de cada uno, sin que nadie supiera cómo,
> *y se alzaba y sonreía, y nos pedía perdón*.[441]

De los versos ha desaparecido el vocablo *ángel*, aunque parece que a él se alude en "caído a la tierra" y en "al lado estaba de cada uno" (como ángel de la guarda): de todas formas aflora a lo largo de la composición.[442]

En cambio, son especialmente visuales los elementos que transitan desde el "encuentro" hasta el "retrato" en las evocaciones de Gerardo Diego y de Jorge Guillén. Sobre el primero Aleixandre escribe, en prosa: "Si os acercabais más, os sorprenderíais: sería un rostro por el que una mano hubiese pasado de arriba abajo, borrando calladamente las facciones, de-

440. *OC*, p. 1227.

441. Ibid., p. 1033 (he señalado en cursiva las coincidencias, en ambas composiciones, de los términos empleados).

442. *OC*, p. 1034. Nótese el uso de la forma paratáctica en los versos. Otro caso en que coinciden: "Ay, Manolito sabía mucho" (prosa); "[...] sabía tanto" (poesía).

jando sólo el movimiento apurado, silente, de unas pestañas sutiles",[443] que en los versos resulta:

Quedan esas pestañas
ligeras que abanican.[444]

Para el segundo (Jorge Guillén), la ósmosis de términos e imágenes es todavía más tupida, hasta el punto que la poesía tiene casi el aspecto de una paráfrasis de la prosa.[445] Y es significativo que Aleixandre declare (en prosa): "La primera vez que le vi no fue en la abierta meseta", y que la poesía se titule precisamente "En la meseta".

En el fondo, de todas las composiciones dedicadas a los amigos pocas están fechadas en el presente y por consiguiente se refieren a la más reciente o última "figuración" del personaje: así, Guillén está "erguido

443. *OC*, p. 1195.

444. Ibid., p. 1031. Hay que subrayar todavía que tanto la prosa como la poesía concluyen con la imagen de las nubes.

445. He aquí algunos términos repetidos o análogos o cercanos (pongo entre paréntesis la versión en verso): "bañada la frente en la altura" ("esa frente / mojada amanecía"); "más desnuda la frente" ("una frente desnuda"); "cabellos lasos" ("apenas pelo breve en cima fina"); "bajo una luz vertical que bajase sin mácula" ("delgado siempre, puja hacia arriba, hacia luz / [...] norma / hecha de sol en puridad"); "un cielo hecho más que nunca de proximidad, a la medida humana" ("El firmamento absuelto, mas, resuelto / en bóveda completa [...] / más humano, porque mirado está del hombre esbelto"); etc. Del mismo modo, si en la prosa que se refiere a D. Alonso dice que su amigo era "gran caminador" y "gran madrugador sano en el monte", en la poesía se ve la imagen de D. Alonso que camina "desde el amanecer / salir a luz, entre pinar, cantueso, / por entre las encinas, rozando jaras, / pisar el monte vivo, con pie firme y marchar [...]".

NOTA FINAL

Al término de estas páginas me doy cuenta de que debo al lector algunas aclaraciones y advertencias acerca de cómo se ha realizado este libro. Una parte se publicó en 1971 y se reproduce casi sin modificaciones. El resto se acabó en el arco de cuatro años, de 1971 a 1975, con largas pausas de interrupción forzada. Cuando en 1970 volví a mi trabajo, no se había publicado aún la antología *Poesía superrealista*, que cambia los términos en que hasta entonces Aleixandre colocaba y consideraba su poesía pasada y presente, ni los *Diálogos del conocimiento*. El ensayo se ha desarrollado, pues, a la par que la obra del poeta, el cual últimamente ha sufrido importantes transformaciones y relevantes incrementos de todo tipo, como se puede ver por su lectura directa y por lo que he escrito. Por lo tanto, a esos hechos se deben leves desniveles y desequilibrios, además de algún cambio perceptible en los métodos de análisis y en las perspectivas críticas en el libro.

Debo expresar mi agradecimiento al poeta Vicente Aleixandre, que ha sido pródigo conmigo en consejos e indicaciones (y en paciencia) durante la lectura de los textos.

Un recuerdo cariñoso y emocionado dirijo también a la memoria de Vittorio Bodini, mi compañero de investigaciones sobre la poesía de Aleixandre, y humanísimo y profundo intérprete de un período literario.

ÍNDICE

ÍNDICE

e indicaciones (y en paciencia) durante la lectura de los textos.

Un recuerdo cariñoso y emocionado dirijo también a la memoria de Vittorio Bodini, mi compañero de investigaciones sobre la poesía de Aleixandre, y humanísimo y profundo intérprete de un período literario.

NOTA FINAL

Al término de estas páginas me doy cuenta de que debo al lector algunas aclaraciones y advertencias acerca de cómo se ha realizado este libro. Una parte se publicó en 1971 y se reproduce casi sin modificaciones. El resto se acabó en el arco de cuatro años, de 1971 a 1975, con largas pausas de interrupción forzada. Cuando en 1970 volví a mi trabajo, no se había publicado aún la antología *Poesía superrealista*, que cambia los términos en que hasta entonces Aleixandre colocaba y consideraba su poesía pasada y presente, ni los *Diálogos del conocimiento*. El ensayo se ha desarrollado, pues, a la par que la obra del poeta, el cual últimamente ha sufrido importantes transformaciones y relevantes incrementos de todo tipo, como se puede ver por su lectura directa y por lo que he escrito. Por lo tanto, a esos hechos se deben leves desniveles y desequilibrios, además de algún cambio perceptible en los métodos de análisis y en las perspectivas críticas en el libro.

Debo expresar mi agradecimiento al poeta Vicente Aleixandre, que ha sido pródigo conmigo en consejos